张善麟 著

倪嵘雷 主编

我的爷爷盖叫天

一脉相承 盖韵流长

上海文化出版社

1957 年盖叫天便装照

盖叫天练功照.

1949 年 7 月，盖叫天（左）在全国第一次文代会期间与梅兰芳（中）、周信芳（右）。

008   《乌江恨》盖叫天饰项羽，刊于 1936 年 12 月 10 日《戏剧旬刊》第三十一期。

《七侠五义》盖叫天饰展昭。

《武松打虎》盖叫天饰武松。

《蜈蚣岭》盖叫天饰武松。 011

1957 年,《英雄义》盖叫天饰史文恭。

《溪皇庄》周信芳饰褚彪、盖叫天饰尹亮，这是二位大师唯一同台演出剧照。

20 世纪 50 年代初，盖叫天（右三）北京演出合影，左二老舍、左三梅兰芳、左四田汉、右二周扬。

1954 年，盖叫天与长子张翼鹏。

　《长坂坡》张翼鹏饰赵云。

《武松》张翼鹏饰武松。

《美猴王》张翼鹏饰孙悟空。

《雅观楼》张翼鹏饰李存孝。 　019

020　《四平山》张翼鹏饰李元霸。

张翼鹏饰岳云。　　021

022　《一箭仇》张翼鹏饰史文恭。

盖叫天给孙儿们说戏，张善鸿（左一）、张善麟（左二）、张善椿（左三）、张善康（左四）。

1957 年，已七十岁高龄的盖叫天（左）携十七岁的孙子张善麟（右）同台演出盖派代表作《一箭仇》，盖叫天饰史文恭，张善麟饰武松。

《武松打虎》张善麟饰武松。

《真假美猴王》张善麟饰孙悟空。

　　《岳云锤震金蝉子》张善麟饰岳云。

《醉打蒋门神》张善麟饰武松。　029

《恶虎村》张善麟饰黄天霸，盖派"鹰展翅"造型。

张善麟七十三岁演出《雅观楼》，饰李存孝。

全国盖派京剧武生艺术人才培训班，张善麟（居中站立）指导学生。

我的爷爷

盖叫天

一脉相承　盖韵流长

序一 //

继承"盖派"艺术，发扬"盖老"精神

"盖叫天"盖老是我们戏曲界的一代大师，他所创立的"盖派"艺术集继承、融合、改良、创新于一体，博大精深、美轮美奂，不但在京剧武生行当树起了一座艺术上的丰碑，也为京剧表演艺术提供了很多创新的思路和成功的途径。更为难能可贵的是盖老为"盖派"注入了一种不怕艰苦，迎难而上，活到老、学到老的精神品质，使得"盖派"艺术具备了百折不挠的顽强生命力。

张善麟作为"盖派"的第三代传人，幼年随父张翼鹏学艺，十五岁后又随祖父盖叫天深造，在尽得家传绝艺真谛的同时，也继承了百折不挠的"盖派"精神。经历风风雨雨却始终痴心不改，数十年如一日地为继承和弘扬"盖派"艺术而坚持不懈地努力着，让人深为感动。1993年在北京举办"盖派教学专场"时，我去看了他教的学生和他的同台演出，张善麟酷似乃祖，观众和同行的反映也异常热烈。

这次张善麟要出版《我的爷爷盖叫天》一书，我是支持的，毕竟他是一脉相承，从小跟着盖老和他父亲学艺，其中很多鲜为人知的故事不但有趣，而且能让我们从很多日常细节中，体悟盖老对艺术的态度和改革创新的手法，以及面对困难和困境时的心路历程，为后世艺人提供了非常宝贵的参考资料和艺术心得。

京剧表演艺术是非常丰富的，没有继承，发展就没有基础。我希望这本书能够让"盖派"艺术被更多的人了解，也希望这本书中"活到老，学到老"的"盖派"精神，能让更多的人得到体悟，为我们京剧表演艺术的振兴多出一份力，为弘扬传统京剧艺术添砖加瓦。

郭汉城

2021 年 10 月 10 日

奋斗不止的张善麟

好友张善麟先生著《我的爷爷盖叫天》一书，嘱我写小序一篇。我与他在"文化大革命"期间曾为同事，亦是好友，故我义不容辞。

"盖派"是南方武生的重大流派之一，盖叫天盖老亦是武生行当的鼻祖，北方的李万春、高盛麟、袁世海、厉慧良等均学盖老，李少春、张云溪，更是拜盖老为师，可见盖老威望之高。盖老为戏而生，一生奋斗，其事迹生动感人，能回忆和记录下来，这又是为京剧事业留下了重彩的一笔，是珍贵的历史资料。

盖老的长子叫张翼鹏，也是一奇人。张翼鹏在盖老断腿后，顶替演出，父债子偿，在长达八年的连续演出中，创造了场场爆满的神奇盛况。上海滩流传着这样的赞誉："看不厌的张翼鹏，演不塌的《西游记》。"在《西游记》一戏中，张翼鹏又进行了种种试验和创新，被称为"新盖派"或叫"张派"。可惜由于过分勤劳辛苦，日夜奋斗，四十五岁竟英年早逝，成为盖家的终身遗憾。

作为盖叫天大师的嫡孙、张翼鹏之子的张善麟，有良好的遗传基因，有创作革新的艺术天赋，自有他的一番新天地。但有一个阶段，因为事业不顺，造成了英雄无用武之地的境遇，他很是失落颓废。见他如此状态，我心中感到十分惋惜。于是，根据我的水平，给他做了一个多小时的思想工作，努力为他解除心理障碍。当时，我正好在任北京戏曲艺术职业学院院长，便提出邀请他到我院专教一出"盖派"代表作。我说：

"你是有导演思维的武生，应该把《劈山救母》一出大戏浓缩成适合我们学生学习的小戏，教我们的学生。"于是，张善麟被我邀请到了我院，临聘教戏。当时，我又怕他因南北流派不同而受气，还专门给院校北派武生老师们开了会，请他们端正态度，接纳这位南派风格的老师。他们说："您放心，我们欢迎他。"数月之后，一出新的浓缩版的《劈山救母》排好了，在北京人民剧场公演，一炮打响！我马上召集各位专家领导，开了"教学成果座谈会"。郭汉城、刘厚生、李紫贵、吴祖光、袁世海、王金璐、张云溪等老领导、老专家均临会发言。张善麟百感交集，泪流满面，由此而扩大了影响。之后，中戏、上戏，连台湾戏校均纷纷邀请他去教戏、讲座。他精神振奋，干劲十足，把自己的创作天赋也更广泛地发挥了出来。除了过去导演过的《传枪记》之外，张善麟在舞剧《粉墨春秋》中，大胆地使用了集体"耍髯口舞"，把"盖派"对"髯口"的舞蹈化，也融入了一出纯舞蹈的表演形式中，使之别具一格，让人眼前一亮。我看了这场演出，甚感震惊。这种形式太绝了，也太大胆了，舞台上有十几名舞者集体耍胡须，特别有神，还用上了京剧中的亮相，却不令人感到生硬而形成了高潮。

之后，张善麟又在《中国京剧》杂志上连载了两年多的"我的爷爷盖叫天"系列回忆文章，他居然成了很会描述撰文的作者，今天这本《我的爷爷盖叫天》就是他把连载加工、又添新章的大作，哈哈！如此说来，我这个伯乐也算挽救了一个潜藏多年的天才！2011年12月，张善麟荣获了"中国京剧终身成就奖"，在我看来，也是实至名归呀！

张善麟先生今已八十高龄，我比他大一岁。愿他健康长寿，再创辉煌！谨以此文代序。

孙毓敏

2019 年 2 月 23 日

自序 //

为"盖派"艺术著书立说

　　"盖派"艺术博大精深，源远流长；"盖派"艺人代代相传，留芳菊坛。"盖派"一门四杰（盖叫天和盖叫天之子张翼鹏、张二鹏、张剑鸣父子四人），祖父创派、父辈发展、后代传承。我作为张家第三代传人，在七十多年的艺术生涯中，与"盖派"艺术水乳交融，对"盖派"艺术颇有心得，在身体力行的传承中，由"知其然"升华为"知其所以然"，逐渐产生了为祖父的"盖派"艺术著书立说的想法。我时刻不忘祖父和父亲的教诲，将祖父"学到老"的座右铭铭记于心，终于在古稀之年完成了这个长久以来的夙愿。如今，虽然我已是耄耋之年，秉着一颗对"盖派"艺术的热爱之心，至今坚持传承弘扬"盖派"艺术，孜孜不倦，因为我深知肩负重任，责任重大。

　　祖父盖叫天被称为"武生鼻祖"，南北武生皆学"盖派"，并对祖父的艺术造诣和"不怕困难，为事业奋斗终身"的精神赞叹不已。本书通过我的个人回忆以及诸多亲朋师友的追忆，一方面从不同角度讲述祖父盖叫天一生"学艺、创艺、律己、育人"的真实故事。另一方面也真实记录了"新盖派"也称"张派"的创始人、我的父亲张翼鹏在继承"盖派"艺术的基础上，不墨守成规，大胆创新，弘扬发展"盖派"的心路历程和鲜为人知的精彩事迹；以及我八岁随父亲张翼鹏学艺演出，十五岁起在祖父的耳提面命下攻习"盖派"艺术，潜移默化地吸纳了父亲和祖父，新、老"盖派"两代人的艺术神髓，在得天独厚的艺术传承下一生从艺、奋斗至今的种种往事。

　　"生我者父母，知我者共产党"是祖父一生铭记在心中的一句话。在党的关怀和支持下，"盖派"艺术得以代代相传，生生不息。而今，美轮美奂的"盖派"艺术不仅仅是一种戏曲流派，更是一种精神象征！而祖父"活到老，学到老"的求索精神也将永远鞭策着后辈戏曲人。

张善麟

2021 年 8 月

目录

第一章　**我的爷爷盖叫天**
　　　　德艺双馨，创造盖派　001

盖叫天便装照。

我的爷爷盖叫天

德艺双馨，创造盖派

爷爷在上海一带演出很受欢迎，小有名气。曾用名"小金豆子"，当时红极一时的是谭鑫培谭老板，艺名"小叫天"，爷爷想借他光，起名叫"小小叫天"。有同行讥讽他，"你也配叫'小小叫天'"？爷爷一气之下说，我要叫"盖叫天"，就这样给自己起了这霸气的艺名。从此爷爷奋发学艺，苦练绝招，认真卖力演出，要对得起这"盖叫天"三个字。多年后，一个佃农的孩子，没背景没靠山，单枪匹马，靠他的真功夫、硬功夫，靠他对艺术的执着追求、不服输的精神，在上海滩闯出个武生大家，被世人公认为"第一勇猛武生"。

《武松》盖叫天饰武松。

一、燕北真好汉，江南活武松

燕北真好汉

我的爷爷盖叫天，本姓张，名叫张英杰。生于1888年，卒于1971年。河北保定高阳县西演村人。父亲张开山，佃农，有五个孩子。老大张英甫（艺名赛阵风，工武旦），老二张英泰、老三张英才都不唱戏，老四张英俊（工文武老生），盖叫天是老五，戏曲界习惯称他"盖五爷"。从小他的家乡河北一带，连续十年受灾，清朝政府腐败，老百姓苦不堪言，天灾人祸，民不聊生。为了生活，他八岁就进入天津"隆庆和"科班开始学艺生涯，小小年纪离开父母。旧社会科班条件差，吃不饱穿不暖，每天练功，还要挨打。唱做念打、翻滚跌扑全要练，还要签生死合同，受尽苦难。他是八岁学戏，十岁登台。

听说他初次登台，消息传到河北老家，全家人高兴之极，特别是老母亲，小脚，从河北老家走了几十里路赶到儿子演出地点。看了一晚上戏，等戏结束没见儿子出场，戏散后见到儿子，问他，你演出了吗？儿子讲："演了，《捉放曹》戏中有我呀。"老太太问："怎么没见你呀？你扮演什么呀？"儿子讲："我扮演那'猪形'。"老太太听了哈哈大笑。原来《捉放曹》中有一场戏是吕伯奢家中杀猪宰羊款待曹操，这场戏是管家赶着"猪形"过场，爷爷初次登台就扮这，让他壮壮胆，锻炼下，整个猪形服装，头都套住，不露脸，爬着过场。那老母亲哪儿看得见，但就这，老太太很高兴，见到老儿子开始上台了，有出息了。后来在科班又演出了他的开蒙戏《昊天关》，老太太听了开心地讲："儿子有盼头了！"

爷爷在这科班虽苦，可他幸运地遇到个好的启蒙老师。老师叫齐瑞亭，大家都叫他老齐先生，当年是个好武生，年岁大了"寒腿"，不能上舞台，可他肚里宽，会的戏多，见多识广，是个有教学经验的好老师。爷爷在这科班是年龄最小，师哥们还经常跑野台演出，他不上台，师哥们演出，老齐先生就给他练功，学戏。老齐先生教戏非常严格，差一点都不行，有时还要挨板子。爷爷在科班这几年，学得多、学得扎实，见的名角儿多，打下良好的基础。

有一次，天津大盐商家唱堂会，隆庆和的学徒充作班底，老齐先生带他见到当时顶尖的名角演出，大轴是汪桂芬的《文昭关》，汪饰伍员、谭鑫培演皇甫讷、孙菊仙扮东皋公。这些名角强强联合、大师荟萃，精彩之极，使爷爷终生难忘！

1900年，八国联军侵入北京、天津，清朝政府无力抵抗，慈禧、光绪仓皇西逃，北京、天津一带兵荒马乱，世面萧条，人心惶惶，没人看戏，隆庆和科班无法生存，只得散班。爷爷舍不得离开科班老师、师兄们，最舍不得的是他的启蒙恩师老齐先生。爷爷教导我们："今后唱主演了，永远不能忘了启蒙恩师！"

轰动上海滩

爷爷离开隆庆和科班只得回河北高阳老家，另谋生路。家中生活十分艰难，他和四哥商量决定去上海投奔大哥。爷爷为了生活，离乡背井，跟着他四哥张英俊到上海投奔他大哥张英甫。从此开始卖艺的生活，十几岁的北方孩子在南方闯荡上海滩。由于他在科班打下坚实的基础，到上海后大哥又给他请名师教导，进步飞快。他是边学习、边演出，经过一段时间的努力，他一人演四个人物。头一天演《天水关》，又名《收姜维》，是《三国演义》里的故事。演诸葛亮，老生，他那圆润甜脆的唱腔，真有点谭鑫培的韵味。第二天《翠屏山》，取材于《水浒》，扮石秀，武生。他有扎实的武功基础，他要了一套"六合刀"，单刀上下翻飞，寒光闪闪，宛如旋风疾转，观众不断喝彩叫好。第三天《断后龙

盖叫天少年便照。

盖叫天少年时期剧照,《八蜡庙》饰黄天霸(左)。

《拿高登》盖叫天饰花逢春(左)。

袍》是《三侠五义》中的故事。饰李后，老旦，他那清脆洪亮的童嗓，又获得观众的赞扬。第四天贴出《十八扯》，又名《兄妹串戏》，这戏表现兄妹二人在磨坊里，边磨粉边唱各种曲调。爷爷演妹妹，男扮女装，小花旦，还踩着跷（"跷"是京剧花旦必学的功夫。表现旧时妇女的"三寸金莲"，用木制的小脚绑在小腿上，表演时用脚踩着木制的小脚，这种功叫"跷功"。练这个很苦，很难练，有人称这是中国的芭蕾），表演各种俏丽的小花旦身段，兼唱各种小调，很讨观众喜欢。一个十三四岁的孩子能文能武，又演生，又演旦，观众从未见过，真是小神童，初露头角一炮打响，轰动上海滩。

艺名"盖叫天"

爷爷在上海一带演出很受欢迎，小有名气。当时曾用名"小金豆子"，这名字还是在科班时老齐先生给他起的。后来感觉这名儿不够响，想起个响亮的"艺名"。当时红极一时的是谭鑫培谭老板，艺名"小叫天"，爷爷想借他光，起名叫"小小叫天"。有的同行知道后就讥讽他，"你也配叫'小小叫天'？"爷爷一气之下就说，我要叫"盖叫天"，就这样给自己起了这霸气的艺名。从此爷爷压力很大，奋发学艺，苦练绝招，认真卖力演出，要对得起这"盖叫天"三个字，严格要求自己。多年后，一个佃农的孩子，没背景没靠山，单枪匹马，靠他的真功夫、硬功夫，靠他对艺术的执着追求、不服输的精神，在上海滩闯出个武生大家，终于被世人公认为"第一勇猛武生"，成为海派京剧的创导者和领军人物。他的武戏表演艺术，超过谭鑫培，创造了盖派艺术。梨园行中有这么一句话，"见戏如见人"，"戏品产生于人品"。他一生行侠仗义，不畏强暴，三拒豪门堂会，怒打作恶清兵，两次断骨再接面不改色。他无论是在戏曲舞台上演戏，还是在人生舞台上做人，都不愧为一个名副其实的武生泰斗和燕北好汉——盖叫天。

爷爷的好夫人

奶奶名叫李慧，生于1892年，比爷爷小四岁，是爷爷盖叫天的原配正妻，育有二子一女，长子张翼鹏，长女张义琴，次子张二鹏。

李慧的父亲李永福（盔箱）祖籍北京，是同治年间第一代南下的京班艺人。李永福育有三子四女，长子李少堂先唱小生，后拜徐小香弟子沈砚香为师，后改唱丑角（李少堂的大儿子叫李东来，二儿子叫李吉来〈艺名小三麻子〉，是著名红生，得老三麻子王洪寿亲传关羽戏。李东来的两个儿子是周信芳的弟子，上海京剧院麒派名家李桐森与盖派武生李秋森）。李永福的次子叫李庆堂，先学武生，后唱小生（李庆堂的儿子李顺来〈李紫贵〉是著名戏曲导演、中国戏曲学院教授）。李永福的三子叫李春堂，先拜汪笑侬为师，后改丑行（李春堂的儿子李瑞来长期追随张翼鹏，人称活猪八戒）。李永福的长女嫁给武旦张双凤（武术家），是王桂卿的岳母、小王桂卿的外祖母；次女嫁给著名前辈老生孙菊仙之孙孙鹿鸣；三女儿就是嫁给我爷爷盖叫天的李慧。除了小女儿终身未嫁外，李永福的子女都和梨园行有着千丝万缕的联系，是江南梨园的望族人家。

李慧十八岁那年嫁给盖叫天时，恰好盖叫天和他大哥正在汉口演出，李慧就由大姐陪同，从上海赶到汉口完婚。婚前李慧从未见过盖叫天，不过当时盖叫天在上海滩已经小有名气，李慧想象当中张家条件应该不错，没想到跑去一看新房里除了一张床之外什么都没有，真正是家徒四壁。要知道李慧出生在上海，家庭条件还是不错的，看到这一切顿时傻了眼，好在盖叫天打趣说："墙上画板凳，不是什么都有吗？"这样总算是化解了尴尬。自此以后李慧就跟着盖叫天闯天下，一双小脚走遍大江南北，为盖叫天的事业做出了巨大贡献。

爷爷大字不识一个，但却对历史非常熟悉，这其中的主要功劳就是奶奶的。奶奶平时给他读《春秋列国》《三国》《西游记》《水浒》等书籍，对他演戏帮助非常大。过去艺人演戏大多穿自己的戏装，因为穷做不起

盖叫天原配夫人李慧。

新服装，奶奶就亲自设计制作，还要绣花，针针线线都透着奶奶的心血。最为复杂的事务是管理账目，过去艺人演出都是分账制，账目繁杂结算困难，奶奶能写会算，虽然是盖叫天的母亲在当家，但都是由奶奶在结算。奶奶是典型的贤妻良母，她婆婆是河北贫农，晚年瘫痪在床，都是由奶奶在无微不至地照顾着。盖叫天在家中排行老五，与四个哥哥住在一起，都由他抚养。婆婆去世后改由奶奶当家，因为张家人口众多事务琐碎，处理不当很容易闹矛盾，好在一切在奶奶的管理下有条有理。正是因为有了奶奶这位贤内助，爷爷盖叫天才能专心于艺术创作，取得之后令人瞩目的艺术成就。

"断骨再接"创传奇

幼时随父亲张翼鹏学戏时，父亲曾经多次跟我讲起爷爷断骨再接的传奇故事。时至今日，每每和朋友谈起此事，大家仍觉难以想象。

1934那年我爷爷四十七岁，当时他在上海大舞台演出《狮子楼》，当演到西门庆跳楼逃生、武松紧跟着跳下追杀时，爷爷跃在半空中发现，饰演西门庆的演员跳下后没能及时让出位置。为了避免跳在西门庆身上造成伤亡，爷爷在身处半空无法用力的情况下，拧腰闪身，硬生生避开了西门庆。但因为身处空中无法掌握重心，落地时双腿着力不均导致左腿骨折。当时，为了不破坏武松这英雄形象，爷爷硬是用右脚站立，坚持到大幕关闭才送医治疗。

当时已是深夜，夜班医生水平有限又忙中出错，虽然把爷爷的腿接上了，但却接得有点错位。而这个错位直到一个多月后拆除石膏才被发现。这个小错位虽然不影响日常生活，但是想要重返舞台，再做高难度的动作是绝对不可能的。爷爷听到后非常着急，追问医生补救的办法，医生被逼急了，随口说了句"要么敲断重新再接一次"。爷爷闻言二话不说，抬腿就在床沿上把刚刚愈合的伤腿给磕断了，吓得医生扭头就逃。之后，爷爷转院，找了专家又重新接骨，因为短时间内在同一地方两次骨折，这条腿到底能不能恢复，当时是谁都不敢保证。

后来有机会和爷爷聊起这件事，爷爷告诉我，当年重新接骨后，他这条腿已经完全失去了感觉，连动一下脚趾都做不到。为了能彻底康复，爷爷每天躺在病床上用"意念"踢腿，就是想象自己在用这条没感觉的腿练踢腿，每天踢一百下、二百下，每天坚持。几个月后的一天，爷爷突然发现在练"意念踢腿"时，自己的一个脚趾动了一下，他知道这条腿算是重新活了过来。在坚持康复锻炼两年后，爷爷重出江湖，就在当年摔断腿的上海大舞台再演《狮子楼》，用爷爷的话来说，这叫"在哪儿跌倒，就在哪儿爬起来"。

大都會攝

寧波路五九九

《武松打虎》盖叫天扮武松。

要知道当初腿摔断后，上海的大报小报都登过"盖叫天腿断，不能演出"的新闻。如今复出不算，而且照样演武松，照样演《狮子楼》，这下观众不敢相信，同行也不敢相信，连竞争对手也不敢相信。剧场的票瞬间抢光，演出时连过道上都挤满了观众。而这复出后的第一场演出，爷爷把憋了两年的劲儿都使了出来，创造了武戏文演，着重塑造人物的新盖派风格，把武松演得比以前更加英武，演出时台下掌声雷动，经久不息。

演出结束后，不管是观众还是同行，一致认为爷爷的武松比断腿之前演得还要好。如果说断腿前的武松是打打杀杀的勇猛武松，那么复出后的武松就是威而不猛，有血有肉的再世武松。大家不仅赞叹他的高超技艺，更加敬佩爷爷对艺术的执着追求和顽强的精神。因此，"盖叫天"三个字也越叫越响，被观众赞誉为"活武松"。陈毅元帅在看过爷爷的《狮子楼》后，送给爷爷一副对联，上写"燕北真好汉，江南活武松"，这也是让爷爷最为自豪的评价。

铮铮铁骨硬汉子

爷爷生长在燕赵大地，承袭了自古以来燕赵好男儿慷慨悲歌的铮铮铁骨。

在旧社会，艺人是没有社会地位的，属于社会的最底层，被称为"戏子"，可以说是受尽欺压。而艺人每到一地演出，都要向当地官吏、富绅、恶霸、流氓拜客，如果不去，流氓恶霸就会到剧场捣乱，砸场子，这也属于当时的梨园行潜规则。有些艺人为求生存，围着达官贵人转，在社会上被人看不起。但爷爷却为人正直，生性耿直，从来不屑于做阿谀奉承、趋炎附势的事。爷爷到各地演出就从来不登门拜客，经常会因此惹恼当地权贵。

1910年，爷爷到安徽芜湖跑码头演出，当地驻军李统领的儿子李小狗依仗父亲权势，是当地有名的恶霸、流氓头子。剧场老板就请爷爷去拜望李统领以求平安，而爷爷认为我们唱戏是靠艺术吃饭，凭什么要低三下四向他们求拜，他最为反感的，就是作为一个人而丧失骨气，于是对于剧院老板的请求一口拒绝。

当晚演出，爷爷演的戏叫《莲花湖》，这出戏取材于评书《三侠剑》，是一出武戏，爷爷扮演剧中三侠之一的"韩秀"。轮到爷爷出场时，刚一亮相就迎来一个倒彩，爷爷当时就感觉不对，知道可能是有人在捣乱。果然，等爷爷一套武打打完一个亮相，台下又是倒彩声不断，呼哨与怪叫此起彼伏。爷爷一看这戏是没法演下去了，于是叫停了锣鼓，对台下道："各位请安静，在下演出有不到之处，等散戏后请到后台来说，眼下请让我把戏演完。"话音未落，一把茶壶从台下飞来砸向爷爷，爷爷刚刚闪身避开，台下又丢上来一个茶杯，一个流氓也跳上舞台踢倒桌椅，原来是李统领的儿子李小狗带了一批流氓恶棍到剧院砸场子来了。爷爷一把抓住台上的流氓，把他打翻在地。台下李小狗一看这还了得，大声呼喝，手下一众流氓恶棍一窝蜂冲上舞台，顿时场面失控，台上台下一片混乱。爷爷也火了，一边大喊"抄家伙打流氓"，一边抄起一把真刀跳下舞台直奔李小狗而去，戏班里练武戏的众兄弟也纷纷抄起真刀真枪、三节棍齐眉棒，冲出来和众多流氓恶棍打成一团，一场恶斗下来，打得流氓恶棍是落花流水抱头鼠窜。

这一战可谓是大快人心，芜湖老百姓久受李小狗欺压，都称赞盖叫天戏班厉害，教训了李小狗这帮流氓恶棍。"江湖盖五爷不好惹"的传说很快传到了上海，据说旧上海流氓大亨黄金荣听说后曾告诫他的徒子徒孙，不要去惹"江湖盖五爷"。从此，流氓恶棍再不敢去盖叫天演出的剧场看白戏捣乱，这是爷爷不惧怕权贵，敢于和黑恶势头做斗争的胜利成果。

爷爷非但从来不登门拜客，而且从来不唱堂会，不管对方身份何等尊贵，爷爷自己立下的规矩从来不曾更改。当年末代皇帝溥仪大婚时，曾邀请爷爷去演出，被爷爷婉言拒绝。后来到了北洋军阀时期，曹锟贿选当上大总统后，邀请爷爷去做祝贺演出，爷爷借故推辞。奉系军阀头目张作霖大寿，愿意出巨款请爷爷去演出，爷爷还是不为所动，拒绝参加。后来上海滩大亨杜月笙在杜公馆办堂会，遍请全国名角参加，全国梨园行之中只有两人拒绝演出：北方余叔岩，南方盖叫天。

爷爷因为不向权贵低头，得罪了不少达官贵人，但是他宁可忍饥挨饿，甚至冒生命危险，也绝不肯失了骨气。

1942 年日军侵占上海滩期间，有汉奸为了向日寇献媚，组织了一场京剧武戏大会串，叫《十演"铁公鸡"》。我爷爷因为早年首创真刀真枪演出"铁公鸡"而享誉南北，他又是南方第一武生，汉奸仗着日本人的势力，在事先未征得爷爷同意的情况下，擅自将爷爷参与演出的广告登在报纸上，而且在演出名单上把"盖叫天"的名字排在首位。当时的上海滩是日本人的天下，谁敢得罪日本人？盖叫天就敢。爷爷得知后，在演出当天故意躲开，装傻充愣拒不参演。第二天日本宪兵上门责问，爷爷借口并没有人通知自己，又说出自己"腿断"后根本无法演出高难度翻打表演的"铁公鸡"等理由，说得日本宪兵也哑口无言，只好讪讪而去。爷爷勇敢而机智地反抗了日本侵略军，也为他赢得了德艺双馨、爱国民族艺人的美誉。

张家祖训"学到老"

在爷爷把我们关在他的杭州宅院"燕南寄庐"练功期间，每次练完功吃好早餐，爷爷总要叫我们坐在大厅两旁听他"讲经说法"。就在爷爷的座位背后高处，挂着大书法家黄宾虹先生写的横幅——"学到老"。有一次，爷爷指着"学到老"的横幅，说起这三个字的由来。

有一年，爷爷因为连续演出过度劳累，再加上受寒着凉，结果得了重病发起高烧，不得不回家养病。养病期间，有一天爷爷路过杭州九里松洪春桥，走进一个凉亭休息，他抬头发现亭上有块匾额，上书"学到老"三个大字。爷爷不明就里，找来当地乡亲询问后得知，原来这里过去有一位老童生，办了个私塾专门教四邻乡间的孩子读书。老先生一辈子勤勤恳恳认真教学，他的学生中很多人因此获益，成为各行各业的成

杭州丁甲山盖叫天墓前石牌坊，上为黄宾虹所书"学到老"，两边楹联为吴湖帆所书"英名盖世三岔口，杰作惊天十字坡"。

功人士。在老先生过世后，乡民们为了表彰他的功绩，特地立下这块牌匾，上刻"学到老"三字以作纪念。这三个字也是在告诫后生，"学无止境，活到老要学到老"。

爷爷听后很受启发，他觉得对待艺术同样需要踏踏实实，"活到老，学到老"。从此，"学到老"三个字就成为爷爷的座右铭，他特地请来大书法家黄宾虹先生写下这三个字，挂在大厅内时刻告诫自己，也不断提醒我们这些后辈——艺无止境！"学到老"这三个字，就是我们张家后辈的祖训。据说周恩来总理就非常赞赏爷爷"活到老，学到老"的精神。

年逾古稀走"抢背"

熟悉戏曲的朋友们都知道，"抢背"是戏曲表演中的一种扑跌动作，演员为了表示受到踢打而倒地，会做出身体向前斜扑并就势翻滚的动作，以肩背着地。这个动作一般用于武戏，虽说是戏曲演员的基本功之一，但是做这个动作很容易受伤，稍有不慎就可能摔断锁骨。对于正当年的年轻演员尚且如此，更何况是由一位七十多岁的古稀老人来完成这个动作，其中的危险性不言而喻，但是我爷爷盖叫天就做到了。

20世纪60年代初，周恩来总理到杭州，请我爷爷去为外宾演一出《武松打店》，戏中因为情节需要，有个"抢背"动作，总理考虑到爷爷当时已经七十多岁，出于对爷爷的爱护，建议爷爷不要翻这个"抢背"，到时候只要在舞台上走一走，亮个相就行了。可是爷爷对周总理说，既然我演的是武松，哪有叫"武松打店"而不打的，不翻这个"抢背"，这出戏就不能成为一个完美的艺术品，我们不能把这样的半成品拿给外宾看。同时，爷爷也请总理放心，自己的身体绝对没有问题。经过一番讨价还价，最后总理答应让爷爷按照他的意思，完完整整地把这出《武松打店》演下来。

到了正式演出时，爷爷抖擞精神，轻轻松松地就完成了这个不软不硬、软中带硬、起得高、翻得稳，被行家称为盖派"四根棍"的招牌式"抢背"动作，博得包括周总理、外宾在内的现场所有观众经久不息的热烈掌声。而爷爷之所以能够在七十多岁的古稀之年还做出这样高难度的动作，和他生活中的一个小习惯密切相关，什么习惯呢？说来您可能都不相信，这习惯就是——洗脸。

爷爷每天起床的第一件事就是洗脸，但是他的洗脸方法和一般人不一样，用他自己的话说，他的叫"艺术化"洗脸。一般人洗脸都是把脸盆放在桌子或者凳子上，爷爷不是，他把洗脸盆放在地上，然后两腿叉开绷直，用头去够地下的脸盆，就这么倒着洗。洗把脸的功夫又锻炼了腰腿，又锻炼了头脑，一举三得。最难得的是他数十年如一日地坚持，正因为这份坚持，使他能够突破年龄的局限性，七十多岁还能轻轻松松走"抢背"。

二、独一无二泰斗武生

从筹备《孙庞斗智》到创作《洗浮山》

1934 年，爷爷在上海演《狮子楼》时发生意外，一条腿骨折。那年，爷爷四十七岁。

在家养伤的日子里，爷爷心情极其糟糕，他一直在担心万一断腿治不好怎么办。爷爷曾经跟我们说过，当时他想了很多很多，小时候在天津坐科学艺吃苦受罪、闯荡上海滩受尽磨难的种种回忆，如过电影一般一幕幕浮现在脑海中，而经过他千锤百炼成就的舞台形象——武松、哪吒、任堂惠、孙悟空、楚霸王等等，又像放幻灯片一样，一个一个从他眼前掠过。没有了收入，不能养家糊口是小事，一想到可能要离开自己热爱的京剧舞台，爷爷痛苦万分，甚至一度感到绝望。爷爷说，当时他就想，不行！我盖叫天不能就这么窝窝囊囊地离开我心爱的舞台，我不能让我的艺术白白地糟蹋掉，不能让观众失望。就这样，爷爷下定决心，要以景阳冈打虎的气魄去搏击后半个人生，让自己的艺术生命重新逆风起航！

理想很丰满，现实很骨感。虽然爷爷下定了决心，可是毕竟无法改变"瘸了一条腿"的现实状况，怎么办？经过一番搜肠刮肚，爷爷想到了一出老戏，这出戏的名字叫《五雷阵——孙庞斗智》，取材自《东周列国志》，讲的是战国时，同窗师兄弟的孙膑与庞涓二人先后学成下山，庞涓妒忌孙膑的才学比自己高，设计将孙膑的两膝削去，让他永远无法和自己竞争。而身体残疾的孙膑投奔齐国后，被拜为军师，在战场上设计大败庞涓，报仇雪恨。这出戏因为主角孙膑是瘸子，并没有太多的玩意儿，就是一出开锣垫场戏，穿黑褶子，大蓬头二龙箍，戴黑三。孙膑在戏中不过是上场报名后表戏内容，再唱两句过过场，然后坐在轮椅上拿日月拐简单打几下，没多少可看性。

爷爷当时的想法是，万一腿好不了，自己也要演一出精彩的瘸子戏来献给热爱他的观众，然后风风光光告别舞台。今后如果家里揭不开锅了，也可以凭着"盖叫天"这个金字招牌，用这出戏挣点小米钱，勉强维持生活。话虽如此说，可爷爷是一个热爱艺术又执着、负责的人，他感觉这出戏没玩意儿、没艺术、没新意，拿这出戏混饭吃纯粹是糊弄观众，这种事情他绝对不能干！于是他躺在病床上辗转反侧，苦思冥想，终于让他想出一种与众不同的演法。他设计了一套舞蹈动作，用一条腿踩在拐上，一边唱曲一边舞蹈。而且，没什么文化基础的爷爷，还亲自创作设计了这场舞蹈的曲牌和唱词，可见当时他对这出戏的重视程度。

后来爷爷通过艰苦的锻炼，伤腿逐渐恢复，这使他看到了希望，对完全康复信心大增。他决定放弃为瘸腿而准备的《孙庞斗智》，重新创演一出新戏《洗浮山》，把他在病床上创造的舞蹈、开打等动作，全部化用到《洗浮山》中。

爷爷当年养过马，骑术非常高超，他骑马去苏州上坟，回来的路上他还在马背上拿大顶，玩各种技巧。他把自己的这种生活积累也用到了创作中，《洗浮山》中主角贺天保上场的一段"趟马"舞蹈，就是爷爷根据烈马的生活习性，打破传统的程式化"趟马"技巧而全新创作的，令人耳目一新，拍案叫绝。

1936年，爷爷断腿后复出的第一场演出，是在上海更新舞台再演全本《武松》，一炮打响，观众感慨称赞说："盖叫天比断腿前演得更好。"眼看名气越来越大，爷爷决定趁热打铁，推出全新创作的盖派名剧《洗浮山》。首演那天，上海下起了倾盆大雨，但剧场前人山人海，门口早早就挂上了客满牌，观众争先恐后，都想要先睹为快。

《洗浮山》又名《群雄探寇》，原是前辈大师黄月山的编演。剧情是说施仕伦赴山东赈济经过浮山，浮山有于六、于七弟兄聚义，施仕伦部下卢志义探山被杀，人头高挂山顶，贺天保看见人头，误以为黄天霸被

《洗浮山》盖叫天饰贺天保。

杀，于是投奔施仕伦攻打浮山。醋战间，贺天保中于六飞抓，重伤身死，魂魄飞到黄天霸的衙中"托兆"，黄天霸代贺天保报仇，洗浮山，擒于六，于七只身逃走。谭鑫培、余叔岩都曾经演过此剧，前段以矫健取胜，后段以唱工取胜；后来多数演出都删去"托兆"一场。

而爷爷主演这出《洗浮山》，首先在扮相上就有区别。北派谭、余演贺天保穿扮是黑箭衣、黑彩裤、黑罗帽，斜披黑褶子，穿黑薄底，演出是半褶。爷爷则是从头至尾头戴黑罗帽，身穿黑箭衣、红彩裤，腰系紫色大带，足蹬二寸半高底靴，敞开褶子，背插双刀，手执马鞭，口挂一尺半长的"黑三"，这身打扮被称为"十子"。戏中增加了"趟马舞"、"探山走边"、"醋战舞双刀"三个经典段落，这三个段落又被称为该戏的"盖派三绝"。

1. 趟马

爷爷饰演的贺天保上场就与北派不同，北派贺天保带马上，没有太多的舞蹈，比较简单，出场是唱[西皮]，后边"托兆"时唱[反二黄]。而爷爷则运用了戏曲"有声皆歌，无动不舞"的原则，给贺天保的上场加了一段曲牌，创作了一段优美的"趟马"，边唱边舞。上场的曲谱，爷爷选用了[石榴花]，唱词如下："俺只见红日西坠月无光，昏惨惨云雾遮柳行。且听得庄中人言闹嚷嚷，马嘶尘滚风声狂。急慌忙勒马提缰，急慌忙催马拎缰，披星戴月阳关上，又听得梆儿响亮，奔羊肠。"这段[石榴花]曲牌，唱出地理环境，并且很好地配合了爷爷创造的精美、别致而又新颖的优美舞蹈。

这段"趟马"，爷爷饰演的贺天保身着"十子"：帽子、刀子（双刀）、鞭子（马鞭）、褶子（身上外衣）、袖子（水袖）、带子（腰部垂带）、绦子（紧身绑带）、胡子（髯口）、靴子（厚底靴）、口唱曲子。这十项配件与身段结合，都成为贺天保这个人物肢体语言的舞蹈组成部分。在繁重的歌舞中，各配件要求一丝不乱，一方面显示其线条美，同时又要彰显人物的稳重大方、潇洒气魄，难度极高，是盖派艺术的独门功夫。

观众看到这样一场精美别致、新颖优美的舞蹈表演，都是赞不绝口，演出大获成功。爷爷把戏曲的可舞性发展运用到极致，不但震惊了观

《洗浮山》盖叫天饰贺天保。

众，也让评论界叹服，看完戏后，评论界都称"盖叫天断腿后复出的艺术更上一层楼，提高了一个层次"。大家一致公认，《洗浮山》是全新创造的盖派代表作。

2. 探山走边

《洗浮山》中新增加"探山走边"，与一般的武生"走边"又有不同，传统"走边"节奏是平铺直叙，没有起伏。而盖派的这段"走边"，加强表现了贺天保"探山"时的警惕性，并运用髯口功结合优美的舞姿来揭示人物内心活动，尤其增加了节奏的变化。

爷爷为这段"走边"设计了一套组合舞蹈，连耍髯口、边念边舞。在锣经处理上，则运用了老的干牌子锣鼓变化来加快节奏，运用节奏变化使这段"走边"的舞蹈变化万千，优美无比。美轮美奂的舞姿，不但增加了可看性，还能激发观众情绪，达到极好的艺术效果，堪称一绝。

上海京剧院著名鼓师、常年和爷爷合作的高明亮先生就曾经讲过："盖叫天演的这场'走边'，身段动作紧凑，气韵不断，一气呵成，表演上有创新，打破传统节奏，锣经采用干牌子，'才台乙台才。才台乙台才。嘟台台，才台才，乙才乙，才台令才，乙令才'。接撕边，再'嘣灯才'，亮相。这组锣鼓叫[四边静]，它从头至尾气韵不断，流畅严整，与舞蹈身段配合妥帖，能有力地烘托贺天保矫健敏捷的动作，使形象更为生动逼真。"

[四边静]这个干牌子，早年在《青石山》一剧中曾经用过，后来就不常用了。一个几乎被人遗忘的古旧牌子，被爷爷发掘出来，在打法上，爷爷要求打得既紧凑，又有跌宕，一气贯通。这种求新变化，使这个冷门的锣鼓点子起死回春，焕发异彩。爷爷在创新的同时，也保护了传统的艺术遗产，可谓是信手拈来，一箭双雕。

3. 酣战舞双刀开打

盖派《洗浮山》的另一个可看性是加强了武打。俗话说"单刀看手，双刀看肘"，贺天保手舞双刀杀敌战斗，刀刀砍得逼真，火炽漂亮，与众不同。这恰恰是爷爷的强项，爷爷所设计的武打，既真实又符合情节，可以打出人物，打出感情，而且还打得很优美。

开打中有段慢节奏的破二将的武打，完全是看双刀的运用，刀刀着肉的同时又展示了双刀的舒展美，是一种艺术享受。而贺天保的双刀下场花，则是加强了节奏，舞得刀光闪烁眼花缭乱，舞中还要甩髯口，最后双刀缠头裹脑，右手颠刀，跨腿，骗腿甩髯口，左手举刀一个双骑马双弓亮相，设计精妙，造型优美，令人叫绝。

这三个经典段落，极大地丰富了《洗浮山》这出传统老戏，使之成为盖派的经典武戏，而留传后世，高盛麟等名家曾学演此剧。李少春先生回忆他当初看这出戏的情形时说："我连看三天，无论从哪个角度看都是美的，这才是真正的艺术！"后来，他把剧中的经典"趟马"等，移植到他的新编代表作《响马传》中。

评论家对我爷爷的评论是："盖叫天则赋予了南派武生多重的美，大大提高了短打武生的艺术品位。正是这两个方面的长足发展，不但武生艺术自身被贯注了情感和生命力，彰著了美感和无穷魅力，而且使得武生这一后起的行当具有了与老生、旦行抗衡的力量，构成了京剧艺术中不可或缺的又一个系列，丰富完善了京剧的表演艺术。"

从《洗浮山》到《七雄聚义》

1954 年拍摄《盖叫天舞台艺术》时，爷爷曾经想把他的代表作《洗浮山》保留下来，但是由于这出戏中的"反派"于六、于七是农民起义人物，因此在共和国成立后，这出戏被认为是不能上演的剧目。偏偏爷爷又酷爱剧中的几个经典段落，为了把这几段经典保留下来，爷爷是绞尽脑汁，终于让他想出一个"移花接木"的办法来：既然贺天保不让演，那只能把这些精彩的表演移植到别人身上。爷爷想起《水浒》里有个美髯公朱全，既然叫"美髯公"，当然可以保留爷爷全套的髯口功夫，而朱全身为梁山好汉，自然可以把马舞、双刀、褶子、罗帽等一系列的精彩技艺

《盖叫天舞台艺术》剧照。

都安到他身上去。

为了让自己的技艺可以在美髯公朱仝身上得到充分发挥，爷爷想了一出戏叫《七雄聚义》，也就是《水浒传》中"智取生辰纲"一回，晁盖、吴用、公孙胜、阮小二、阮小五等七雄劫了奸相蔡京的"生辰纲"之后，官府命令朱仝去捉拿七雄，朱仝却来个明拿暗放，暗中救晁盖等人脱险，共同投奔梁山。

爷爷通过移花接木，非常巧妙地把《洗浮山》中的几段经典用到《七雄聚义》中，并且搬上了银幕，不但保留了《洗浮山》的精华，保护了传统的经典段子，又创作了一出新的盖派剧目《七雄聚义》，又是信手拈来，一箭双雕。

可惜的是，这出戏爷爷只演过一次，没有留下完整的资料。而这出戏拍成的电影也只播出过三段精华，"文革"中一切资料全部丢失，连剧本也没有留下，我们也只是听爷爷讲过这戏的演法而已。

1993年在北京戏校办"盖派教学专场"时，我曾经教过北京戏校的费洋同学一出《劈山救母》，演出后反映很好。到1996年我第二次进京，在中国戏曲学院附中传授盖派艺术，同时也给北京戏校上课。当时戏校的领导提出再给费洋同学讲一出戏，于是我就把爷爷讲的《七雄聚义》整理成短小精悍、可看性强的经典折子戏，教给了费洋同学，搬上了戏曲舞台。北京的同行和观众是第一次看到盖派此剧，反响巨大，一片赞扬之声。从此这出戏被完整保留了下来，丰富了盖派剧目。现在北京、上海各地都是按照这个样本演出的，我也算做了一件应做的好事，可以告慰爷爷的在天之灵了。

盖派《劈山救母》

《劈山救母》是爷爷早年的又一大成功创作。

听爷爷讲，该剧初演于20世纪20年代初的上海春华舞台，原名《神仙世界》，内容繁杂，人物众多，场次也多，剧情不集中。后经多次修

《劈山救母》盖叫天饰沉香。

改加工，才改名为《劈山救母》。剧情以三圣母与书生刘彦昌相爱开始，二郎神得知胞妹与凡人婚配犯了天条，就将她拘压于华山之下。三圣母生子沉香，由侍女送给刘彦昌抚养。刘彦昌中状元后复与相女王桂英结婚，生子秋儿。沉香与秋儿南学打死秦太尉之子秦官保，秋儿前去偿命，沉香出外逃亡遇仙搭救，传授武艺。沉香再现，容貌大变，满面涂金，练武后下山寻母，与二郎神格斗，沉香宝斧被二郎劈断战败。之后沉香不屈不挠，再炼神斧，再战二郎神，终于打败二郎神，斧劈华山救出圣母。

　　爷爷第一次正式演这出戏是在上海三马路的申江亦舞台（即后来的中央大戏院）。当时申江亦舞台刚刚造好，特地选了盖叫天的全本《劈山救母》作为开台戏，演出阵容极为强大。盖叫天饰沉香、马连良饰刘彦昌、白牡丹（荀慧生）饰三圣母和王桂英、郑法祥饰孙悟空、张德俊（张云溪父亲）饰二郎神等。消息传出后，观众争先恐后抢购戏票。演出取得了空前的成功，当时的报刊争相报道：赞荀慧生先生"貌艳如花，技材出众，当台歌舞，百媚俱生"，还有大段重头唱做；赞马连良先生的

《二堂放子》"精心琢磨，老戏新唱，表情深刻，与荀慧生配合默契，珠联璧合"；赞盖叫天的《劈山救母》"有鲜明的艺术特色，沉香下山施展武艺，耍斧、舞绸带，和二郎神激战等，都是崭新的武技表演，好看精彩之极"。

爷爷告诉我们，当年他创作这出戏非常不容易，可以说是被"逼上梁山"。事实上《劈山救母》这出戏是由二折骨子老戏《二堂放子》和《劈山救母》串连成的一出大戏，而当时同台演出的都是名角儿，特别是马连良和荀慧生两大角儿演出《二堂放子》是配合默契，表演精彩，荀慧生还为三圣母设计了一些新的歌舞。前边的起点如此之高，后面爷爷的《劈山救母》要想压大轴，没点新招，没有出奇制胜的绝玩意是压不住的。

爷爷先是创造了沉香下山与众不同的"走边"；再抓住"劈山救母"中的"劈"字，围绕沉香的斧头做文章，创造了边唱边舞神斧；之后又创造性地把沉香的"斧"和二郎神的"三尖两刃刀"放在一起对打，这在老的传统把子里是没有的。为了打得巧妙，打出新意，爷爷还请来了上海有名的优秀武生张德俊先生（张云溪先生的父亲）饰演二郎神，当自己的对手。观众对两大武生在台上的比武是有审美期待的，而爷爷和张德俊先生也不负众望，在台上各使绝招，打得惊险刺激，紧张激烈，让人目不暇接眼花缭乱，好看之极。

首战二郎神，沉香宝斧被打断大败而回，求助众石仙重炼神斧。为了能把"炼斧"这段在舞台上表现得更加优美，爷爷苦思冥想了很久，甚至几天几夜睡不好。有一天，爷爷看到祖母在点香，烧黄表纸的火光飘起来，爷爷突然来了灵感，用绸带舞再配合戏曲"彩火"和五彩灯光不就是火光效果吗？不但可以舞出各种舞姿，人在绸带内蹿进蹿出，平添了无数的变化，又非常符合火中炼斧的规定情境。于是这段用戏曲虚拟手法创造的"炼斧"，在漫天飞舞的绸带和五彩灯光下应运而生，舞台效果堪称绝妙。

后半出《劈山救母》靠着这几段让观众惊艳的绝招，这台戏的大轴算是压住了。

这出《劈山救母》被观众认为是又一出具有浓重盖派特色的盖叫天代表作。可惜后来由于种种原因，加上爷爷又创造了很多新戏，这出戏的演出就很少了，一直到 1954 年拍摄《盖叫天舞台艺术》时，总算把当年爷爷在这出戏中的精华部分拍摄保留了下来。现在大家还能看到的有沉香拿云帚走边、耍斧、舞绸带等，但完整的戏已经看不到了。好在我父亲张翼鹏和二叔张二鹏后来曾经演过，我们有幸都见识过。

盖叫天创造京剧《西游记》

《西游记》是中国四大名著之一，可谓家喻户晓。爷爷盖叫天早就想把这一名著搬上京剧舞台，以丰富京剧的武生剧目，让武生能更有用武之地。在 20 世纪 20 年代，爷爷本着尊重原著的精神，以连台本戏的形式创造了京剧《西游记》，并在上海首次公演时一炮打响，轰动整个上海滩，让上海观众大饱眼福。

头本《西游记》，从石猴出世开始，到大闹天宫孙悟空被擒止。看点之多让人目不暇接，亮点之多让人拍案叫绝，绝招之多令人瞠目结舌，服、道、化创新之多，让全剧处处出奇制胜，令观众耳目一新。

在情节方面，从"石猴出世拜月"开始，之后是石猴探水帘洞、石猴求师访道、石猴结交众魔、石猴大闹龙宫、石猴大闹地府、石猴初次上天、石猴受封弼马、石猴自称大圣、石猴二次受封、石猴偷桃盗丹、石猴大闹天宫、石猴鏖战群仙，一直到"石猴被仙绳擒"为止，情节之丰富饱满，无出其右。

在机关布景方面，更是新颖离奇。如"石猴出世"时山崩地裂，场面壮观；"石猴探水帘洞"天连水、水连天的逼真水景，让观众震撼；"石猴灵山求道"整台灵山仙境；"石猴下海得宝"全场海底奇妙世界；"石猴大闹阴曹"里地府森严恐怖；"石猴受封弼马"中的天上迷人仙境；"石猴瑶池偷桃"丰硕仙果累累；"石猴大闹天宫"中云端群猴鏖战。每场的机关布景，都能牢牢抓住观众眼球。

绝招与创新

1. 石猴造型

爷爷演戏特别注重创新，不仅要与别人演的不同，而且也要与自己演过的戏不同，每段戏都要有新招。在创作《西游记》"石猴出世"一折时，爷爷的创新一开始就遇到个难题：石猴从石头中蹦出时应该是裸体的，可是裸体在舞台上要怎么表现呢？传统戏中从来没有这个先例。这下可把爷爷给难住了，真是绞尽脑汁，寝食难安。祖母（原配夫人李慧）看到爷爷整天愁眉苦脸、闷闷不乐的样子，就问爷爷到底遇到什么难题了。爷爷把石猴裸体的事一说，祖母虽然嘴上没说什么，暗中却开始留意怎么解决这个问题。

我祖母虽然一双小脚，但是有文化，跟随爷爷走南闯北、闯荡江湖，一直是爷爷的贤内助。同时祖母又做得一手好针线活，帮爷爷做过很多改良戏装，像"霸王"的服装，还有《大侠就是你》的服装等，都是祖母用旧服装剪裁加工改造成的，很有特色也很有新意。

为了石猴服装的事，祖母每天到上海的大小布行去转悠。突然有一天，她发现一种叫骆驼绒的料子，色彩和质感很像猴子的皮肤，用这种料子做一身紧身衣，远看不是很像猴子吗？于是祖母连忙回家，把她的想法和爷爷一说，爷爷马上让祖母买来试做，祖母就用骆驼绒为爷爷度身定做了一套紧身衣裤，还在屁股后边做了个猴子尾巴，结果爷爷一试穿，发现效果非常之好。爷爷这个高兴啊，可是高兴了没几分钟，又开始犯愁了。现在穿的有了，但石猴的头怎么办呢？爷爷突然想起当时非常时髦的飞行帽，飞行员帽外面是皮的里面是绒的，只要把帽子翻过来，把绒露在外面，不就像猴了吗？于是爷爷连忙把这个设想告诉祖母，祖母用和衣服同样的料子，仿照飞行员帽的款式进行了改良，做出来给爷爷戴上后，一个活脱脱的石猴造型就此定型。

爷爷穿着祖母亲手缝制的石猴服装从石头里蹦出，再结合爷爷自己

盖叫天示范耍双鞭。

创造的猴拜四方的形体动作，一下子打破了传统京剧中孙悟空的传统造型，即便是内行也纷纷叫绝，都说盖叫天聪明，怎么会想出这么好的点子来，活脱脱一只真猴子！石猴造型的解决，使头本《西游记》得以顺利上演，而且一上演就牢牢抓住了观众，很快红遍上海滩。而爷爷创造的这一石猴造型，也树立了石猴的造型模板，后来其他人演"石猴出世"，都是仿照爷爷的这身打扮。

2. 巧耍双鞭

在"闹龙宫"中巧耍双鞭，是爷爷的又一大独创。

孙悟空为借兵器到龙宫，看见一对鞭就顺手舞起来，刚开始是觉得好玩，后来越耍越开心，越耍越得意。爷爷就按照美猴王的性格和情趣进行设计，在耍这套双鞭时加了很多玩意儿在里面，有各种各样姿势顶鞭，有绕鞭顶鞭，有右手挑鞭左手接顶，有鞭顶鞭，再鞭落脚面顶，再挑起顶鞭等等各种高难度技巧。更难的是右鞭丢"撇桃"，转起来"啪啪啪"在另一根鞭上跳三跳，然后落在脚面上，再挑一下，落在鞭上，再掸一下，另一只脚再一勾，接在手里，这一下是极难的。而最最难能可贵的地方在于，整套鞭法的每一个动作、每一个步法、每一个身段，都一气呵成，而且都是猴的神情，是一个完整的猴鞭独舞。

其实这套鞭法爷爷已经苦练了好几年了，为的就是要在"闹龙宫"中一展身手。观众看这段猴鞭，完全是一种艺术的享受，而这段鞭法也让行家把"张家的鞭"称为一绝。当年田汉先生有赞诗：

练到轻松合自然，双鞭成我我成鞭。

艺坛几辈夸神技，不及青年盖叫天。

3. 真骆驼上台

真骆驼上台又是爷爷的一大创新。在"弼马温"一折中，爷爷演的孙悟空是骑着真骆驼出场，爷爷称其为"马上封'猴'"。这折中爷爷的扮相也非常特别：头戴小纱帽，身穿女官衣，腰挂玉带，脚蹬朝方，手拿小扇子，口唱小曲："戴纱帽，穿红袍，粉底朝靴足踏牢，摇摇摆摆呵呵笑。"

爷爷扮演的猴是喜形于色，神气十足，骑在真骆驼上边唱边做着各种小动作，灵巧可爱，活泼风趣，活脱脱一个调皮淘气的灵猴。而爷爷骑的骆驼也是训练有素，叫跪下就跪下，叫走就走，非常听话可爱。观众看见真骆驼上台，完全出乎意料，演出效果非常之好。

4."大闹阴曹"撑竿跳

"大闹阴曹"是孙悟空大闹地府，这场戏和前边反差很大，灯光布景帮了很大的忙，场景阴森森好似到了另一个世界。大头鬼、小头鬼、黑白无常等众鬼跳上跳下，又恐怖又有新鲜感。这场戏中，孙悟空来到地府向五殿阎罗要生死簿，阎王爷不给，悟空急了，就和大头鬼、小头鬼、黑白无常厮打，最后孙悟空用金箍棒一撑，跃上阎王宝座前二米高的桌子上，把阎王轰下宝座，夺过生死簿全部撕掉。

这里用金箍棒一撑跃上二米高的桌子的动作，是爷爷的又一创新，他巧妙借用了田径队的撑竿跳，突出了神猴灵活的动作和调皮的个性，让观众一饱眼福。

5."大闹天宫"

"大闹天宫"这折戏素有"唱死李天王，累死孙猴子"之称。

爷爷演的"闹天宫"又显得与众不同了，他除了要和传统人物风婆、雨师、雷公、电母、巨灵、哪吒、二郎神等对打，还要和自己创造的四大金刚：魔利寿、魔利青、魔利红、魔利海挨个打，每个人的兵器都不一样，打法也不同。

特别是他在武打中从四大金刚手中夺了琵琶，又夺了哪吒的乾坤圈，创造了空前绝后的孙悟空手弹琵琶的同时脚舞乾坤圈，而且还要当场弹奏［夜深沉］的曲牌。当年没有今天的电琵琶，也没有扩音器，爷爷在真弹奏［夜深沉］曲牌的时候，台下观众都屏住呼吸，整个剧场鸦雀无声，大家都在一边静听爷爷的弹奏，一边看着爷爷脚下舞动的乾坤圈，这手绝活在20世纪20年代堪称一绝，哪怕放到今天，也是一绝。

上面所说的这些奇特的表演发明在当时的上海滩可谓是前所未见，同时又兼具了艺术性和通俗性，有真功夫的高难度双鞭技巧，有载歌载舞的水晶宫，又有真骆驼登场、手弹琵琶脚耍圈，真真假假虚虚实实，分分钟刺激着观众的感官，吸引无数眼球。而当时的戏老板宣传也到位，称盖叫天为"誉满全国威而不猛、独一无二泰斗武生"，大造声势再加上真材实料，头本《西游记》在上海滩是天天爆满，观众看过后强烈要求演出二本《西游记》。

《西游记》的成功和"一身二绝"的创造

在爷爷成功创造《西游记》之前，京剧舞台上的孙悟空形象一般都不占据戏中的核心地位，如《金钱豹》《泗洲城》《摇钱树》等戏中，孙悟空都是由能翻能摔的武生扮演，技巧非凡，但是只能沦为配角，这是为什么呢？因为梨园界虽然有"无技不成戏，无技不惊人"的说法，但同时也有"光技不是艺"的说法。这两种说法其实是一对矛盾的统一体，它对演员提出了很高的要求，首先要有玩意，要有绝活，这是一个优秀演员的基础。同时，光有技巧不行，技巧必须要符合剧情，符合人物，"技""艺"结合才是真正的艺术。能翻会摔的"猴儿"只停留在"技"的层面，当然也只能作为配角存在。

爷爷盖叫天在上海演出头本《西游记》一炮打响，社会反响极大，好评如潮，震惊梨园界。上海滩的大小报纷纷报道：盖叫天自"活武松"后又创作新型《西游记》！上海滩大批观众踊跃观摩，戏院天天爆满挤得水泄不通。会造成这种轰动效应，一方面是因为爷爷动用了真骆驼上台、豪华的舞台布景、度身定制的人物服装等一系列全新的技术手段和舞台形式，但更重要的，是爷爷盖叫天塑造了一个完全不同于北派的新型"美猴王"，一个身怀绝技又个性鲜明的"孙悟空"形象。这使得爷爷创造的《西游记》"技""艺"完美融合，雅俗共赏，并从此改变了武生演猴戏只能当配角的历史，奠定了张家创造"美猴王"的基础。

在《西游记》中同时带给内外行极大震撼的绝技，莫过于"闹龙宫"中的"巧耍双鞭"和"闹天宫"中的"弹琵琶舞乾坤圈"。在京剧舞台表演中，武生耍双鞭是从未有过的，爷爷的"巧耍双鞭"是首创、原创。而

"弹琵琶舞乾坤圈"非但是爷爷的创新发明，更因为其高超的技艺而被称为爷爷的"一身二绝"。这两套绝招后来成为传世绝活，后辈的必修课。

而说起创造"弹琵琶舞乾坤圈"这套"一身二绝"，爷爷最早是在寺庙中得到的启发，他看到守护神四大金刚，突然想到在"闹天宫"中可以增加孙悟空和四大金刚的对打。四大金刚所执的兵器分别是剑和圈、龙、伞、琵琶。这些兵器里除了剑之外都属于奇门兵器，之前的猴戏中也从未用过，怎么运用怎么打，费了爷爷很多脑筋。最后爷爷决定从人物出发，利用孙悟空古灵精怪的性格特点，编排了孙悟空机智调皮地骗取了琵琶法宝，并且以其人之道还治其人之身，一边弹琵琶一边脚舞乾坤圈，闹得天将晕头转向，天宫天翻地覆。而爷爷之所以敢于做这样的编排设计，完全得益于他少年时扎实的基本功。爷爷早在科班时就学会拉胡琴等文武场面，且熟通音乐，再加上他的多才多艺，使他的"边弹琵琶边舞乾坤圈"这个创造既符合剧情需要，又符合人物性格，更展示了平生绝技，"技""艺"完美结合，得到内外行一致称赞，成为闻名遐迩的盖派"一身二绝"绝艺，并引得后人纷纷效仿。

酝酿多年的二本《西游记》

只要一谈起盖叫天的表演艺术，京剧界同仁们都会异口同声地赞叹："盖叫天的艺术要么就不拿出来，拿出来就肯定有新鲜'玩意儿'。"这句话是对爷爷艺术人生中创新能力的肯定，也是对爷爷艺术创造的一种审美期待。

事实上，在头本《西游记》一炮打响之后，爷爷为了让二本《西游记》能够石破天惊、不负众望，同样是费尽心力，酝酿多年。

爷爷告诉我，最早的老派老式猴，脸上重仙气，更像妖怪而不太像猴，走路动作也不是曲着背弓着腰的，完全没有猴相，一点也不可爱。之所以会如此，是源于对孙悟空的人物理解问题，因为按照老派的理解，孙悟空是石猴出世，它并不是真的猴子，而是几千年汲日月之精华得道而成的神仙，是只仙猴，所以要演得像一尊神。但是爷爷对这种传统的表演风格并不满意，他在创作二本《西游记》时，就曾经反复思考，被压在五行山下五百年、一旦被唐三藏救出后的猴子会是怎样的心情和表现，应该如何更生动地加以表现。爷爷对我说："孙悟空被压五百年后的表演应该多像点猴，猴眨眼睛、搔痒、抓耳挠腮等，做出种种带有猴子生活习性的形体动作。不要小看这些看似无关痛痒的小动作，这些动作的背后，折射出的是猴子机警、顽强无畏的精神，可以把孙悟空的心态表现得活灵活现，有趣又符合生活。但是这里同时也要考虑一个分寸的把握，太多太过了也不行，过多就把孙悟空变成真猴子了，就会减少他身上的神性和仙气。所以这里的表演难就难在又要像猴子，又不能是猴子，要时而神似，时而形似，收放自如。"爷爷对被关五百年后重获自由的孙悟空，在人物表演上非常透彻地整体把握，奠定了二本《西游记》成功的根基。

二本《西游记》的内容从石猴五行山被释开始，斗六贼，高老庄，到降伏蜈蚣精为止。从布景到表演都有突破，有新意，有绝招，非常有可看性。一开幕，整个舞台为杂草丛生的荒山，荒山高处的山洞里露出一个猴头，大声疾呼"师父……"一下子就抓住了观众的眼球。

第一段戏主要讲唐僧收服孙悟空，唐僧释放孙悟空是希望他护送自己去西天取经，可是孙悟空在重获自由后野性发作，根本不听管教，也看不起唐僧这个肉体凡胎的小和尚。唐僧管不住他非常无奈，幸好得到观世音菩萨点拨，赐唐僧紧箍咒以制服孙悟空。

这段戏是唐僧和孙悟空的对手戏，孙悟空从五行山下被放出来时是赤身裸体的，唐僧给孙悟空穿上僧衣后又欲擒故纵，故意不给他金箍，骗孙悟空自己戴上。在这段表演中，爷爷为了表现猴子穿上新衣服、又戴上漂亮的新帽子那种内心的喜悦，设计了很多手舞足蹈的有趣动作，把猴子的天真用美妙的舞姿演绎得有趣之极。之后孙悟空不服唐僧管教，想要离开唐僧回花果山去过自由自在的生活，唐僧不得不念起紧箍咒来约束猴子。这里爷爷为了表现孙悟空头痛难忍，运用了很多跌、扑、翻滚技巧，展现了爷爷过硬的武功。每每演到这里，观众都是掌声雷动。

这段戏唐僧和孙悟空师徒二人的表演都精彩之极，前半段诙谐幽默的表演，后半段武功技艺的展示，把孙悟空的喜怒哀乐表现得淋漓尽致，令观众如痴如醉。

第二段戏是"斗六贼"，讲孙悟空保护师父西天取经，在借宿枯庙时遇到准备偷窃他们金银财宝的六个贼人。为了增强这场"猴斗六贼"的可看性，爷爷在各种京剧特色武功的基础上，创造了新颖的风趣滑稽式打斗。扮演六个贼的演员都是爷爷的好搭档，功夫好演技也好，和爷爷配合非常默契，这种默契令他们的滑稽打斗异常精彩，再加上孙悟空风趣幽默的表演，令观众每次都捧腹大笑。

第三段"高老庄"一折中，爷爷的设计再次出乎所有人的意料之外。大家都知道，高老庄是讲唐僧师徒二人收服猪八戒的故事，唐僧和孙悟空取经路过高老庄，发现高员外闷闷不乐，经询问得知有猪妖准备强娶高小姐为妻。唐僧就命孙悟空降服此妖，为民除害，孙悟空决定化身高小姐在洞房戏弄猪八戒。原著中的这个情节设定，给了爷爷大显身手的机会，因为爷爷当年在科班学过花旦，也练过跷功，刚到上海滩时也唱过很多旦角戏，结合剧情需要，爷爷决定由自己亲自反串高小姐，一个造型分饰两角，既演真的高小姐，同样造型再演孙悟空变化后的假高小姐。

整个反串分为两大部分，第一部分是爷爷反串真的高小姐，贴片子，包大头，踩跷，完全是中规中矩的花旦表演和正规的旦角唱。爷爷扮相好，唱腔全部小嗓，字正腔圆，味儿也好，唱得非常到位，观众欣赏到盖叫天的另一面，一下子惊喜异常，大呼过瘾，赞不绝口。第二部分是由孙悟空化身的假高小姐戏耍猪八戒。在猪八戒背媳妇这段表演中，爷爷创造了很多有趣的动作，他的表演快速在真猴和假高小姐之间来回切换。猪八戒背高小姐是越背越重，开始有些怀疑，之后又发现高小姐的脚一只大一只小，猪八戒就问："你为何一个大脚一个小脚？"悟空羞答答回答："我父亲喜欢大脚，母亲喜欢小脚。因此养出我是一大一小。"说完之后又神速变回猴形，变化之快之妙，令台下观众在捧腹大笑的同时报以全场沸腾般的掌声雷动。

二本《西游记》是以"孙悟空大战蜈蚣精"为结尾的，也是整个二本《西游记》的高潮戏，盖叫天钦点自己的长子张翼鹏来扮演蜈蚣精。

为了表现《西游记》的魔幻色彩，爷爷在布景道具上也动足脑筋。在孙悟空捉拿蜈蚣精时，发现蜈蚣精逃到洞中，孙悟空过去拉住蜈蚣尾巴一甩，这时全场突然暗灯，从山洞被甩出来的是一条又长又大的巨型蜈蚣，蜈蚣头上眼睛的位置装了两个大灯泡，十几个人在蜈蚣形中舞动，跳蜈蚣舞大斗孙悟空。整个变化之快让初次看戏的观众根本没有思考的时间，无不发出一声惊呼，都被吓了一大跳。在抓住观众眼球之后，再由张翼鹏饰演的蜈蚣精上场和孙悟空对打，张翼鹏身穿绣蜈蚣箭衣，头戴特做的蜈蚣盔，戴翎子、大狐狸尾，脚穿绣蜈蚣的厚底靴，和爷爷饰演的孙悟空打得异常激烈，这段武打编排得非常新奇，最后蜈蚣精在山坡上翻三个小翻高蹿抢背跃过孙悟空头顶，就好似一条真正的飞天蜈蚣扑向孙悟空，展示了张翼鹏的过硬功夫，可谓精彩至极。观众看到如此新颖逼真的对打，大赞父子配合默契，台下掌声喝彩声久久不息，内行外行齐声叫绝。

二本《西游记》以复杂的剧情、变化无穷的布景、过硬的真功夫、诙谐幽默的表演、精妙绝伦的反串、火爆逼真的武打，再次掀起了上海滩的《西游记》热，剧场因此天天爆满。老板高兴得合不拢嘴，让盖叫天赶紧排演三本《西游记》，没想到被我爷爷一口拒绝，表示不打算排演三本《西游记》了。这下不但老板想不通，连戏班的全体演职员也都没想到。老板以为爷爷可能是想多赚点钱，就对爷爷说："盖五爷，你要什么条件我都可答应。"结果我爷爷说："不能光考虑赚钱，因为三本的构思和戏中需要的绝招，我还没练成，没有把握就不能轻易地拿出去，宁愿不赚钱，我也要对观众负责，对艺术负责。"老板再三相劝，并明确表示愿意给盖叫天多加包银。但爷爷执意不肯排，给再多的钱也不演。这件事反映了爷爷盖叫天对待艺术创造的真实态度，也反映了爷爷重艺不重财的高尚品德。

就这样，盖派创始人盖叫天亲自创造并留下的《西游记》经典只有两本。虽然只有两本，但是却为之后他的长子——新盖派的代表张翼鹏的成功打下了扎实的基础。张翼鹏在盖叫天的基础上，对《西游记》又进行了创造和发展，在上海滩奇迹般地创造了连演四十几本《西游记》的历史纪录，被观众称赞为"看不厌的张翼鹏，演不塌的《西游记》"，而张翼鹏也因此被称为"江南美猴王"。

小王桂卿在他的书中赞道："盖氏父子所创造的艺术，对京剧的贡献简直是'百货大楼'。因为里面的东西实在是太多了，琳琅满目得令随意走过者眼花缭乱，不得不驻足留神来观看。颇感幸运和欣慰的是曾经观赏过盖大师演出的孙悟空生动而又精彩的艺术形象，而且从化妆到表演上的一系列改革都很重大，前后艰苦奋斗四十余年，经盖叫天及张翼鹏父子两代人的不懈努力才得以完成，突出的是一个'美'字，说明京剧表演艺术大师盖叫天创立的'盖派'艺术风行南北，流传神州。"

爷爷的"霸王"情结

有一天练完功，爷爷让我们几个弟兄到百忍堂大厅里盘腿坐下，然后拿出一张剧照给我们看，问我们这是哪出戏里的什么人物。我们几兄弟从来没见过这个扮相的人物，大家琢磨了半天，只能老老实实告诉爷爷："不知道。"爷爷哈哈一笑，说这是他早年扮演的西楚霸王，然后开始说起他创造这个人物形象的经历。

当年爷爷还在科班的时候，就经常听科班的老先生讲楚霸王项羽的故事，项羽"破釜沉舟"以二万楚兵大破四十万秦军的传奇让爷爷敬佩不已；项羽人称"无双谱"，气壮山河勇冠三军，和他交战的敌将都是一个回合就败退的传说让爷爷仰慕钦佩；项羽重情重义，和虞姬的爱情悲剧让爷爷唏嘘不已；项羽性格上刚愎自用，骄傲自大的弱点导致他兵败垓下，最后英雄末路、自刎乌江的结局又让爷爷分外感慨。耳濡目染之下，西楚霸王慢慢成为爷爷最喜欢的历史人物，他一直想着，有机会一定要演一次霸王项羽。

然而想要实现这个愿望却面临着两大现实的困难。首先,《霸王别

《乌江恨》盖叫天饰项羽，刊于 1936 年 12 月 10 日《戏剧旬刊》第三十一期。

姬》是梅兰芳先生的代表作，与他合作演"霸王"的有名角杨小楼、金少山等，都是广为观众认可的"活霸王"，他们塑造的霸王形象早已深入人心，先入为主了；其次，观众认可的霸王是"力拔山分气盖世"、高大威猛的英雄形象，而爷爷身材不算魁梧，个头偏小，在形象上比较吃亏，相对其他演霸王的名角儿来说，爷爷没有任何优势可言。

虽然面前有这两座难以逾越的大山，但爷爷是"明知山有虎，偏向虎山行"的性格，他一直在琢磨着怎么能挑战自己、超越自己。有一次，爷爷向一位老先生提到了演霸王的设想，老先生听完之后非常支持爷爷的想法，他告诉爷爷，老话说"三分相貌，七分衣装"，不如从改良"楚霸王"的形象着手，另辟蹊径。老先生的一席话是一语点醒梦中人，让爷爷大受启发。在1921年，爷爷以全新的霸王形象为立足点，创造了著名的"霸王戏"《乌江恨》。

1. 移除"三座大山"，创造全新霸王形象

爷爷告诉我们，当年观众心目中的霸王形象是勾大花脸、穿大靠、身材高大魁梧的威武形象。爷爷要想创造全新的霸王形象，必须一方面兼顾观众的审美习惯，一方面又要解决自身面临的"三座大山"——威武、高大、魁梧。

为此，爷爷苦思冥想了很久都没有答案，后来觉得不能闭门造车，还是要到生活中去找答案。于是爷爷出去到处遛弯闲逛，无时无刻不在寻找破解难题的灵感。一天，他经过上海山东会馆门口，看到门上贴着门神画像，画中的门神双目炯炯，身披袍甲，肩背单鞭，手持兵器，一副乌黑虬髯，好不威武。爷爷顿时两眼发亮，只要把门神换上改良靠，不就是霸王形象的雏形了吗？

爷爷受门神画像的启发，解决了霸王形象的威武问题，但是怎么让自己高大起来呢？回到家中，爷爷一个人在客堂里点了一炷香，重新开始分析霸王的性格和背景。爷爷认为，虽然同属威猛，但霸王不同于张飞和鲁智深，张飞之猛是大将之猛，鲁智深的猛是草莽之猛，而霸王是三军统帅，应该是猛中带威，他又是天下诸侯的盟主，具备九五之尊的气概。沉思中，爷爷下意识地看着香炉里一缕轻烟袅袅上升，看着

《乌江恨》盖叫天饰楚霸王项羽。

看着，他发现点香的香炉外形像铜鼎，一层一层地盘绕而上又像宝塔，爷爷头脑中突然灵光乍现，如果按照这个铜香炉的造型设计个霸王盔，我的个子不就增高了？于是爷爷马上把他的设想告诉祖母，经过讨论，最后设计了两顶盔头：第一顶盔头是霸王第一场上"金殿"戴的，分为两层，形状像宝塔，每层有八个角，每个角还有个小铃铛，内含了"霸王力能举鼎"的寓意；另一顶是根据"八面威"改造而来，专门用于武打场面，盔头前面额子上做了两条龙，中间一个绒球，形成二龙戏珠图案，顶上直插一根孔雀翎，这顶盔也显得很高很威武。爷爷创新设计的这两顶盔头不但非常别致，而且又完全符合人物、符合剧情，被称为

"霸王盔"。

身材要显得高大，光头上高显然是不够的，会显得身材比例不协调。怎么办？爷爷想起老母亲早年给他买的一双很高的厚底靴，可是年代久远，靴子头上早就破了两个大洞。爷爷灵机一动，让祖母试试能不能把两个破洞改成两只虎眼，祖母心灵手巧，很快就在靴子上绣了个虎头，在破洞的地方绣上一双炯炯有神的虎眼，这样一来，虎头高靴不但让一双脚也显得格外威风，而且暗中帮爷爷增高了许多。

在盔头和高靴的帮助下，爷爷具备了扮演楚霸王的威武和高大，但是还缺最后一样——魁梧，怎么才能让小个子魁梧起来呢？爷爷继续在生活中寻找创作灵感。功夫不负有心人，一天，爷爷看到家里大厅上供的天、地、人三皇的瓷像，以及画上的孔夫子画像，他突然受到了启发，想起唱"赵家楼"时有一件紫蟒，于是爷爷请祖母把"赵家楼"中的紫蟒加以改造，在外面加一件坎肩，坎肩外再罩一个大云肩，两边肩膀往上翘起，前胸后背再加两根大飘带。爷爷穿上这身紫蟒，只见蟒的下摆绣着祥云的图案，当中绣一条五爪大龙，再腰围玉带，宽袍大袖气派非凡，在威武中透着一股帝王的威严，这身紫蟒，也就成了独一无二的"霸王蟒"。

至此，困扰爷爷许久的"三座大山"终于全部被移除，全新的霸王形象呼之欲出，爷爷饰演西楚霸王也就是水到渠成的事情了。

2. 艺术源于生活，"活霸王"一炮而红

上海作为海派艺术的发源地，当年聚集了来自全国的名角大腕，可谓盛极一时，仅"霸王戏"就有三个舞台在同时演出。一台以京朝派梅兰芳、金少山为首的《霸王别姬》；一台以麒麟童（周信芳）为首的《鸿门宴》；还有一台就是我爷爷盖叫天为首的《乌江恨》。虽说三台戏都是塑造霸王形象，但泾渭分明，各有所长，一个以花脸行当演霸王，一个以老生行当演霸王，一个以武生行当演霸王，都是从各自不同的专业角度来塑造属于自己的霸王形象。于是这三台戏各有各的看点，同时又互相竞争，互打擂台，令观众大饱眼福。

面对如此激烈的竞争和如此强劲的竞争对手，爷爷唯有自强不息，

不断改造、完善自己的霸王形象。他给自己的霸王揉紫檀色的脸，连鬓胡子，戴海夹淘，再加浓眉、深眼窝，两眼一瞪是杀气腾腾；又专门为"九里山大战"设计了改良靠，左挎弓袋，右悬箭囊，佩剑背鞭，举手投足威武雄壮。光有外在形象肯定是不够的，爷爷又专门创造了一系列的绝活，有霸王操、霸王枪、霸王战等，大大增加了可看性。这样一来，爷爷饰演的新霸王以新扮相、新程式、新的武打套路全新登场，不但形象与众不同独树一帜，而且内容丰富表演精彩，在征服观众的同时也获得了同行的认可，一时间好评如潮，观众纷纷奔走相告，盖叫天又创造了全新扮相的"活霸王"。

俗话说"一只巴掌拍不响，好汉要有好汉帮"。爷爷创造霸王形象的成功也离不开同台献艺的搭档们的全力支持。当时和爷爷合作的演员都是响当当的大牌，爷爷盖叫天饰楚霸王项羽，林树森饰章邯，金少山饰樊哙，赵松樵饰张良，露兰春饰刘邦，吕美玉饰前虞姬（她的相片曾作美丽牌香烟商标，红极一时）、绿牡丹（本名黄玉麟，人称江南四大名旦之一）饰后虞姬，李桂芳饰范增（非常有才华的演员，梨园世家，他女儿是大名鼎鼎的电影明星李丽华），如此强大的阵容，真是难得一见的强强联手。

爷爷讲完自己创造霸王形象的经历后问我们，从这个故事中感悟到什么东西？我们感慨爷爷对艺术创作的执着精神，百折不挠的意志品质。爷爷却边笑边摇头说，你们都没说到点子上，能成功创造霸王形象，关键在于寻找灵感的方法，也就是说，盖派创造角色的法则是"到生活中去寻找"，只有生活才是艺术创造取之不尽的源泉。

爷爷对《文昭关》的钟爱

爷爷虽然是武生，但是他向来非常重视文戏，这使得他饰演的武戏人物都有着与众不同的灵魂。而爷爷之所以会重视文戏，其实和他早年的经历是分不开的。爷爷曾经告诉我们，他最早是学唱老生的，嗓子很

盖叫天讲课示范。

好，也唱过很多老生戏，后来因为倒嗓变声，不得已才改唱的武生。他总是开玩笑说，自己的武生是票友。

1954年6月，田汉先生到爷爷的杭州家里来做客，田老进门还没坐稳，就兴冲冲取出一张唱片给爷爷看，他说："我替你带了一张唱片来，不知你还记得吗？是你青年时灌的《定军山》。"爷爷看到唱片哈哈大笑说："怎么不记得，那年是十四岁。"十四岁能演《定军山》，而且够资格灌录唱片，可见爷爷少年时期的老生唱腔确实货真价实，而田汉先生能够千里迢迢把这张早就成为"绝响"的老唱片亲自送到杭州，亲手交给我爷爷，也从一个侧面反映了田老对爷爷少年时老生唱腔的肯定和重视。非常遗憾的是，这张珍贵的老唱片在"十年浩劫"期间被抄家抄走，从此不知所终。

有一天我们练完早功后，照例坐在百忍堂两边等着听爷爷的"讲经说法"。可是那天爷爷却心血来潮，拿出把胡琴，开始自拉自唱起他幼年时学的老生戏《文昭关》。爷爷唱的是被行内称"汪大头"的汪"桂芬"派，唱腔很高，老腔老调。汪桂芬和谭鑫培、孙菊仙被称为京剧"三鼎甲"，是非常有成就的艺术家，他在艺术上独树一帜，表演生活气息浓，唱腔高亢入云，不仅深得观众喜爱，同行也对他的艺术成就赞不绝口。早年爷爷在科班学戏时，曾经看过汪桂芬、谭鑫培和孙菊仙三位合演《文昭关》，汪桂芬饰演伍子胥真是精彩之极，一下子成为爷爷崇拜的偶像。

爷爷告诉我们，汪桂芬在倒嗓时曾经给老生鼻祖程长庚拉过琴，嗓子恢复后才重新登台演戏。汪桂芬是民间艺人，脾气很怪，当年叫他在宫中唱戏，他死活不唱，等到把他轰出宫来，他却开始在民间大唱特唱，传说他拨开嗓子一声喊，能把房梁上的灰尘都震下来。当年汪桂芬在上海是红得发紫，据说观众因为听得过瘾，叫好叫到要跺脚。

可能因为汪桂芬是爷爷偶像的关系，爷爷酷爱饰演伍子胥这个人物，特别爱唱《文昭关》，我们经常见他边唱边表演做身段。爷爷表演的伍子胥和一般老生表演的伍子胥完全不同，爷爷塑造的伍子胥允文允武，尤其是当唱到"拔宝剑"一句时，他一脚踏着椅子、双手拔出宝剑的亮相，一下子就能让人联想到当年伍子胥在"临潼会"力举千斤铜鼎的威武形象，看得真是过瘾。

爷爷曾对我们讲，他想要演全本《伍子胥》，想从"临潼斗宝"开始，一直演到"鞭尸秦王"。前边是武戏，当中是文戏，最后又是武戏，这样可以塑造一个文武全才与众不同的全新伍子胥。

爷爷对"人物刻画"的特殊见解

爷爷反复教导我们这些后辈，演武戏的要多学点文戏，对刻画人物有好处。当时我们还年幼，对爷爷的说法并不十分理解，但是随着与爷爷相处的时间越来越久，我们慢慢发现，爷爷对人物的刻画有着非常独特的见解，这和他的文戏功底有关。

有一次，跟着爷爷去看了地方剧种的《秦香莲》，回来后他就给我们分析陈世美这个人物应该怎么表演才更好，他说："陈世美是个杀妻灭子、丧尽天良的衣冠禽兽。但是在舞台上表演他时千万不能脸谱化，不能演出奸相、坏相。相反，应该把陈世美在外表上尽量演得英俊潇洒、相貌堂堂、气派不小，要在斯斯文文中带着假惺惺，让观众能看出他在心里动着歪点子，透出一种骨子里的坏。"爷爷这段话，说出了"舞台造型和人物评价"不是一回事的道理，虽然两者联系密切，但是不能画等号。

在谈到"凤仪亭"中吕布见貂蝉的表演时，爷爷说："吕布和马超、赵云三人同样都是勇将，但是三个人个性完全不同。赵云为人正派，有勇有谋，有大将的气魄和风度；马超是一方诸侯的儿子，虽然勇猛非常，本事惊人，但是从来不会站在对方的立场为他人着想，他是典型的有勇无谋；而吕布则是勇中显骠，俊美但又带点'贱相'。"要塑造好吕布这个人物，就要把握好这个"贱"字，要演得勇中带贱。李紫贵导演当年就非常赞同我爷爷的分析，他赞道："盖老对吕布这个人物的分析非常精辟、准确。"

爷爷不仅"言传"，还会时不时亲自示范给我们看。有一次，爷爷示范表演"击鼓骂曹"，爷爷鼓打得非常好，和［夜深沉］的音乐曲牌配合默契，轻重缓急，处处到位。但更令我们为之惊叹不已的，是他打鼓时的表演，只见爷爷的脸上表情非常丰富，在照顾到鼓点的同时，始终在和观众交流，特别是边打鼓边三甩胡子的表演，可谓是精彩别致，让人一眼就能看明白，他在骂曹操。爷爷告诉我们，有些人虽然打得一手好鼓，但是在演"击鼓骂曹"时只顾埋头打鼓，鼓打得再好，也无法引起观众的共鸣，为什么？因为这些演员忘记了自己为什么要打鼓，"击鼓骂曹"，击鼓是手段，骂曹才是目的，本末不能倒置。爷爷为我们解释击鼓骂曹的由来：祢衡出言不逊，讥讽曹操手下无人，惹得曹操心里讨厌他，于是存心想要羞辱他，于是叫祢衡当鼓吏，当着文武大臣的面击鼓助宴，供曹操嘲笑取乐。祢衡气不过，便针锋相对，来了个打鼓骂曹。所以在表演祢衡这个人物时，一开始打鼓，马上要抬头用眼神向堂上两厢的文武大臣打招呼，用眼神告诉他们，今天我就是要当着你们面，一边打鼓，一边把曹操骂个痛快。爷爷再三告诫我们"打鼓"莫忘"骂曹"，如果不突出"骂曹"这条主线，这鼓就全是白打的。

"武松醉打蒋门神"时的内心戏

之所以单独列出这一节，因为爷爷素有"江南活武松"的称号，他演的武松可以说是出神入化，惟妙惟肖。爷爷曾经专门给我们讲过他是怎么研究武松这个人物的。

爷爷说，他早先演戏也是按照师父的口传心授，师父怎么教，他就怎么演，从来不去研究这么演到底对不对。后来舞台经历多了，生活历练也多了，自己越来越感觉原先的演法有问题。例如武松的醉步，爷爷就整天在那儿琢磨：人喝醉了酒，哪儿能走路时醉，站住了不醉？武松的醉态和酒鬼的醉态有什么不同？

武松的一句唱词启发了爷爷，唱词写道："李太白喝醉酒把'嚇蛮'

京剧电影《武松》中"醉打蒋门神"，盖叫天扮武松，王文军饰施恩，马小龙饰蒋忠，孙正阳饰柳槐。

写上，俺武松吃醉酒能把虎伤。"爷爷一想，李太白是醉后有才，武松是醉后有力，那么在表演上肯定是不同的。于是爷爷先开始研究《太白醉写》中李太白的醉步。通常的演法是李太白在骑马赴琼林宴时，脚步踉踉跄跄。爷爷一想不对啊，李太白是骑在马上的，他醉了，难道他骑的马也醉了？爷爷突然想到在科班时，曾经听老前辈说过，表演李太白马上醉态可以用一句话概括，叫做"一点三颠，一歪一斜"。爷爷经过仔细研究之后，豁然开朗，用这种方法表演，果然可以做到人醉马不醉。接着，爷爷又开始研究武松"醉而不醉"的要求，最后总结出武松醉酒"神醉身不醉，身醉神不醉"的表演真谛。为什么说"神醉身不醉，身醉神不醉"是武松醉酒的表演真谛呢？首先，如果形体和神韵都醉了，那就是个地地道道的醉汉，无法表现武松的英雄形象。更重要的是，武松的醉在不同的场合有不同的理解，比如打虎是"神醉身不醉"，稀里糊涂就把老虎打死了；而武松醉打蒋门神时是"身醉神不醉"，看似酒醉，其实心中有事，什么都明白，完全能控制自己。

爷爷还研究了武松"动中的醉"、"静中的醉"，创造了各种的"醉步"和"醉站"。"醉步"的走法是软中硬，腿放松，腰撑劲；"醉站"的站法是硬中软，腿要硬，腰要软。同样一个"醉"字，根据不同规定情境，再用动、静加以区分组合，顿时让武松的醉态演变出无数生动鲜活的可能性来。然后，爷爷又进一步研究武松"打虎"和"醉打蒋门神"的不同，并把他各种不同的醉态和舞台上的锣鼓结合起来，使得爷爷所饰演的醉酒武松在行动时如风摆荷叶，充满了醉态而又时刻透着美感。

世人只知道爷爷是"江南活武松"，却大多不知爷爷在文戏上的深厚功力。爷爷演的武戏之所以能抓住人物的灵魂，就是因为他对人物研究之细腻深刻，而这一切又源自爷爷深厚扎实的文戏底子。文通武达是盖派艺术非常强调的一个特点。

在写这段文字的时候，我深刻感受到：一个有成就、能形成自己艺术流派的演员，他在舞台下的积淀和努力，必然十倍、百倍于舞台上所呈现出来的艺术创造能力。

剧坛少见的盖派《八大锤》

这张"《八大锤》陆文龙"的照片是爷爷盖叫天在20世纪30年代照的，属于爷爷盛年期的作品。很多人可能不太了解盖派《八大锤》，那是因为演得比较少，事实上盖派的这出戏非常有特色。

早年爷爷曾经陪武生前辈俞菊笙演过此戏，俞老板扮演陆文龙，爷爷演的岳云；之后爷爷又陪著名武生杨瑞亭演此戏，爷爷还是演的岳云。这二位前辈的陆文龙都非常有特点，据说杨瑞亭先生的腿功特别好，爷爷和他开打有一组背对杨的两个下腰反打，当时爷爷离杨很近，又扎大靠，没想到杨的左右二骗腿骗过爷爷靠旗，然后爷爷走一个大靠"旋子"亮相，这组动作一出，每次都赢得观众的满堂彩。

爷爷的陆文龙是在总结前辈名家的长处之后，才创造出的属于自己的《八大锤》陆文龙形象。爷爷对双枪的要求很严格，舞法讲究，边舞双枪

20世纪30年代，盖叫天演出《八大锤》饰陆文龙剧照。

边耍翎子，用双枪走盖派的"串子番子"、转身枪柄掏腿、枪头掏翎子等动作，非常别致。在和岳飞交锋时，每个亮相都是"盖"味十足的绝相，有银蛇吐信相、滴水观音相、怀抱琵琶相等，都是盖叫天全盛期的招数。在打败岳飞耍下场花时，边舞双枪边耍翎子，用龙飞凤舞的造型，把陆文龙第一次上战场就"力敌万人"、打了大胜仗的喜悦心情表现得淋漓尽致。

在和岳家将严正芳、何元庆、岳云、狄雷对打时，爷爷根据人物心情的变化，每打一个锤将，不但耍的枪花不同，而且在别人不注意的小地方，爷爷都安排上玩意儿和技巧。打第一个严正芳，陆文龙孩子气十足，因为第一次上战场就不费吹灰之力打了胜仗，他耍双枪的神情是得意的、傲气的，这叫"打中玩"。打第二个何元庆就不同，陆文龙有了轻敌思想，双枪用得很多，如双枪的左右勒马，双枪耍中压翎子、遁翎子等一整套动作，用来表现他的"玩中打"。第三个和岳云对打是最激烈的，岳云和陆文龙年纪相当，同样武艺高强，二人见面谁也不服谁，这段对打是这段戏的武打高潮。这里的盖派绝招有双枪对双锤，二马相撞、马嘶、马惊、马失前蹄，互不相让，打中枪锤飞舞，打中比武等等。这段武打时，陆文龙是棋逢对手，只能认真打，同时又有少年的意气之争，所以节奏处理很快，对打异常精彩。打第四个狄雷时，陆文龙使出浑身解数，双枪变化无穷、舞蹈美不胜收，打得痛快，打得过瘾，把盖叫天盛年的招数发挥到极致，也刻画了一个活生生的陆文龙。《八大锤》这戏，北派没有"出手"，南派开打中有"出手"，盖派虽然有"出手"，但是是以演人物为核心，结合人物心情的"出手"，是有内容的"出手"，是一个完整的舞蹈。这就是"盖派《八大锤》"的精髓所在。

后来，爷爷把这出《八大锤》亲自传授给了我父亲张翼鹏。爷爷教父亲这出戏时，正处于他的全盛时期，所以这出戏的路子和招数都是盖叫天巅峰期的绝招。为了让父亲能练好八大锤，爷爷动足了脑筋。先是让父亲在上海宝康里家中非常狭小的地方练，周围都是古董，专门练父亲的小巧腾挪功夫。后来又让父亲穿厚底练"乾元山"、"蜈蚣岭"，按爷爷的话说，这叫"练一招带十招"。最后甚至让父亲穿上厚底、带盔头翎子，全份后站在红木桌上练，我父亲扎实的厚底功就是在练这出戏时打下的底子。

爷爷在演《西游记》"孙悟空大战蜈蚣精"一折时，让父亲扮蜈蚣道人。父亲身穿绣蜈蚣箭衣，头戴特做的蜈蚣盔，有翎子、蜈蚣尾，脚蹬绣蜈蚣的厚底靴，还做一对蜈蚣钳子的双枪头，扮相就是从《八大锤》陆文龙里变化出来的。这一折中还特地编排了蜈蚣精大战四圣的武打，也是按照《八大锤》中的破四锤将来改编的。特别是蜈蚣精和爷爷扮的孙悟空对打，孙悟空抓蜈蚣精时，父亲在桌上厚底靴走小翻抢背翻过爷爷头，好似飞天蜈蚣形象，令观众拍案叫绝。为了《八大锤》这出戏，爷爷让父亲在舞台通过连台本戏来实践锻炼，既有可看性，又锻炼了演员，还能锻炼传统绝技，一举几得，真是煞费苦心。

"对联"佳话

在杭州丁甲山爷爷盖叫天的"寿坟"前有一个石牌坊，石牌坊两边刻着一副对联："英名盖世三岔口，杰作惊天十字坡"，中间横批"学到老"。这副对联是大有来历的，据说当年毛主席看见这副对联也是赞不绝口，夸这副对联写得好。

实际上这副对联不是一个人写的，中间横批是大书法家黄宾虹先生的书法，"学到老"三个字是爷爷终身对艺术不懈追求的真实写照。两边的对联则是著名书画家吴湖帆先生的杰作，"英名盖世三岔口，杰作惊天十字坡"，两句的第一个字分别是"英"和"杰"，隐含的是爷爷的本名张英杰；上联一个"盖"字，下联一个"天"字，又隐藏着爷爷的艺名盖叫天；而结尾所用的戏名《三岔口》和《十字坡》，又都是我爷爷的代表作，对联连起来读，又能感受到一种王者的霸气。在短短十四个字里植入这么多层含义，可见吴湖帆先生为了写这副对联真是费了心思，花了心血的。

吴湖帆别名吴倩，是清代著名书画家吴大征之孙，学识渊博，盛名在外，素有"南吴（湖帆）北张（大千）"之誉。张大千先生曾经说过，他最佩服的"两个半画家"中，排在第一个的就是吴湖帆先生。吴先生酷爱京剧，是爷爷的粉丝。刚才提到的对联就是吴湖帆先生当年为了祝贺盖

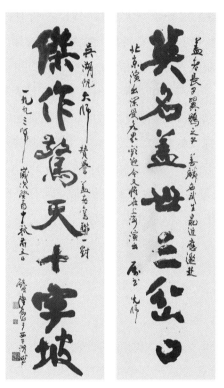

著名书法家陆抑非书写的"英名盖世三岔口，杰作惊天十字坡"对联。

叫天在上海演出而特地精心设计的，每一联都是用完整的一匹布写成，挂在上海天蟾舞台的两边是从屋顶挂到地上，气派非凡。观众一进剧场，首先看到的就是舞台两边大书画家吴湖帆先生秀丽刚劲的大字，已经得到了莫大的艺术享受，再看到爷爷的精彩表演，再联想到舞台两侧"英名盖世三岔口，杰作惊天十字坡"中的含意，那可谓是交相辉映，珠联璧合。而那天演出的剧目，正是爷爷的代表作《三岔口》。

盖派《三岔口》的诞生

《三岔口》本来是一出小武戏，但是在经过我爷爷盖叫天和著名武丑叶盛章先生的艺术再创造后，小武戏撑起了大场面。当年在上海，盖、叶二位大师合作演出的《三岔口》是轰动上海滩，连演四十天场场客满，创造了票房纪录，可以说是史无前例，红得发紫，成为一时佳话。

爷爷告诉我们，老《三岔口》剧情是焦赞因杀死奸臣王钦若之婿谢金吾，被发配沙门岛。杨延昭命三关上将任堂惠暗中保护，途经三岔口夜宿黑店，店主刘利华拟害焦赞，任堂惠赶至，刘又拟刺任，在经过一场黑暗中的搏斗后，任堂惠杀死了刘利华。到1951年，中国京剧院把刘利华改为正面人物，与任堂惠因误会而格斗，后来刘妻杀死解差救出焦赞，误会消除，同奔三关。现在大家所看到的《三岔口》，都是1951年后的新版本。盖派《三岔口》与众不同的地方首先是大写意的风格，这和现在舞台上所呈现的生活化"三岔口"有很大区别。

当年《三岔口》之所以在上海大受欢迎，和叶盛章先生的加盟是分不开的。叶盛章先生称得上是当时京剧界武丑行的第一大家。他高超的武丑表演特色配合爷爷短打武生的绝活，真是天衣无缝珠联璧合。听爷爷讲，叶先生第一场开店房单人调场，是穿黑绣花褶子，脖子插一把黑扇子，用褶子挡脸上场，到台口翻褶子亮相，一准得到全场的热烈掌声。然后他设计了拿扇子、舞褶子、走矮子的一组舞姿，好似一只大黑蝴蝶一样别致之极，把武丑的绝招展示得淋漓尽致。而爷爷的任堂惠上场也设计了一套宛如白蝴蝶般的舞姿，两人一黑一白前呼后应，相辅相成。

其中任和刘相遇的"滚刀"对打，严丝合缝，任堂惠夺过单刀和刘利华黑夜摸打对刀，是刀光剑影，凶狠激烈。在对打中，两位大师并没有为了追求效果而哗众取宠，而是按照规定情景和人物设定，演出了人

盖叫天与叶盛章合演《大三岔口》戏单。　　053

物各自的鲜明特色，在紧张激烈之余时而幽默时而滑稽，让观众大饱眼福，赞不绝口。爷爷在武打中动静结合，快中有慢，快而不乱，慢中有快，慢而不瘟，打出节奏，每个身段讲究干净利落，一举一动美不胜收。后边爷爷的盖派武生"拉拳"，叶先生的个人武丑绝招、身轻如燕的"轻功"表演，两位大师都是使出了浑身解数，把观众看得眼花缭乱，目瞪口呆，之后更把两位大师的表演称为"双绝"。后来李少春、高盛麟等演出时，也学盖叫天第一场任堂惠敞开褶子舞蹈、腰中插刀的扮相。

盖派《三岔口》的艺术特色

《三岔口》虽然属于短打武生戏，但是爷爷反复跟我们强调，任堂惠这个人物不是江湖侠客，而是三关上将，所以一定要演出人物的大将风范。爷爷对人物的这个定位，形成了盖派《三岔口》中任堂惠表演的三大特色：

首先是扮相，盖派任堂惠穿绣金燕褶子、白豹衣红彩裤、白软罗帽、戴白花、佩单刀，上场时是穿褶子敞开，单刀佩腰中（现在的版本都是半披扎褶子，背单刀）。这个区别就是人物定位形成的，爷爷认为任堂惠身为三关上将暗中保护焦赞，所以必须乔装改扮着便衣，武器也需要隐藏。所以任堂惠第一场上场，敞开褶子，单刀插在左腰间，用左褶子挡上刀把，这是人物规定情境的需要。这场的舞姿招数也同样是基于这个人物规定情境而精心设计的，把褶子舞得上下翻飞犹如大白蝴蝶，最后念："今奉元帅将令暗中保护，就此走遭也！"右手翻褶子和右腿交叉做跟踪寻找舞姿，后接［四击头］亮相，右手抓水袖踢大带，左手大翻褶子连单腿翻身接大跨腿，褶子飞舞再右手抓褶子抬腿亮相，好似彩蝶飞舞，充满了形态上的美感，也充分发挥盖派的特色。

其次，"拉拳"把盖派舞姿的线条美表现得异常充分。任堂惠的这套"拉拳"已经成为京剧界武生行学习形体的基础教材。这套拉拳是配合剧情的，摸黑中先柔后刚展示武艺后，发现敌情再转快速进攻，又闪、

盖叫天练功。

展、腾、挪，表现三关上将武艺，节奏从慢到快、从柔到刚，把盖派招数表现得淋漓尽致。

第三是"耍刀"，这是盖派刀法中的精品。行话讲"单刀看手，双刀看肘"，这套单刀也是在伸手不见五指的黑夜中展示的，有"银蛇吐信"、"风卷残云"、"拨草寻蛇"等单刀绝招，变化多端，精彩美妙，也是武生演员必学的元素。

盖派《三岔口》的传承

有一天，爷爷盖叫天对父亲张翼鹏讲："吴湖帆先生题字：'英名盖世三岔口，杰作惊天十字坡'。《十字坡》武松已经拍了电影，我想把《三岔口》也拍成电影，我们父子来演，我演任堂惠，你演刘利华。"

爷爷之所以叫父亲演刘利华，是因为知道父亲有《时迁偷鸡》的底子，父亲的武丑戏是当年京剧前辈丑行名师王洪老先生传授的，昆剧名家华传浩的丑戏全是王洪老先生教的。爷爷知道父亲有武丑的底子，所以要父亲陪他演刘利华。父亲当然是一口答应，并且为此积极准备。本来父子俩合演盖派《三岔口》，一定会碰撞出全新的火花，可惜后来因为种种阴错阳差，最终电影没有拍成，盖派《三岔口》也就失去了留下珍贵影像资料的机会，非常令人遗憾。

之后，这出《三岔口》由我三叔小盖叫天（张剑鸣）演出，也是父子同台，我三叔在前面演《三岔口》，爷爷大轴演《十字坡》，爷爷把对联中的"英名盖世三岔口，杰作惊天十字坡"，在舞台上变成了现实。

1953年，我三叔以《三岔口》参加世界青年联欢节，得到世界各国宾客的热烈欢迎，在获得世界青年联欢节金奖的同时，也把盖派艺术的影响扩展到海外。

1954年，我三叔小盖叫天的《三岔口》和我二叔张二鹏的《十字坡》一起去参加上海华东戏曲观摩演出大会，他们双双获得华东戏曲观摩演出大会演员一等奖。

1953 年，盖叫天在"燕南寄庐"给三子小盖叫天（张剑鸣）说戏。

1956 年，爷爷又把他的代表作《三岔口》传授给我们弟兄，爷爷教得非常严格、仔细，他教我们的是老版《三岔口》(1951 年之前的版本)，老版中刘利华是反面人物，任堂惠和他的武打中还有"打瓦"的情节。所谓"打瓦"就是由检场在后台把特制的瓦片递给任堂惠，任拿这特制瓦片砸刘利华头，把刘头打开冒血，这些恐怖效果在 1949 后都取消了。爷爷认为新版改得好，不但把刘利华塑造成劫富济贫的正面人物，还把舞台表演中的糟粕也去掉了，保留了健康优美的艺术效果。而爷爷之所以教我们老版本，并不是想要复演老版，而是详细告诉我们新版老版的区别，当初是怎么修改过来的，人物要怎么去理解和刻画等等。在详细解释了任堂惠身为三关上将的人物特征后，爷爷又把叶盛章先生怎么演刘利华的，特色是什么，他的表演和其他演员演这个角色有什么不同等等，都一一详细地分析给我们听，非常之细致。

爷爷不但教给我们《三岔口》中的盖派三大特色，而且把刘利华的表演特色、绝活也都一一传授，并且每天监督我们练习很多遍，反复挑毛病，不断纠正加工，直到基本功都过关后，再教我们弟兄对打，要求我们一招一式准确到位，两人根据不同人物，要打出人物性格，对打中要求刀刀真实，舞出刀风，同时又要舞姿优美整齐。刚开始时爷爷总是不满意，他很严肃地对我们说："我们三代数人，有招无招，招数高低还在其次，要紧的是上场不含糊，不马虎，不偷工减料，对待艺术要'讲究'而不能'将就'，这是我们张家规矩，这个规矩就是要对观众负责。"我们弟兄牢牢记住爷爷的训教，下苦功不断练，直到练得烂熟，互相配合天衣无缝，总算得到了爷爷的认可。

这出《三岔口》为我们弟兄打下了扎实的基础。1961 年，我和四弟善康我们弟兄二人在杭州宾馆为招待外宾演出《三岔口》，善康饰任堂惠，我饰刘利华。后来又去上海天蟾舞台演出，都得到了好评。

2011 年，上海京剧院举行"纪念盖叫天逝世四十周年'南英北杰'盖派艺术专场"活动，我把这出《三岔口》传授给上海京剧院郝帅、郝杰弟兄，他们的演出得到观众赞扬。

一出小小的《三岔口》，就能创造奇迹，压大轴演满四十天。对此评论家是这么总结的："盖叫天则赋予了武生多重的美，大大提高了短打武生的艺术品位。正是这两个方面的长足发展，不但武生艺术自身被灌注了情感和生命力，彰显了美感和无穷魅力，而且使得武生这一后起的行当具有了与老生、旦行抗衡的力量，构成了京剧艺术中不可或缺的又一个系列，丰富完善了京剧的表演艺术。"

坚持传统和创新相结合的精神，坚持对观众负责的态度，盖派艺术必将生生不息，代代相传。

盖派特色《乾元山》

《乾元山》的剧情比较简单，哪吒在一次偶然中用神箭误伤了乾元山上石矶娘娘之徒。石矶来责问时哪吒不服，相斗中哪吒不敌。哪吒的师父太乙真人前来和解，石矶固执己见不肯听劝，最后太乙真人用神火罩收了石矶。

爷爷创造这出戏时，首先想到的是哪吒这个人物身上有戏，他脚踩风火轮、手使火尖枪、身披混天绫、大舞乾坤圈，这些都是看点。要知道当时的大上海十里洋场，观众都喜欢看新奇的艺术，要是不搞点新奇的玩意，观众就会不起劲儿。怎么才能让老戏发新芽，让传统迸发新的艺术亮点呢？爷爷为此是苦思冥想。

当年上海已经有了溜旱冰这个舶来品，爷爷灵机一动，如果在表演哪吒时穿上旱冰鞋，再在旱冰鞋的轮子上擦上一摩擦会着火的火柴药，不是就可以表现哪吒脚踩"风火轮"、来去如风的舞台形象了吗？于是爷爷开始下功夫学溜旱冰，几个月练下来，爷爷已经能够非常自如地溜出各种旱冰花样来。不过爷爷还不满足，他又出新招，准备把舞台也进行改造，去掉地毯，还要在上场门搭个滑梯，这样哪吒上场时在内一声叫板，然后脚踏风火轮从高滑梯直冲台口，那真如神仙天降了，然后再一个别致的亮相，肯定能把观众镇住，成为绝无仅有独一无二的哪吒形象！爷爷觉得仅仅只有开场和亮相还不够，于是准备整出戏都用边溜旱冰边舞圈、又耍枪又唱的形式，载歌载舞地进行表演。非常遗憾的是，在之后的排练中，爷爷把腿扭伤了，不得不放弃了用溜旱冰表现风火轮的想法，不过还是保留了很多新创造的乾坤圈和火尖枪的舞姿。爷爷把这些新创造的舞姿运用在戏中的几场"走边"上。

第一场"走边"，哪吒唱昆曲［新水令］出外游玩，爷爷新创造的拿火尖枪和乾坤圈的优美舞蹈，把规定情景和哪吒的天真可爱、顽皮捣蛋表现得惟妙惟肖。哪吒枪圈变化多端、舞姿新颖美妙，让观众欣赏了盖派特色的哪吒，其中由爷爷首创的有名的乾坤圈滚出去又自滚回来的技巧，就运用其中，把哪吒作为小孩的无忧无虑、一路走一路玩耍的天真活泼表现得淋漓尽致，让观众为之倾倒！这套动作的创作灵感来自生活，是爷爷偶然目睹了一次事故而获得的启发。当时一辆黄包车翻车，车轴断裂，一只车轮滚出很远又自动转了回来。爷爷想通了其中原理，并由此派生出用脚一踩圈边，让乾坤圈自动围着哪吒身体转一圈，又回到脚边等动作。这些动作用在哪吒这个人物上可谓是匠心独具，恰到好处。而这套滚圈自动回转的技巧，之后被各路表演乾坤圈的演员所学用，作为保留动作一直流传至今。

第二场哪吒唱［折桂令］的舞姿更美更绝。爷爷不是纯生活化地表现小孩的蹦蹦跳跳，而是化用很多太极和旦角的柔性动作来表现这段戏，创造性地用戏曲形体表现孩童天真活泼的蹦跳动作，这种大写意的手法高于纯生活化的形体，来源于生活却又高于生活。

第三场《寻箭》舞蹈又别具特色。爷爷充分运用盖派"一百单八枪"的动作，组成一组优美别致的枪舞来表现哪吒的另一法宝"火尖枪"。这些变化使这出戏是场场有绝招、场场有创新，可看性极强。

除了在形体动作上创新，爷爷对人物基调的把握也是别有一功。他曾经再三向我们指出，演哪吒和沉香是不同的，虽然都是小孩又都是神童，但必须严格进行区分。哪吒是灵珠子转世，带着宝、带着仙气来的；而沉香是人神交合的产物，先是人，后才成仙。因此在表现这两个人物时必须注意，沉香经历坎坷，比哪吒成熟，表演上要有点小孩大人气，他的动作要刚，要有力度；而哪吒年龄小、生活优越、单纯天真，

《乾坤圈》盖叫天饰哪吒。

是纯孩子气，表演上以柔为主，柔中见刚。把握住人物的基调，加上为人物特别设计的技巧，这样这出戏就注入了新的魂魄和亮点。

盖叫天演"望庄"时的艺术精髓

《一箭仇》"望庄"一折的大致情节是，史文恭与卢俊义等梁山人马鏖战了一天，虽然打了个不分胜负，但他已感到了梁山力量的强大，使他不能不做出"此庄难保"的估计。而这种内心的秘密非但不能在曾头市的庄丁们面前表露出来，还要硬摆着一付稳操胜券的教师爷架子，最后决定铤而走险，做出了"偷营劫寨"的决定。

过去很多武生认为，这折戏是文戏，又是一场过场戏，并没有多少发挥的余地，因此总是蜻蜓点水一带而过，把主要精力都放在后面的重场武打中。而爷爷却反其道而行之，认为这场戏看似容易，实际上是刻画史文恭这个人物复杂内心活动的重头戏，是一折很难演的戏。爷爷一直强调要"武戏文唱"，也就是要把武戏中的意义给唱出来，而《一箭仇》中的"望庄"一折，正可以充分体现出盖派武戏文唱的艺术特点。爷爷在给我们说戏时，曾经认真地反复讲解，仔细示范，细腻之极，令我们直至今天，对爷爷这一折戏仍然是历历在目，记忆犹新。

为了传神地刻画出史文恭当时心乱如麻、万分焦灼的心情，爷爷精心设计了与剧情吻合的繁重而漂亮的舞蹈动作，又创造性地运用了戏曲髯口功，用爷爷的话就是"让髯口跳起舞来"。爷爷高明之处就在于牢牢抓住人物的内心活动，深挖人物的复杂心情，并且大做文章。在充分运用传统手段的同时，又加以发展突破，以优美的舞蹈造型和各种髯口功，把史文恭这个人物刻画得活灵活现。

在"望庄"这一折戏中，爷爷是这样表演的——

史文恭和卢俊义一场大战回到庄内，屏退众人之后，一人在自思自想，当想到卢俊义的枪法时，猛然一惊，嘴里念到"我与那卢俊义同堂学艺，数载未见，怎么他的枪法……"念到"他的枪法"时他左手往外一指，接着两手在胸上拍出有节奏的"飞天七响"，做一个内心佩服卢俊义枪法"神出鬼没"的亮相。这组盖派特色的动作美妙绝伦，台下往往会报以热烈的掌声。史文恭从内心佩服卢俊义的枪法而感到此庄难保，当史念到"那梁山人马一起下山，打量此庄有些难保"时，出现在观众面前的是一组表现史文恭老谋深算而又有后怕的盖派特有的动作，掸髯口，抬左腿，亮靴底，回身丢髯口在右肩上，背朝外一个单鞭式环视己方的力量，感到"此庄难保"心寒亮相。

这里特别要提一提爷爷的抬腿动作，他经常讲踢腿、抬腿不是一味追求踢得高、抬得高，更重要的是要踢得漂亮、抬得漂亮。爷爷当年已是七十高龄，示范演出时的这一抬腿，征服了所有观众，直到现在仍传为佳话。

1957 年，《英雄义》(《一箭仇》又名) 盖叫天饰史文恭。

接着［风入松］的曲牌唱出"观庄情，势如悬倒"，这时爷爷设计一组运用双掸、单挑、撸、掏等独特的耍髯口舞蹈动作，表现史文恭此时心乱如麻、万分焦灼的矛盾心理；接着又唱"凭着俺单枪独保"，此时史文恭感到大势已去，却又不甘心失败。爷爷用左右载槌式身段，回身掏腿变别腿亮单枪式，用了一个"彪"的眼神，然后在一个［垛头］的锣鼓中，"云手"跨腿踢左腿，丢髯口，右手一掏髯口，亮骑马式相，亮出了史文恭这个人物的狂妄、傲慢和桀骜不驯。在这段动作中，特别强调的是"彪"的眼神，这一"彪"，"彪"出了史的狂妄自大、傲气过人。

当史文恭感到梁山大队人马武艺高强，凭他单枪匹马抵挡不住，此时史的情绪波动，内心复杂。爷爷从生活出发，创造了一套载歌载舞的戏曲舞蹈，他充分运用"戏曲可舞性"的手段，撸胡子，搓手，揉肚子，加上戏曲的台步等动作，配合着特别设计的"走马"锣鼓，时缓时急来衬托出史文恭当时患得患失、时喜时忧的矛盾心情。

爷爷在运用锣鼓上是很讲究的，和他合作多年的伙伴、上海京剧院名鼓师高明亮先生就讲过："盖叫天先生不仅在表演艺术上有杰出的成就，而且对于戏曲音乐，特别是京剧锣鼓，也有精辟的见解和运用上的特色。"而梅兰芳先生在《漫谈运用戏曲资料与培养下一代》一文中说道："那天我听了盖老在人民剧场演出的'恶虎村'，锣鼓点子处处有'准家'（肩膀头），轻重缓急，打得很有味。"爷爷是"用古不泥古"，他常讲："作为一个戏曲演员，特别是武生演员，不懂音乐，不懂锣鼓点，等于失去半条生命。"这段戏中，他根据史文恭当时的内心节奏，运用"走马锣"来表现史思考对策，"梁山人马一起下山，我只有一人怎么办？"此时锣鼓是"空匡乙采，空匡乙采，呛七……呛采乙采，呛、呛、呛、登本登台呛、采、呛……"这套加以改革的锣鼓中，爷爷左掸髯口，右掸髯口，双掸髯口，心烦意乱，想不出好的对策；然后"呛、呛、呛"三搓手，再双掸髯口一看，再甩在左肩上，左手推双骑马式一亮，表现史一人无法抵挡得住；最后他一撸髯口，二撸髯口，再双掸髯口一看，史这时做出决断，以死相拼。此时起［四击头］甩胡子，左踢大带，一个单鞭式亮相结束，精彩之极。

1957 年，《英雄义》（《一箭仇》又名）盖叫天饰史文恭。

一段不为人重视的过场戏，到了爷爷手里成了经典，评论家们曾经讲过："对于盖老的史文恭，是可以当作一种丰富的艺术宝藏来发掘的。"这是对爷爷成功塑造的史文恭这个人物最好的肯定。而爷爷之所以能做到这些，其实窍门他早就教给我们了，一个叫"事里找事"，一个叫"文通武达"。爷爷经常对我们说，对艺术就是要"事里找事"，不找事永远没事，一找事就尽是事，这折"望庄"的精彩表演，就是爷爷"事里找事"一点点找出来的。

爷爷也常常告诫我们："学文的演员不妨练点武的，学武的演员不妨练点文的，要练成文通武达。"这话的意思，其实是让我们消除短板，一切表演都要从人物内心出发，该文时要能文，该武时要擅武，依据人物内心的表演才能立得住，站得牢，不会沦为单纯耍弄技巧的杂耍表演。

1950 年 12 月 5 日，爷爷应邀在怀仁堂为毛泽东主席、周恩来总理等中央首长演出了这出《一箭仇》，当时毛主席坐在第五排观看了他演的史文恭，并热情地鼓掌。

三、梨园杰出 菊部争胜

盖叫天与杨小楼

"南盖北杨"是戏曲界无人不知的京剧武生行南北两大流派。"南盖"指的是我爷爷盖叫天，"北杨"指的是享有"武生宗师"之称的杨派艺术创始人杨小楼。

我爷爷盖叫天和杨小楼同为武生，在艺术上又并称"南北"，照理应该是互不相让的竞争关系，但事实上两位惜英雄重英雄，彼此欣赏彼此钦佩。杨小楼在上海演出时就和我爷爷八拜结交，杨年长为兄，盖年轻为弟，成为情谊深厚的结义兄弟。而说起"南盖北杨"这两位一代宗师的艺术成长历程，却是南辕北辙，截然不同。

杨小楼是名家杨月楼之后，自幼由梅兰芳的外祖父杨隆寿启蒙，出科后又拜武生大家俞菊笙为师，后又成为谭鑫培的义子，受谭老板的指教，可谓名门正统。而且杨小楼本身又是全才，不但扮相好、嗓子好，功夫也好，故而享有"武生宗师"的美誉。而我爷爷盖叫天的成长之路就要坎坷得多，著名书画大师刘海粟曾经对我爷爷做过非常具有代表性的总结，他是这么说的："几十年前我就是盖叫天的观众，看过他演的武松、黄天霸、任堂惠，盖叫天唱戏的条件并不是很理想的，他身材不魁梧，嗓音也不亮，当年和他同时代的同辈的演员，天赋条件比他好的很多，武功比他结棍的也不少，但是到后来，武生这一行中有几个能赶上他呢，要说超过他的恐怕到现在也还难找。盖叫天从小学戏，长大了演戏，是自己奋斗过来的，他没有背景，也没有后台，但是他终究成为一代宗师，真正的大师。他是靠自己努力，在舞台上和人家别苗头过来的，'别苗头'是一句上海土话，我从前对盖叫天说：'张老板你是真在艺术上别苗头，别出来的，你为了成名，就在艺术上要和别人不一样，要与众不同，所以你下了功夫，你成功了。'"

爷爷曾经对我们讲过，当时在上海滩唱戏非常艰难，竞争对手太多了，能人异士也是数不胜数，要想站住脚生存下去，只有不断苦练绝招来提高自己这一条路，台下随时练功，台上随时玩命，别人好你要比他更好，别人绝你要比他更绝，没两下子很快就会被观众遗忘，被市场淘汰。爷爷就是这样一路打擂台闯出的天下，在他看来，折手断腿那都不算什么事儿。田汉先生在诗中以"断肢折臂只寻常，练出张家百八枪"两句，精炼地概括了爷爷在成长过程中的艰难和为之付出的血汗。

1912 年，北京武生大家俞菊笙之子、著名武生俞振庭的"斌庆社"邀请盖叫天第一次进北京，接谭鑫培之后演出于北京文明园。爷爷的打炮戏是《四杰村》，盖叫天饰余千。打炮戏贴出之后，在一向以"京朝派"身份自居而傲视外地艺人的北京城引起了骚动。戏院门口围的观众都纷纷议论："盖叫天？！口气这么大，他能盖过大名鼎鼎的谭叫天吗？盖叫天能跟杨小楼比吗？"

首演当天，北京戏剧评论界的权威、红豆馆主溥侗带了一帮人坐在台下，当时凡是到北京的角儿登台，不论本地的还是外来的，都以能得到他的鉴定为荣。早已红遍北方的著名武生杨小楼也到场观看。大幕拉开后，台下观众交头接耳，注意力根本就没集中在台上，一位和杨小楼搭档的演员在杨耳边说："听说盖叫天当年在天津撂地的料呀？"杨小楼听后斜了他一眼，马上专注于舞台上盖叫天的表演，而此时台下早已鸦雀无声，无论外行内行，大家都被盖叫天的精彩表演吸引住了。

盖叫天饰演的余千拿着"佛光普照"牌子上，走在［水底鱼］的锣鼓经中，有规有矩，有板有眼，非常讲究。当盖叫天在表演余千"走边"过河时，盖打了一个"飞脚"，就让台上台下内行外行全惊愕了。红豆馆主溥侗频频点头，杨小楼用赞赏的口吻对刚才那位搭档演员说："你再练几年也到不了盖叫天现在的程度。"当年著名红生大家李洪春先生谈盖叫天的"飞脚"一绝，说盖叫天站在一条长板凳的这头，起一飞脚又高又漂又轻（腾空高、姿势正确漂亮、起落轻），落在长板凳的另一头上，板凳纹丝不动，

《恶虎村》盖叫天饰黄天霸。

盖有轻功。这飞脚功夫之深、之绝，谁都比不上，行家看了也得叫绝！

后边的开打是盖叫天用双斧和反面拿枪的对打，这套对打异常精彩，内含绝招，用行家的话说："这是盖的私房把子。"陪爷爷对打的是张云溪的父亲——著名武生张德俊，他个高、魁梧、力大，拿的枪杆又长又粗，他的扮相勾歪脸，耳毛子，戴大红花，大箭衣角披着，威风凛凛杀气腾腾，一开打就是主动进攻，毫不留手。张德俊和我爷爷长期合作，两人之间配合非常默契。这场对打打得时而如疾风骤雨，时而如行云流水，招式严丝合缝，步法变化多端；不但打得真实自然、富有节奏感和韵律感，而且有身段、有品局、有人物、有感情、有神气，在着与不着之间营造出真实而又写意的风格，让观众在赏心悦目的同时又感到异常的紧张刺激。特别是最后，张德俊持枪横扫盖叫天，他力大势沉，枪杆又长又粗，抡起来"嗖嗖嗖"虎虎生风；而盖叫天从下场门一连五个飞脚到右台角，打得又高、又溜、又快，飞脚"啪啪"作响，两人打完一亮相，台下炸了窝地叫好，鼓掌经久不息。

不仅如此，这出《四杰村》戏中的"廖锡宠"一角由前辈名武生杨瑞亭先生扮演，他和爷爷的合作可谓强强联合，表演更是精彩绝伦。就这样，凭借这出打炮戏，北京观众被盖叫天高超的真功夫所折服。京剧武生行"南盖北杨"也因此成为不争的事实。梅兰芳先生评价我爷爷说："盖叫天的短打干净利落，是谁也比不上。"

杨小楼第二次到上海演出时，邀请我爷爷盖叫天和他合作演出了《莲花湖》《义旗令》，杨小楼饰胜英、薛金龙，盖叫天饰韩秀、黄天霸，两位大师的表演各有各的精彩、各有各的独门绝招，得到了上海观众的高度赞赏。他们合作得非常愉快，相互映衬、相互烘托。盖叫天赞赏杨老板的艺术，杨小楼称赞盖叫天的功夫，二人互相爱慕钦佩，就此结为把兄弟，从此互相提携互相关照，切磋技艺也是开门见山。

杨小楼结束上海的演出后，向爷爷提出想带出戏回北京去，爷爷就向他介绍了"文武昆乱不挡"著名的牛松山前辈。杨向牛松山老先生学《林冲夜奔》，由俞粟庐（俞振飞的父亲）拍曲，牛松山说身段。杨小楼学成后带回北方，在精心加工后，创造出一个崭新的林冲形象，把《林冲夜奔》变成了杨小楼的代表作。

我爷爷就想了，杨小楼学了出新戏，自己也不能落后，于是也向牛松山老先生学了一出《乾坤圈》(又名《乾元山》)，这出戏在经过我爷爷的创新加工后，同样变成了盖叫天的代表作之一。著名红生大家李洪春先生说过："《乾坤圈》哪吒的耍圈就是盖叫天创造的。"

"南盖北杨"之间有着深厚的情谊，而他们在艺术上又相互"较劲儿"，这种较劲儿一下子就为后世留下了两出传世名剧，我觉得两位老艺术家这种"友好竞争"、"互助竞争"的精神，更是一种难得的传世之品质！

盖叫天与梅兰芳

20世纪50年代后期，梅兰芳大师带团来杭州，在杭州人民大会堂演出梅派代表作《洛神》。梅大师请我爷爷看戏，爷爷就带上我们弟兄一起去看。去之前，爷爷特地给我们上了一堂课，先把梅大师的人品、艺术精华等等介绍了一遍，并特别告诫我们：观摩梅大师演出时一定要认真仔细地记住梅大师表演的点点滴滴。我们从记事起就一直听闻梅兰芳的大名，当晚能看到他的演出真是又激动又兴奋，听爷爷这么嘱咐，当然一一记下，准备认真学习。

那天的杭州人民大会堂是座无虚席，观众热情之极，梅大师一出场掌声雷动。让我们眼睛一亮的，是梅大师出场的亮相，真是美极了，好似天仙美女下凡，哪里看得出这个台上的仙女，真身是一位花甲之年的男人。梅大师的表演真是太精彩了，像吸铁石一样，把我们这几个平时只喜欢看武戏、不爱看文戏的年轻人的眼睛牢牢吸引在舞台上。能够有幸观摩这场演出让我们受益匪浅，俗话说"余音绕梁，三日不绝"，梅大师带给我们的那种震撼，何止三日，简直就是深入灵魂，终生难忘。

第二天爷爷告诉我们说，梅大师要趁休息来"燕南寄庐"拜访，安排我们弟兄做"小招待员"，我们高兴得差点蹦起来，可以近距离见到这位台下男神、台上仙女，这是何等的幸运。爷爷和梅大师交情深厚，对梅

1915 年 10 月 29 日，盖叫天和梅兰芳在北京吉祥园同台演出的戏单。

大师的到访非常重视，他特地请来杭州"楼外楼"的名厨亲自到家里给梅大师做杭州的西湖醋鱼、东坡肉、龙井虾仁等名菜；并且对我们弟兄进行了详细的分工，谁负责沏茶、倒水、端茶，谁准备水果、茶点等等，而且还让我们像排戏一样演练了几遍，指出哪些地方须注意，哪些接待还有瑕疵，一直到爷爷认为完美为止。

　　和梅大师一起来的有梅夫人福芝芳、秘书许姬传等人，我们虽然紧张，但因为之前准备充分，还是很好地完成了接待工作。梅大师一行在"燕南寄庐"百忍堂大厅就座后，我们摆上水果茶点，然后站在一旁伺候着，也因此有幸聆听两位大师的交谈。

　　虽然梅大师比我爷爷小六岁，但是爷爷一直称梅大师为"梅大爷"（梅在家排行老大），梅大师则称爷爷是"盖五爷"（盖在家排行老五）。梅大师坐下后，非常谦虚地问我爷爷："五爷，您看《洛神》戏后，有什么意见和想法，我想听听您的高见。这几年我发福了，您看舞台上显胖吗？"爷爷回答："大爷，我哪里有什么高见。您在舞台上很漂亮，我看不显胖，我发现您在舞台上每个亮相都侧面对观众，不是正面给观众，您这处理很巧妙，又不显胖，把洛神这人物的婀娜仙姿表现得淋漓尽致，太美了。"然后爷爷就像和自己家里人聊天一样，毫无顾忌地谈出自己的看法。二位大师对艺术都非常执着、负责，他们从艺术谈到生活，相互关心，相互爱护，我们则在旁边听得入神，受益匪浅。

后来听爷爷讲，他与梅大师早在1913年就于上海丹桂第一台同班时结下了友谊，二人早就互相仰慕。梅大师曾经在他的回忆录——《舞台生活四十年》中对盖叫天评价道："盖五爷已经跟我两次同班，我看他好些戏。他的短打是干净利落，谁也比不上，手眼身法步，没有一样不到家。他的功夫硬是苦练出来的，有人说他学李春来，其实讲到功夫，恐怕有过之无不及呢。不要说观众看了出神，就连我们同行中在后台看到那儿，也舍不得走开的。"

爷爷也一样爱看梅兰芳的演出，爷爷回忆当时情况说："我记得那次梅兰芳演《天女散花》，我看了觉得真是好，无论是唱和做，既庄重，又文雅，尤其是那场舞绸子，看出是花了一番心血的，他吸收了武生《探庄》中的身段，再踩着花旦表演的特点加以变化就创造出这场精彩的舞蹈来……"爷爷把这种对戏的迷恋叫做有"戏瘾"，他说不迷不痴，成不了好演员，梅也是有戏瘾的人，所以两人每次都谈得非常投机。

据爷爷回忆说，他们在上海同班时曾经计划要同演一出戏，梅大师曾经看过爷爷演出的"梵王宫"，爷爷有武旦的底子，在那出戏中爷爷是反串花旦，演得挺好。梅大师也喜欢武戏，就提议二人合演一出《姑嫂比剑》，好演一出二人对剑的戏。后来梅大师觉得我爷爷是武生，要他反串太为难他了，因此又否定了这个想法。二位大师想了好几出戏，如《红拂传》《展昭招亲》等戏，但是都不太合适。最后爷爷提出了一个大胆的设想，二人合演一出《白蛇传》。因为梆子路子的《白蛇传》中，青儿是男扮。开场白蛇下界，半路遇到青蛇拦路，二人相斗正好可以比剑。之后青儿战败归顺了白蛇，并愿终生侍奉白蛇。到《游湖》时青儿转为女扮。接下来的《盗库银》，爷爷大胆的想法是青儿一半男扮，一半女扮。半边男扮，勾半边脸，一只脚穿厚底靴；半边女扮，是花旦扮相，一只脚踩跷（爷爷练过跷功），表演时只用侧身，半个身子亮相。梅大师很赞赏他这个设想，当时恨不得马上就排演此戏。可惜后来因为梅大师在上海的演出档期已满，北京又力邀梅大师去演出，梅大师不得已匆匆告别，临走与爷爷相约，日后有机会一定要实现这个愿望。可惜的是，二位大师此后为了谋生，始终一南一北，最终也未能实现当初的这个愿望。

惺惺相惜"忘不了"

1961年爷爷去北京演出时，盖、梅两位大师又见面了。老友重逢有说不出的高兴，看戏、开会都在一起，但由于忙于工作，始终没捞着畅谈叙旧的机会。有一天，梅大师约爷爷到他家去吃饭，打算好好聊聊，恰巧又碰上爷爷要去中国戏剧家协会开会，接着又要去体育界做报告，这顿饭就没吃成。不料过几天就听说梅大师病了，爷爷到他家看他，不巧梅又去了医院。爷爷因为前几天还和他在一起开会，当时梅大师的身体还很健壮，所以爷爷以为大师只不过是天热受暑，休养几天就会好了。没想到不久却传来出人意料的噩耗——梅兰芳去世了（1961年8月）。爷爷当时闭着眼睛半天说不出话来，过了好一会儿，才睁开眼问他身边的孙女们："你们知道梅兰芳院长吗？"我的妹妹们回答："知道啊，和爷爷一样，是位演员。"爷爷说："他是我们中国最出色的艺术家。他去世了。我们大家把眼睛闭起来，为他默哀三分钟。"妹妹们和爷爷一起默哀完，只见爷爷神情落寞地回自己房间，闭上眼陷入沉思。那一整天，爷爷再也没有说过一句话。事后我们问过爷爷，他说那天他一直在想，那么好的一个人，怎么说走就走了呢？他实在想不通。

第二天，爷爷赶去灵堂吊祭，行完礼，他站在梅大师的遗体面前，久久地端详着他的容貌，还是和生前一样，温和、文雅。不由得又回想到刚解放时，在上海演出邀请南北名角参加的"大义务戏"《龙凤呈祥》，当时梅兰芳、周信芳、盖叫天等都参加了演出。梅先生演孙尚香，盖叫天扮赵云。二人在一起研究怎么提升这出戏的质量，爷爷对梅大师提出，那场"回荆州"想走"三叉花"的套路，想请他到家中说戏，梅大师二话不说一口答应。可见二位大师的关系非常好，也说明梅大师对我爷爷艺术上的认同和信任。第二天梅大师就到我爷爷家，二人共同研究不同的路数，定下新的"三叉花"走法的路子。演出时，这场新的走法表演非常精彩，得到内外行一致赞赏。事后梅大师还对后人讲："我们又向盖五爷多学一个走三叉花的新路子，多好呀。"这也可以看出梅大师的谦虚，对我爷爷的敬重，以及对艺术认真的态度。

爷爷想到这些往事，心情久久不能平静，越想越难过。这时站在一旁的周扬部长请爷爷歇会儿喝口茶，爷爷摇摇头，自语："忘了吧，但是忘不了，梅兰芳是大家的，永远忘不了，我们大家想念梅兰芳！"

爷爷讲："梅兰芳，他爱艺术，我也爱艺术；他有戏瘾，我也有戏瘾；两人气味相投，又都爱上了戏。"两位大师都是苦出身，同样历经磨难，真正知道做艺人之苦，所以他们总是相互鼓励，相互补台。梅大师每次来南方演出，爷爷总会在开场为梅大师垫戏。爷爷对我们说：梅大师远道而来是客，我们要尽地主之谊，理应要让梅大师压大轴。而梅大师也是同样的想法，有一年爷爷去北京演出，梅大师坚持让爷爷压大轴，自己在前面垫戏（有戏单为证）。两位大师的人品、艺品，还有同行间相互支持、补台，惺惺相惜、互谦互让的精神和品格，永远是我们后人学习的楷模。

盖叫天与周信芳

南方梨园界有一文一武两位状元，周信芳是文状元，盖叫天是武状元。文武两大状元分别创造了京剧的两大流派，麒派和盖派。正是这两大流派支撑着南方京剧，也让京剧在南方京剧大本营的上海发展得红红火火。

1957 年 8 月 8 日，盖叫天与周信芳、赵如泉。

称盖叫天和周信芳为文武状元，不单是因为他们艺高，更因为他们德高，在南方梨园界有着崇高的威望。老话说"艺人不养老不养小"，旧社会的艺人一旦老了，演不动了，就会失去生活来源，孩子上不起学、大人看不起病，去世后无安葬之地等等，非常常见。而正是在周信芳和盖叫天的倡导和带领下，老一辈的南方梨园界的艺人们大合作、大团结，成立了艺人自己的组织"南方上海梨园公会"，专门为贫苦艺人做生养死葬以及其他的公益事项。他们经常会出面组织全上海文武艺人联合演出"大义务戏"（类似如今的义演），收入会捐赠给梨园公会、伶界联合会和基金会，用来解决艺人困难，以及救济灾民等慈善事业。

　　20世纪三四十年代，周信芳、盖叫天两位曾经在上海组织过多次"大义务戏"，都是为老百姓做好事。其中最让上海观众难忘的，是为赎回贫穷艺人的住所"梨园坊"而组织的，由全上海名角强强联手演出全本《卢俊义、大名府，一箭仇、史文恭》，从卢俊义雪地救李固，贾氏李固私通、陷卢入狱，到燕青石秀大劫法场，打破大名、救卢回山，之后接演"一箭仇"。这次演出从开始筹划，就展示出老一辈艺人们高尚的品德，讲义气、讲传统、守规矩，有难同当，听从师命，团结一致筹款自救。这台戏云集了当年上海滩的各家名角儿，盖派创始人盖叫天扮演"史文恭"，麒派创始人周信芳扮演"卢俊义"，大名鼎鼎的老派赵如泉老先生扮演"时迁"，红生大王林树森扮演"梁中书"，赵派文武老生创始人赵松樵扮演"林冲"，武生名家张德禄扮演"石秀"，人称上海肖长华的韩金奎扮演"李固"，盖叫天长子张翼鹏扮演"武松"，能派旦角创始人赵桐珊（芙蓉草）扮演"贾氏"，名家梁一鸣扮演"吴用"，周信芳弟子王少楼扮演"徐宁"，麒派大师兄高百岁扮演"索超"，名武生王富英扮演"白胜"，郑法祥弟子李仲林扮演"张顺"，海派名丑刘斌昆扮演"醉皂"，郑法祥兄弟刘坤荣扮演"李逵"，京剧奇人哑巴王益芳之子王筱芳扮演"燕青"（以后的演出由我二叔张二鹏扮演"燕青"），张翼鹏的堂兄张国斌扮演"杨雄"，张铭声扮演"戴宗"等。

　　这台戏是一出群英荟萃的大群戏，可谓精彩之极。每个角儿都使出了看家绝活儿，周信芳在《大名府》中戏份十分繁重，几乎场场都有卢俊

《一箭仇》盖叫天饰史文恭。

义，他把麒派唱念做表发挥到极致，令观众大呼过瘾。七十高龄的大牌赵如泉饰演"时迁"，表演了"蹿桌子入被窝"绝技；号称上海萧长华的名丑韩金奎和赵桐珊（芙蓉草）二人，表演同样珠联璧合，精彩细腻；张德禄的石秀、王筱芳的燕青大劫法场，武打火爆处处惊险。俗话说"内行看门道，外行看热闹"，这台戏中的每段戏都是既有门道又有热闹，无论文武各有特色，每个角儿都把私房玩意儿拿了出来，牢牢吸引住观众的眼球。演出那天盛况空前，剧场里人丁沸腾，挤得是水泄不通，演出过了四个小时，观众丝毫不觉得疲劳，之后的《一箭仇》，更是把整出戏又推上了一个高潮。

《一箭仇》第一场，众梁山好汉大摆队上场，又热闹又壮观。一个个梁山好汉报名，每个大角儿报名鼓师都会给一大锣，台下观众每见一位名角大牌亮相，都会给予热烈掌声，特别是张翼鹏的武松出场。众所周知武松应该穿黑色侉衣，可张翼鹏穿了一身自己设计的古铜色的侉衣，格外显眼，一报名："行者武松。"一亮相，台下观众炸了窝地叫好，因为上海观众实在太喜欢张翼鹏了。此时周信芳的卢俊义又改了武扮，扎大靠戴大额子、翎尾上场亮相，台下观众更是掌声雷动，台上台下呼应，剧场里沸腾一般。

在看了四个多小时的演出后，观众终于盼来了武状元盖叫天上场。这出戏是爷爷的拿手戏，爷爷的史文恭第一个上场处理就与众不同，前边每个大角儿上场几乎都是打个［四击头］以突出大牌，可爷爷根据人物要求，上场不打［四击头］，而是在内"咳嗽"一声，锣鼓就"哆拉搭搭台仓七七"地打上。爷爷认为，在自己家出来见客人，没必要打个［四击头］亮相。他随着锣鼓稳重从容大气地走上，观众一见盖叫天，纷纷在台下大喊"老爷子来了！"然后炸了窝地叫好，这个出场令内外行叫绝，真是个"老爷子！"

号称文状元的周信芳和号称武状元的盖叫天在"拜庄"一场见面，一个叫师兄，一个叫师弟，两大流派创始人从互不相让地斗智，到师兄弟翻脸，两人一比粗，念："如此我得罪了。"台下观众看到文状元和武状元要对打，那是跺着脚地叫好，场面几近疯狂。

据说周信芳扮演《一箭仇》中的卢俊义，是爷爷盖叫天为了全剧的完整性而亲点的。周信芳前边演了一大出的《大名府》，已经非常辛苦，而且他也从没连演过《一箭仇》中的卢俊义，本来即使拒绝也是理所应当，但周信芳顾全大局，不但爽快地答应了爷爷的邀请，而且还现学了这个角色。其中和爷爷对打的枪法非常繁重，爷爷叫我父亲张翼鹏负责说给周信芳听，然后周、盖稍微对一下就直接台上见了，由此可见周信芳功夫之深，据说周信芳是《挑滑车》的底子。

两位大师在对枪开始枪柄一磕，盖叫天一背枪，一跨腿，左手一弹髯口，转身一个亮相，那个帅啊。周信芳也不含糊，他枪柄一磕一个转身，左单手一掏双翎子一个亮相，把麒派的神韵表现极美，之后文武状元的比武在台下观众不间断的叫好声中开始。看两位大师的杰出表演是真正的艺术享受，二位大师不但把这套快枪打得严丝合缝，而且打出人物感情，该快则快、该慢则慢，尤其在"枪架子"部分，二人充分表现出武打中的人物内心活动，既交代清楚情节又体现戏曲美，真是行家学习的典范！

接下来是盖叫天和师弟林冲对打"剑枪"，林冲由赵松樵老先生扮演，爷爷为了这套"剑枪"，专门把赵请到家中共同研究，赵吸收了盖派精华，因此这套剑对枪打得浑然天成非常默契，打出了师兄弟之间互相了解招数的不相上下，受到内外行的称赞。之后是史文恭对燕青、武松的打斗，十分激烈，又掀起了小高潮。众所周知盖叫天的武打是以迅捷出名的，中间还夹着他个人的私房玩意儿，一般的下把根本无法应对。但盖和王筱芳打的"棍破枪"十分娴熟精彩，特别是张翼鹏的武松出场和盖叫天一见面，台下观众又炸了窝，过去行内有"台下是父子，台上互不让"的说法，因此观众就憋着想看父子到底怎么打。按照剧情来说，史文恭和武松之间的厮杀，与之前和卢、林的厮杀不一样，前面毕竟是师兄弟，而武松见到史文恭那是仇人见面分外眼红，是你死我活的以命相搏，因此这场恶斗异常激烈。武松刀法勇猛，史文恭枪法神通，二人枪刀对打速度之快，已经真实到惊险的地步。盖叫天穿着红彩裤月亮门的三骗腿，张翼鹏戴黑大蓬头的三甩蓬头，两人打得如蝴蝶穿花，令观众眼花缭乱，观众的叫好声从父子对打开始就一直没断过，直到史文恭打武松抢背，张翼鹏走了个直上直下又高又漂的真抢背，令台下观众的叫好声达到顶点。

紧接着是盖叫天的"望庄"，这场戏是盖派"武戏文唱"的经典，是爷爷把一场不被人重视的过场戏创造成了盖派的精华。爷爷重视塑造人物，抓住人物此时的复杂内心加以深挖，用肢体语言表现人物的内心活动，他创造了这场戏髯口功的运用，又派生出盖派美妙的舞姿，把这出武打戏提高了一个层次，可称之为一绝，也使后人纷纷效仿。高盛麟、厉慧良等名家都曾经按照爷爷的路数演过这戏。

最后是全剧的高潮："父子对拳"，也就是史文恭和武松的空手搏斗。这场戏爷爷和父亲做了精心的准备，一天晚上爷爷盖叫天把父亲张翼鹏叫到家说戏，说到关键处，爷爷就叫父亲对练。爷爷当时住在上海宝康里一座石库门的客堂，面积很小，怎么练？到小马路上练，当时是晚上，小马路上几乎没人，爷爷说打开大门叫父亲上马路练对打的"拉拳"。父亲根本就没准备，来的时候穿的是一套白西装，两边还挂着两排玉挂件，腰中掖把九方扇子，很有大角儿派头。爷爷让练只能练，于是父子二人就在马路的洋灰地上翻、滚、扑、跌，练完后，父亲一身白西服变成黑西装了。爷爷对父亲讲："你在外边多么红、多么大的角儿，回家还是我儿子。"

演出那天，这套父子空手搏斗是打得又真实又优美，这段武打不同于武术，是从戏曲传统武打中变化而来，再加上盖派的独门绝招，既有真打又有美的舞姿，父子二人把盖派艺术的精华展示得淋漓尽致。打到最后，盖丢张抢背，张变乌龙绞柱踢盖一个四根柱的"抢背"，二人一起亮相，观众掌声是经久不息。整台戏足足演了五个小时，让观众过足戏瘾。内外行看完演出一致称赞，上海梨园行人才济济，而两位老前辈的行为更是戏曲界的榜样！

这出戏演出的时候，当时全上海的武生和年轻演员都来观摩学习，百岁老人宋宝罗先生当年才二十来岁，他就曾亲临现场观摩，至今谈起这场演出依然赞不绝口。袁世海先生曾经说过：当年他正好在上海，本

《武松打店》又名《十字坡》，是盖叫天代表作之一，这出戏是京剧中比较典型的武生短打戏。盖叫天饰武松，阎少泉饰孙二娘。

来派他出演"索超"这个人物，可他为了要学习观摩这台戏而婉言谢绝了，从排戏到演出，他都用心地看在眼里。他说当年张翼鹏在南方已经赫赫有名，但排戏时盖老非常严格，还当众指出张的不足之处。他自己在看了盖老和周老的表演后，学到不少玩意儿，太值了。

中华人民共和国成立后，盖叫天和周信芳都在1952年到北京参加了第一届全国戏曲观摩演出大会，盖叫天演出《武松打店》，周信芳演出《徐策跑城》，两位大师双双荣获中央文化部颁发的最高"荣誉奖"，可见盖叫天和周信芳两位的文武状元头衔是真正童叟无欺，实至名归的。

盖叫天与吴祖光

我爷爷认识吴祖光先生还是在1946年的旧上海，当时他正忙于创办《新民晚报》"夜光杯"副刊和《清明》杂志。他最喜欢看京剧，第一次看了我爷爷的演出后，吴祖光激动万分地写了一篇名为《江湖人称盖五爷》的文章，发表在《文艺复兴》上。他在文中称赞盖叫天不畏强暴，不惧怕权势，是位有骨气、有个性的民族艺人。这篇文章发表后社会反响很大，事情传到爷爷耳朵里，爷爷特地请人给他诵读这篇文章，听完爷爷感慨道："人家就这么懂得我们。"从此爷爷对这篇文章的作者"吴祖光"这个名字印象非常深刻，认为他了解我们艺人的学艺、艺人的艰难、演戏不容易。爷爷很主观地认为，能够这么懂自己的，肯定是个饱经沧桑的老学究，没想到后来一见面，发现吴祖光居然是一个非常年轻、长相清秀的小青年，爷爷顿时对他刮目相看，更增三分好感。吴祖光非常珍惜和爷爷交流的机会，他曾经说过和爷爷"一番顿开茅塞的谈话，比在舞台上得以较深地认识盖叫天，他几十年的经历学问正如一个汪洋的海，要认识这样的老前辈不是简单的事情"。他经常到爷爷家，和爷爷畅谈艺术，畅谈京剧，乃至无话不谈，两人逐渐成为莫逆之交。吴祖光曾设想要用电影保留爷爷的表演，爷爷非常高兴地期待着，可惜共和国成立后吴祖光调到北京工作，这个设想最终未能付诸实施。

1950 年，爷爷应邀参加首次全国戏曲工作会议，到北京演出《武松打店》。演出这天正值隆冬，夜晚的北京城寒风凛冽，但是寒风吹不灭观众的热情，听说盖叫天将近古稀之年还亲自上台表演，观众怀着"看一场少一场"的心情，而同行更希冀着学习到哪怕是一鳞半爪的一代宗师的旷世绝艺。大家不约而同赶到剧场，把剧场外都挤得水泄不通，剧场内更是宾客满堂，人满为患。程砚秋、吴祖光等也都到场观摩。在看完爷爷的《武松打店》后，程砚秋赞扬地对吴祖光说："盖叫天的动作都是圆的。"吴祖光回答："是'圆'的！是圆满无缺的！"回到家，吴祖光连夜为爷爷写了一篇题为《青年盖叫天》的文章，赞扬爷爷在舞台上生龙活虎的身手，"哪像六十几岁的老伶工，他精神抖擞，眼睛里闪耀着逼人的光芒，扬眉、挺胸，丁字步站在台口，人们早已不由自主地用轰雷似的掌声来迎接这个可敬可爱的老人，但他何尝是个老人？他焕发的容光，矫健的腿脚，一往无前的气概，实在标明着这是个青年。"这就是六十几岁的盖叫天，炉火纯青，恰到好处，凝练到精微的地步，真是当时武生行中的鲁殿灵光、泰山北斗。

1960 年，吴祖光先生调到中国戏曲学校做编剧工作，有一次随中国戏曲学校实验京剧团到上海演出。在演出任务完成后，吴祖光带着钱浩梁等京剧同仁到爷爷在上海东湖路的家里拜访，爷爷非常高兴。自从吴祖光去北京工作后，两人已多年未见，爷爷热情接待了他，拉着他问长问短，畅谈这些年的情况。当吴祖光把来意说明，提出想要请爷爷给钱浩梁说出戏，爷爷二话不说一口答应，并立马就给浩梁说起爷爷代表作之一的《一箭仇》。爷爷非常认真仔细地给浩梁说戏，并马上到园内身体力行地动起来，一招一式地给浩梁做示范，不厌其烦地反复纠正浩梁的动作。要知道爷爷是从来不给人说戏的，那天的举动之前从来没有过，爷爷之所以这么做，完全是冲着吴祖光的面子。当年的钱浩梁才不过二十几岁，是个刚出道的小伙子，他很幸运地在吴祖光的带领下得到盖叫天大师的传授。

1961 年，爷爷以古稀之年应中国京剧院之邀，再次到北京传艺、演出、讲学。那次演了爷爷的精品剧目《武松打店》《一箭仇》《恶虎村》《洗浮山》等代表作，可谓精彩异常，轰动北京城，震惊文艺界。李少春先生在《戏剧报》撰文："盖叫天的演出一扫北京文艺界的暮气，向盖老学习！"田汉同志看了《武松打店》后曾作诗赞道："请看七五婆娑叟，依旧江南活武松！"吴祖光也撰文，大赞爷爷七十多岁高龄演出《武松打店》，在舞台上当仁不让，有若生龙活虎好似青年的英姿风采。"大幕放下了，可是观众久久站立，鼓掌不息；仰慕着他，尊敬着他，深爱着他，今晚上在这人头攒动的剧场里，每一个角落都沐浴着盖叫天的光荣。"

爷爷在我们面前也经常夸吴祖光先生，他曾对我说："吴祖光懂戏，文章写得好，是小神童，底子好，又写剧本，又能画，多才多艺，是个有心人。他一生坎坷走南闯北，喜欢看戏，对我们家非常了解，1949年前他在上海工作时经常看张翼鹏的《西游记》。"由此可见爷爷对吴祖光的欣赏，和他们俩的交情。

1993年，我应孙毓敏校长之邀到北京戏曲学校传授盖派艺术，并在北京人民剧场举办"盖派艺术教学专场"，我在最后演了《狮子楼》压台。那天校方请了许多专家观看，演出后孙校长趁热打铁，连夜就在剧场休息室开个座谈会，听取专家意见。当晚到场的有袁世海、张云溪、王金璐、吴祖光、郭汉城、刘厚生、李紫贵、霍大寿等各路名家。专家们争先恐后地热情发言，畅谈盖派艺术、怀念爷爷盖叫天，场面激动之极。

张云溪先生大赞盖派艺术，还赞扬北京戏校校长孙毓敏很有魄力，她竟敢从杭州请来张善麟传授盖派艺术，又搞这样的专场，真是功德无量。

吴祖光老师那天也激动万分，他热情洋溢地讲道："看了今晚演出感触很深，我从小是个戏迷，看了几十年的戏，始终是外行……幸运抗战胜利后我到上海《新民晚报》编副刊，看的第一出戏就是盖老的《武松打店》，他那刀是在孙二娘趴在地上的同时扎在地板上，距离很近，所以我特别敬佩盖老。我后来接触盖老是在我被打成'右派'后，中国戏校到上海演出要我同去，到上海后剧团要我带钱浩梁等一批武生去拜访盖老，他一看是我带着去的，非常地欢迎。那时还是冬天，盖老就让钱浩梁他们在水泥地上又打又翻，非常严格地上了这么一节课。与盖老有这么多的接触和缘分，今天看张善麟的教学和演出，感到非常亲切。再就是要著名戏剧家吴祖光题词："海内存知己，天涯若比邻。交情历三晖，绝艺亘千春。1946年与盖叫天先生缔交至今近半世纪，观张善麟孙公子家传绝技，惊喜交集，书此。癸酉夏至吴祖光。"

学习盖老为艺术献身的精神。比如盖老的断腿精神、重接故事，听着就像神话一样，真是惊天动地，可谓前无古人、后少来者，永远是我们京剧界的典范。看了今晚的演出，表示我对盖老的怀念，我就给善麟写了四句：'海内存知己，天涯若比邻。交情历三辈，绝艺亘千春。'（1946年与盖叫天先生缔交至今近半世纪，观张善麟孙公子家传绝技，惊喜交集，书此。癸酉夏至。吴祖光）。"

那天吴祖光老师回家后，又把当晚的演出盛况告诉了他的夫人——评剧表演艺术家新凤霞老师，凤霞老师因病不便去剧场，在听了祖光老师的介绍后也非常激动，连夜给我打电话表示祝贺！她说："祖光老师回来后很激动，你演得真好，看到盖老当年的风貌，我非常高兴，经过这么大动荡，你们家还有你能在北京舞台上出现，真不容易。一举一动酷似乃祖，我们都想念你爷爷。我年轻时也学京剧，我在上海演戏，你爷爷专门来后台给我送水果，鼓励我演好，关心我，提携后辈，我至今不忘，老人真好，你爷爷非常讲义气，希望你把你爷爷的艺术传下来。"我听了凤霞老师的电话也非常感动，祖光老师、凤霞老师和我爷爷那真是交情深厚，他们更是由衷地喜欢盖派，爱屋及乌之下，看到盖派有后也是由衷地高兴。如今祖光老师和凤霞老师也都离我们而去，但祖光老师留给我的墨宝，以及凤霞老师对我的嘱咐，都会永远激励我，成为我传承、发扬、传播好盖派艺术的动力，永不忘二老的关怀！

盖叫天提携高盛麟

20世纪40年代初期，我爷爷盖叫天已经五十出头，高盛麟只有二十多岁，他管我爷爷叫五叔，当然这只是对长辈的一种尊称，张家和高家并无亲戚关系。

高盛麟（1915—1989）生于北京，祖父高四保为清末名丑，父亲高庆奎为高派老生创始人，岳父刘砚芳为杨小楼之婿，并为杨派武生嫡传弟子。他幼从父高庆奎学戏，九岁入北京富连成科班，为盛字科学生，工武生，为该科武生尖子。出科后又从杨小楼、丁永利深造。高盛麟功底深厚扎实，靠功尤精，功架稳健大方，表演严谨洒脱，台风极佳，且有一条耐唱的好嗓子，被誉为正宗杨派武生。

当时我爷爷在上海黄金大戏院当老板，而高盛麟却因为没班陷入困境。爷爷曾经看过高盛麟的演出，看出他是个人才，非常喜欢他，于是邀他来参加演出。高盛麟得知后非常激动，他说他在出科不久随父亲高庆奎戏班到上海时，就喜欢看盖叫天的戏，并暗下决心要学习盖派艺术，没想到现在竟然有机会能和盖老同台演出，这样就能直接向盖老请教学艺。高盛麟一口答应了爷爷的邀请，在听说盖老准备以他为主，让全体演员陪衬他，让他演大轴后，高盛麟更是喜出望外。但是高盛麟当时有个不好的习惯，他如果心情好就铆上了演，表演非常到位，观众也就走运，看得过瘾；一旦他心情不好，那对不起了，对付一下走走过场，观众也只能自认倒霉，期待下次能运气好点。当然，观众爱护他，也没人真心责怪他，然而这种艺术上的不严谨却恰恰是爷爷最忌讳的。爷爷很认真地跟高盛麟讲："我邀你演这期戏一定要认真演出，全力以赴地把你的十八般武艺都使出来，让观众看到你的真本事，我安排其他大牌主演都陪你演出，我也陪你演。"高盛麟听后又是感激又是惭愧，他对爷爷说："五叔您放心，我一定卖力演好。"

爷爷为了提携高盛麟，想出"以戏为主"的办法，打破了京剧界"唱头牌挑大梁的角儿一定要唱大轴戏的主角"这个成规惯例。爷爷提出，"主角也可以唱配角，从戏出发，以应行称职来支配角色。"为了加强演员阵容，爷爷还特地邀请了赵松樵、高雪樵、叶盛章、班世超等著名演员参加演出，让高盛麟把自己的才能发挥到极致。在这一期戏中，爷爷安排的全部是高盛麟的拿手戏，爷爷知道第一天的打炮戏最重要，于是决定让高第一天演《艳阳楼》(又名《拿高登》)，全梁上坝陪高盛麟。爷爷盖叫天身为头牌，以身作则，以戏为主，主动当配演。

这出《艳阳楼》的演员阵容很绝，由高盛麟演高登，盖叫天配演"花逢春"，大角儿赵松樵演"青面虎徐士英"，名丑叶盛章演秦仁，著名武生高雪樵演"呼延豹"，台上配角清一色大牌，名副其实是强强联手捧新人。高盛麟得知爷爷安排了这么多大牌来陪他，心情非常复杂，事后他曾经讲过："我当时是既高兴又不安，特别是由盖老来演花逢春，实在太委屈他老人家了。盖老已是五十多岁的人了，竟然给我一个二十几岁的晚生后辈演配角，我心不安啊。于是我打电话给盖老说：'五叔啊，这戏我不灵，恐怕演不好，万一砸了锅，把您也搭上了。'盖老鼓励我说：'没错，你只管大胆演，有我给你兜着呢！'盖老这么一说，我也就没有什么话说了。"

盖叫天在观众和同行中威望极高，他要演花逢春的事很快传了开去，立即在京剧界和观众中引起了轰动，再加上这出戏中其他几位配角也都是大名鼎鼎的名角儿，可谓是极一时之盛，大家伙儿都憋着份儿要来看看这出《艳阳楼》。

演出那天，上海黄金大戏院早早就挂出了客满牌，甚至连剧院的走道里都站满了观众。各个大牌都拿出看家本领，舞台好似一个比武场，大家八仙过海各显其能，谁也不让谁。高盛麟也铆上了，那天是使出了浑身解数，超水平发挥，令观众满意之极。高盛麟在回忆当时情景时说道："我们每个人在台上都铆上了，演得非常认真。尤其是盖老的表演，出神入化，更为精彩，使整出戏演得高潮迭起，剧场内喝彩声不断。我特别感动的是，盖老并没有因为他是挂头牌的角儿就单露自己，而是严格按照剧情规定来演，不夺戏，不扰戏，保持'一棵菜'，这种戏德是很值得我学习的。"

那天演出，盖叫天扮演的"花逢春"头戴大硬胎罗帽，前场厚底靴，后场薄底靴，扮相就与众不同。在前边的走边中把盖派优美的形体表现得淋漓尽致。开打时，花逢春要打"鞭串"，又舞大刀又舞枪，然后舞鞭。爷爷施展的这一系列技巧纯属老的，精彩纷呈，惟妙惟肖。尤其是舞鞭仅仅来了几下，就令观众如沸腾一般赞不绝口。在爷爷和高盛麟见面后大刀对双刀的武打，更是把戏推向高潮，盖叫天干净利落的招数和高盛麟娴熟漂亮的大刀飞舞，刀刀惊险，看得台下观众如痴如狂，一个个情不自禁地站起来又是鼓掌又是喝彩叫好："太好了，看了这场戏死了也值了！"从观众的反应就足见这场戏有多么精彩，可以说是空前绝后。

说个题外话，《艳阳楼》又名《拿高登》，该戏原来是以花逢春为主角，当年俞菊笙大师就演的花逢春，后因有一天演出，眼看着即将临场，演高登的演员却误场没来。没有高登，这戏如何演下去？就在众人万分焦急之中，俞大师自告奋勇，随即勾脸、穿戴，扮了高登，替唱了这出《艳阳楼》。当时俞大师已是颇享盛名的红角儿，台下人缘甚好，倍受称赞。这出原本以花逢春为主的戏，因为这个意外，从此变成了以高登为主角，而花逢春却成了配角。

头天的打炮戏一炮而红，观众好评如潮为后面的戏奠定了良好的基础，之后爷爷又安排了高盛麟的拿手靠把戏《挑滑车》《铁笼山》《长坂坡》等。高盛麟的靠功功力之深非同一般，那是由杨小楼亲授的。同行都知道，别人扎靠都要勒得很紧，而高盛麟的靠总是扎得很松，无论多繁重的舞蹈，他身后的四面靠旗都纹丝不乱，可见功夫之深。而高盛麟的圆场功同样也是一绝，只见他上身不摇下身不晃，走起圆场好似驾云一样行云流水。高盛麟还有一绝就是他勾脸艺术，他的《铁笼山》姜维的脸谱八卦勾在脑门上，勾得是又干净又漂亮。他演《挑滑车》高宠穿二寸半高靴，演《铁笼山》姜维他穿三寸高靴，一出场比挑滑车高宠高一大截，简直判若两人，真是演什么像什么。

高盛麟感动地说："盖老为了培养我，他竟屈尊就卑为我配演了许多戏。如演《溪皇庄》，我的褚彪，盖老的尹亮；演《莲花湖》，我的胜英，盖老的韩秀等。"这里我也特别提一下《莲花湖》，爷爷在这出戏中增加了一场胜英投店、韩秀黑夜行刺的戏，这场摸黑开打与《三岔口》《十字坡》不同，因为是两个武生应行，所以不能套用那两个戏的路数，全部是爷爷重新编排的。爷爷在家先教高盛麟如何摸黑开打，实际上是教了他这整一出戏。教会练成后，到演出时，爷爷和高盛麟配合默契，打出了不少高潮。

《一箭仇》是爷爷盖叫天的代表作，爷爷为了捧高盛麟，特地让高盛麟来演主角史文恭，自己演武松来配他。还有盖派代表作《恶虎村》《三岔口》《洗浮山》等戏，都是手把手地教给了高盛麟。

小王桂卿说过："高盛麟虽然是杨派武生，但他学到了盖派武生之精髓。《三岔口》这出武生名剧中的主人公任堂惠，盖派的装束与众不同，不背刀而插刀，高盛麟照此而做，学了下来。盖派《恶虎村》一剧中，用了鹰展翅的独特身段造型，高盛麟演这出戏时也在台上用了过来。盖派《洗浮山》，高盛麟全部学了过来，体现于舞台上不打折扣。"（高盛麟后来在北京教刘子蔚的《洗浮山》，基本上是按盖派路子教的，之后他在武汉也这样演。）

这期演出让观众是大饱眼福，彻底改变了大家对高盛麟的印象，对高盛麟的技艺更是大加赞赏，一时间高盛麟在上海是红得发紫。高盛麟非常感激我爷爷盖叫天，而盖叫天提携后辈的做法，也在圈内圈外得到称颂，被广为流传。

1956年，厉慧良先生带领天津京剧团来上海演出《挑滑车》《长坂坡》《艳阳楼》《钟馗嫁妹》等几出戏，反响很大，效果也很好。没想到紧接着高盛麟带武汉京剧院来上海，也在同样的舞台演出，贴出的拿手戏恰好是《挑滑车》《艳阳楼》《铁笼山》《钟馗嫁妹》《长坂坡》等厉慧良他们刚演完的那几出戏。虽是巧合，但是上海观众却兴奋异常，大家都把它当成难得一见的擂台赛在看，结果天天客满一票难求。

我们弟兄几个也想看戏，苦于买不到票，我们只好厚着脸皮跑到后台去找高盛麟老师。门卫见来了几个年轻人，坚决不让进。当时我们年轻不懂事，就跟门卫讲："我们爷爷是盖叫天，我们要找高老师看戏。"门卫到里面去通报，不一会儿只见高老师穿着化装衣亲自出来接我们，而且马上安排管事的给我们找位子看戏，还特地关照让我们天天来看。这一期戏我们看得那个过瘾，总算真正了解到爷爷为什么如此器重高盛麟、总是夸高盛麟的艺术好的原因。通过观摩我们从高老师的艺术中受益匪浅。

后来无意中让爷爷知道了这件事，爷爷狠狠教训了我们一顿，说我们太不懂事，不应该在演出前去干扰高老师。至此我们才知道，高老师是出于对我爷爷的尊敬和感恩才会这样热情地接待我们。

高盛麟非常尊敬我爷爷，他每到杭州必到"燕南寄庐"故居来看爷爷，常说"永不忘盖叫天提携之恩！"1957年，我们弟兄和爷爷巡回演出去了武汉。爷爷以七十高龄演出全部《武松》《恶虎村》《一箭仇》等戏，高盛麟全程无微不至地关心、照顾爷爷，每次爷爷演出他都坐在台下认真观摩学习。爷爷也非常欣赏高盛麟，爷爷告诉我们，高盛麟陪他演过好多戏，他夸高盛麟演得都非常好，如《金雁桥》中是爷爷的张任，高的张飞；《赵家楼》里是爷爷的华云龙，高的陈亮；还有《拿谢虎》中是爷爷的谢虎，高的黄天霸；《劈山救母》里是爷爷的沉香，高的二郎神；每出戏高盛麟都很认真地刻画人物，都演得很称职。

高盛麟曾经说出这样一番肺腑之言，他说："我和盖老演出获益匪浅，使我学到了不少盖派艺术。如我原来坐科时学的北派《洗浮山》和《英雄义》（盖派名为《一箭仇》），后来都放弃了，而照盖派来演。盖老对我培养指教不仅很多，而且很热情，我有不明白的地方去向他请教，他马上给我指点，决不藏私，有时盖老还主动给我指教。1962年我在北京演出了盖派名剧《洗浮山》，盖老当时在北京开会，第二天我到新侨饭店去探望他，顺便征求他的意见，他一面给我鼓励，一方面指出我表演中的某些不足，并当场给以传授。可以说，盖老对我的培养教育是一贯的，数十年如一日，这是我终生难忘的。"

盖叫天一手托两家

在20世纪40年代后期，上海曾经组织过一次南北知名武生大会演，邀请了以南派武生泰斗盖叫天为首的众多名角，如李万春、李桐春、李庆春、李环春弟兄，高盛麟、李仲林等，是一次难得的南北武生盛会。然而名角多了，派戏就成了问题，一碗水端不平就容易出毛病，其中最关键是李万春和高盛麟两位。

李万春的父亲是京剧著名武花脸李永利，红遍江南，长期和盖叫天合作。李万春生在上海、长在上海，一直随父亲练功学戏。十二岁那年，李万春因和兰月春演出《两将军》而一炮打响，轰动梨园，被称"童伶奇才"。李扮相英俊，嗓音响亮，口齿清晰，善于表演，他的拿手戏有《独木关》《火并王伦》《闹天宫》等，上海观众很了解也很喜欢他。

高盛麟比李万春小几岁，成名也比李万春晚，出科后在上海挑过几次大梁。二牌有袁世海，青衣花旦是小杨月楼的长女杨菊苹等。高盛麟是杨（小楼）派唯一接班人，高嗓音洪亮，功夫好，拿手戏《挑滑车》《铁笼山》《拿高登》等，上海观众也很认可他。

这次大会演一开始就是盖叫天捧李万春演《拿高登》，盖扮演花逢春，李的高登，观众看了非常赞扬。但由于种种原因，高盛麟在合作中显得不太愉快，这个情况被爷爷及时发现了。爷爷心里很不安，他觉得李、高两大武生虽然是后辈，但毕竟初次和自己合作，一定要让两位都开开心心地把戏演好，才能不辜负观众的期待。爷爷就开始琢磨怎么才能"一手托两家"、"一碗水端平"，好调动两位的积极性，让观众能一饱眼福。

经过深思熟虑，爷爷决定让高盛麟演他的拿手戏《铁笼山》来压轴，让李万春陪爷爷演《三岔口》中的刘利华，爷爷自己演任堂惠，盖派代表作《大三岔口》压大轴。这样的安排让李、高两人都很高兴，因为这样大家都能发挥出自己的水平，高盛麟的积极性也被调动起来了。

演出那天，高盛麟非常认真，《铁笼山》这出戏本来就是高的拿手戏，高的靠功、厚底功是他强项，他演的姜维"起霸、观星"的表演与众不同，每个亮相又稳、又美、又大气。杨小楼先生对姜维这人物的表演要求是"半个诸葛亮"，既不能把姜维演成羽扇纶巾的诸葛亮，也不能把姜维演成勇猛剽悍的大将，而是要演出智勇双全的统帅特质。高盛麟那天可谓把这个要求发挥到了极致，把姜维这个人物刻画得是惟妙惟肖。

最后《大三岔口》，李万春反串武丑刘利华和盖叫天的任堂惠表演，配合默契，非常精彩，二人的演出碰撞出很多新火花，这下演员开心，观众满意，生意兴隆老板也开心，可谓皆大欢喜。此后，李、高两位给爷爷配戏也更加积极了。而爷爷也每次都会变着法儿让两位都能各展所长，尽情发挥。比如在《金雁桥》中，盖叫天的张任，李万春的赵云，高盛麟的张飞；隔一天，高盛麟和李万春对调角色，李演张飞，高演赵云。演《赵家楼》时，盖老的华云龙，李万春的雷明，高盛麟的陈亮，两人扮演的角色也是隔天一换。这下观众可算饱了眼福啦，因为两位大武生都飚上了劲儿，非但和盖叫天的配合异常默契，而且各自都拿出自己绝活，谁也不愿意被对方比下去，这种良性的竞争关系让这些戏都大放异彩，成为一时佳话。

这以后的演出可谓是一顺百顺，如盖叫天演《一箭仇》，高盛麟就主动配爷爷的卢俊义；《劈山救母》中，高盛麟配爷爷的二郎神等等，都非常称职，演得也非常到位。正是在爷爷的良苦用心下，使两大武生相互团结，保证了演出质量。

李万春偷学盖叫天

李万春是一位对艺术非常上心的人，他学戏非常认真，各流派都学，博采众长为我所用。爷爷盖叫天自然也是他学习的对象之一，他自己曾经说过："盖叫天是没空教的，我只能偷着学，我有两个办法，一是盖叫天演出我必看，看时死记，回来模仿学做；第二是我们陪他演出，在他和我们说戏时偷学他的玩意儿。"

1995年，我应台湾复兴剧校之邀赴台传授盖派艺术，第一天上课就来了几位我不认识的陌生老人看课。事后才知道，早在我去之前，这几位老艺人就已经再三向剧校方面打听过我的情况，问我是盖叫天的嫡孙还是外孙，是张翼鹏之子还是张二鹏小盖叫天之子，盖叫天是否教过我戏等一连串问题。剧校的相关人员耐心回答说，张善麟是盖叫天长子张翼鹏之子，不但得到爷爷亲授，十七岁还陪爷爷演过《一箭仇》中的武松等等，这几位老艺人这才决定来看课。那天我教的是盖派代表作《劈山救母》，台湾学生很少接触盖派这出戏，我那天既讲盖派艺术的特点，又亲自示范盖派《劈山救母》的特色舞姿。所谓"行家一伸手，便知有没有"，他们都是行家，一看便知我教的是实授的盖派真玩意儿，于是对我也格外热情，对我介绍说，台湾观众喜欢盖派，希望我能把老爷子创造的盖派艺术留在台湾，发扬光大。

经人介绍我才知道，这几位老人是李万春先生的胞弟——李桐春先生和李环春先生，他们都是台湾的大角儿，他们大哥李万春在上海和我爷爷是同班，父辈和爷爷又是多年交情，只是从未见过我，不了解我，所以才特地来考量考量。虽是初次见面，但我对他们也久仰大名。李桐春先生非常热情地请我吃饭，一起去的还有爷爷当年在上海的老同事、痴迷盖派的贾斌侯老先生的学生等一行人，在聊天拉家常中又说起了很多往事，比如贾斌侯老先生的故事。贾斌侯老先生是我爷爷的同辈，当年在上海和爷爷同班合作，是唱武丑的，功夫了得，长期和爷爷搭档，《恶虎村》中配演王梁。他非常崇拜盖叫天，崇拜到痴迷的地步，甚至在生活中一举一动也都学盖叫天，后来更是不愿唱武丑要改唱盖派武生。当年在上海，每天早上都要到老虎灶去打开水，他连提大铜壶都是立腰挺胸、手臂端着壶摆出盖派武生架子去的，旁人见了都笑他，他却不以为然，坚持每天中规中矩地摆出盖派身段生活着。外地高价请他演本行武丑戏，他坚决不去，宁愿低薪去唱盖派武生，可见痴迷盖派到什么程度。1948 年到台湾后，他就到处传播盖派，在台湾就有他教的盖派武生戏。

李桐春说起 1948 年我父亲张翼鹏到台湾演出时，受到台湾观众欢迎的盛况，之后又说起哥哥李万春当年偷学盖叫天玩意儿的故事。

李桐春说："当年盖老要在上海演《狮子楼》，需要找一个演西门庆的演员，我大哥李万春知道后就跟盖老说：'我胞弟李桐春可以演。'盖老一口答应，李万春就带着我去盖叫天家说戏。我当年很年轻，知道盖老对艺术要求很高，很严格，一点小地方都不放过，一听说要陪盖老演出就紧张得要命，害怕配不好。大哥李万春就安慰我说：'你放心，有我在边上，我会帮你记。'这样我才敢去盖老家说戏。等到了盖老家，盖老看出我很拘束很紧张，于是就开始和我们聊天，营造轻松的气氛，然后开始聊戏，分析西门庆这个人物。盖老说：'西门庆是当地一个有财有势的恶霸，为人风流潇洒，一身好武艺；演这个人物不但要演出他的风流漂亮，更要演出他的难对付，要让观众为武松捏把汗，这样才更能衬托出武松的英雄来。而武松和西门庆的区别，一个是正而美，一个俊而邪。'盖老要我把握住人物基调，打的时候要打出人物，而不能仅仅像练功打把子。盖老见我听得入迷不紧张了，就开始和我说交手的具体招数。我知道《狮子楼》里西门庆和武松的对打主要是打一套'夺刀'，所以事先做了准备，把老的'夺刀'套路又重新温习了一遍，自以为能应对自如，不料和盖老一交手，完全对不上。当时我就慌了，一慌脑子就乱，越乱越急，越急越跟不上。此时我只有用眼神向大哥李万春求助，只见大哥在一边聚精会神地看着，一看就是在帮我记招数，这样一来我就放心了。等回到家里背戏，有记不清的地方我就去问大哥李万春，结果大哥直愣愣地看着我说：'我没记西门庆的招数啊，我只记了武松的表演。'好么！为了自己偷学，把亲弟弟给卖了。"李桐春说到这里哈哈大笑，他说哥哥偷学归偷学，不过不是偷偷学，而是明着偷学，之后还到处跟人炫耀说："我就是这样学盖叫天的。"

李桐春还告诉我，后来爷爷又耐心给他讲解，说练功的把子套路，而舞台上是两个人物之间你死我活的厮杀，因此不能按照练功套路死打，招数必须要有变化，随后盖老示范说："武松和西门庆是仇人相见，武松头三刀砍西门庆，西必须把做了坏事心惊胆战、躲避逃跑的寒相表现出来。"这三刀砍得是真狠，自己被盖老的逼真感情带进了戏中，不由自主地进了人物，不随着他走都不行，和盖老配戏真的过瘾！李桐春感慨道："盖老不厌其烦地给我纠正，真是认真负责地培养后辈，把交战的破招、窍门等都讲解得清清楚楚，让我上了一堂盖门独特的武打秘技课，终身受益。"

1978 年 9 月，李万春先生从内蒙古回北京，在北京京剧院排《大闹天宫》时，我专程赶到北京去看望他，他见到我非常激动，很亲切地拉着我问长问短，并对我说："盖五爷创造的盖派艺术太好了，你一定要好好地继承爷爷的艺术，把盖派艺术发扬光大！"

李少春拜盖叫天为师

1961年，爷爷盖叫天应中国京剧院之邀进京传艺、收徒。

在京剧武生行中，人们常把"北杨南盖"两大流派并称，当时"北杨"杨小楼先生早已过世，仅剩"南盖"盖叫天依然活跃在舞台上。得知盖叫天进京传艺收徒的消息，京城行内行外是奔走相告，大家急切盼望能早日一睹南方武生泰斗盖叫天的舞台风采。

当时爷爷已七十多岁高龄，但他精心准备，有备而来，在北京连续演出了《武松打店》《恶虎村》《洗浮山》《英雄义》等盖派重头武戏，以精湛的艺术功力刻画出武松、黄天霸、贺天保、史文恭等不同角色生动而鲜明的艺术形象，以其强大的艺术感染力震撼了北京文艺界和京城观众。

《武松打店》又名《十字坡》，是盖叫天代表作之一。盖叫天饰武松，阎少泉饰孙二娘。

大家一致反映，盖老塑造的人物性格已进入炉火纯青的化境，比他当年演得更加深刻，更加精彩。田汉先生在看了《打店》后曾作诗赞道："请看七五婆娑叟，依旧江南活武松。"

舞台上爷爷精神抖擞超常发挥，舞台下爷爷却十分辛苦，因为爷爷没有从上海带"傍角"（只带了《打店》中的孙二娘扮演者阎少泉先生），虽然有中国京剧院的诸多高手配合，但毕竟全是生手，需要爷爷花很大精力来亲自说戏、排练。当然，这对于京剧界的同行们来说是一次千载难逢的观摩机会，北京的专家、大角儿、各界同仁以及媒体等都争先恐后赶来看课，特别是北京的青年同行们，更是不愿意放弃这个难得的学习机会，排练场下每天都坐得满满登登，李少春、张云溪、俞大陆等都坐在台下。爷爷很高兴，他毫不保留地把数十年艺术积累的精华展现给大家，送上一堂堂生动别致、形象而全面的示范性授课。

爷爷在排练场说戏和他在舞台演出一样精气神十足，生龙活虎。每出戏开排之前，他会先挨着个给戏里担任角色的演员认真说戏。在排《英雄义》时，爷爷讲解卢俊义、林冲、武松、燕青等人物的不同表演，他要求扮演者"不要忘了自己扮演的是谁"，"不要以为自己是配角，你们都是著名的梁山英雄好汉，都非常重要"。他像一位循循善诱、诲人不倦的教师，他用形象化的、演员的语言来通俗易懂地讲解剧情、人物，把人物都讲得细致入微。武松、林冲、燕青等虽然同是武生行当，但具体形体表演又有所不同，爷爷又教大家针对每个具体人物对应用什么招数来体现，并且现身说法，亲自示范怎样把人物精气神与表演技巧的运用相结合，他边讲边舞，每一个身段、精神，一招一式都美妙绝伦，使看课的同仁们是心服口服。专家们感慨道："看盖老排戏，好似上了一堂导演课。"

在整期排练讲课中，李少春、张云溪两位著名武生非但场场必到，而且时时刻刻都在认真仔细地听课，给年轻演员们做出了表率。要知道当时李少春先生和张云溪先生都已是赫赫有名的大角儿，但他们异常珍惜这次机会，虚心地提出要拜师求艺。拜师仪式非常隆重，爷爷从未正正规规地收过徒，这次破格收李少春、张云溪为徒，一拜一收之间，成为梨园行的一段佳话。

李少春的父亲是有着南派"活包公"之称的著名演员李桂春（艺名小达子），当年在上海创作了海派特色的连台本戏《狸猫换太子》，连演三十几本，天天满座，誉满春申是家喻户晓。李桂春在上海赚了很多钱，但他把大部分钱都用在培养李少春学艺上。李少春生于上海、长于上海，从小随父练功，打下了扎实的基本功，加上从小跟随父亲演出，在实践中成长迅速，十四岁就在梅兰芳大师的演出前垫武戏，后又跟梅大师唱《四郎探母》，韵味十足。观众对于这个刚满十四岁就能和梅大师同台演出的少年是好评如潮，对他熟练的唱功也十分赞扬。十七岁后，李少春随父去北方学戏，向丁永利老师学杨派武生戏，后拜余叔岩大师学文戏，文武双全红遍大江南北。

李少春头脑聪慧，谦虚好学，博采众长，兼收并蓄，行内称他为"李神仙"，他精通南北两派艺术，武生戏宗杨小楼，后又拜盖叫天，把京剧的京派、海派两大派做了综合。正如著名戏曲导演李紫贵先生讲的"京海合流京剧再创辉煌"，李少春先生就做到了，他的代表作《野猪林》就是京海合流的佳作。

《野猪林》是按照杨派路子借鉴吸收麒派周信芳在《大名府》公堂一场的激情表演，在"白虎堂"中唱的"八十棍打得我冲天愤恨"就是吸收了麒派又化用余派唱法，唱出了李少春自己的风格，又增加甩发功等舞蹈，加上他自己的创作，既好看又有艺术感染力，丰富了原杨派的这场戏，把此剧推向高潮。在"耍刀、舞剑"和草料场的大开打中，李少春又巧妙地吸收了盖派招数。听熊志麟先生讲，这场精彩的大开打是化用当年上海大舞台的武打套路，但化用得得当，运用不留痕迹，特别是林冲被包围，手无寸铁，李少春巧妙地设计用脚"挑刀"的动作，这下"挑刀"招数就是运用海派招数，既符合林冲这人物的机智又解决了后边林冲杀敌报仇火爆过瘾的武打，满足了"不杀奸贼不解气"的观众心理。李少春在北京拍《野猪林》电影和爷爷在上海拍《武松》电影是同一时间，爷爷在看了《野猪林》电影后夸赞不已，还认真地讲解给我们听，要我们学习李少春！

《响马传》是李少春先生的另一部杰作，这出戏他又吸收了很多爷爷盖叫天在《洗浮山》中的舞姿、造型。《响马传》中"观阵"一折特别精彩，这戏是跟他父亲李桂春学的，是梆子路子，可里边舞姿运用的是盖派舞姿，唱法是余派。李少春当年和余叔岩大师学了《洗浮山》，可余脚下是穿薄底，以文为主，李又采用盖派穿厚底，增加了盖派舞姿，用在"观阵"中，使"秦琼观阵"这折戏成为经典。包括李少春在《大闹天宫》里的猴戏，也是吸收了很多盖派猴戏的表演。

李少春的本事在于会化用，不管是盖的、余的，各派精华他都拿过来为我所用，丝毫不露刀痕斧迹，简直是浑然天成，他有门派，但又不为门派所限制，而是根据人物和剧情，吸收各派之长，以丰富自己的表演，增强表演的感染力。这是李少春的高明之处，也是他对盖派艺术精华真正理解和运用的成果。

正如李少春讲的："盖老他在《洗浮山》中的趟马舞蹈，较之传统演法也有很大丰富，很优美。这也是他吸取了生活中的骑马动作，将其舞蹈化，融化在传统的趟马形式中。盖老可算是继承传统、发展传统的一个楷模。过去，我没有向盖老学过戏，只是私淑盖派，这次盖老来京，才得以直接向他请教。但是面对着精湛、深厚的盖派艺术，在学习上我不过刚刚开始举步，即使学到一些，也还尚待进一步消化。今后，在盖老直接指导下，我要更加努力地学习盖派艺术。"（李少春《学习盖（叫天）派艺术的感受》，原载《戏剧报》1961年第十四期）

成龙师出自盖门——光大盖派的于占元

谁都知道当代京剧武生行当的两大泰斗：北方杨小楼，南方盖叫天，也知道他俩的传人中名家辈出，在京剧舞台上叱咤风云几十年。盖派戏迷会如数家珍般说道角儿的真功夫，却没想到美轮美奂的盖派艺术会在影视界流光溢彩。

把盖派艺术带到香港并且自成一家的，是京戏名伶于占元。他生于1905年，成年后离开乱世中的北平，来到繁华的上海，在京剧舞台上跌打滚爬，成了一名武戏演员。一是天赋，二是刻苦，他被祖父盖叫天看中，选定他为自己配戏。于占元虽然不是主演，但天长日久地耳濡目染，他不仅学到了很多盖派的武打套路，而且懂得了创新重于模仿的重要性，为他后来打造影视武打明星，奠定了坚实的基础。20世纪三四十年代，已经小有名气的于占元进上海大舞台，和我父亲张翼鹏合作演出连台本戏《西游记》。当时大舞台的武戏是上海滩最棒的武戏班，没有特长的武戏演员进不了。由于父亲张翼鹏在长期的艺术实践中富有独创精神，而且卓有成效，已经被公认为"新盖派"。他创造了很多新颖的武打套路，被称为"化学把子"。于占元在和父亲的搭档演出时受益匪浅，渐渐成了京戏名伶。他审时度势，要想在有着盖叫天、张翼鹏两棵参天大树的上海菊苑创出三足鼎立的局面绝无可能。于是他另辟蹊径，在1948年带了一家人去香港，去创立属于自己的基业。

于占元到香港后首先要站稳脚跟，凭借自己精湛的武功，不是在台上唱戏就是在电影里演戏，但成就很一般。无心插柳柳成荫，于占元因为女儿于素秋到香港电影界发展，特地创办了"中国戏剧研究学院"，其实不过是一个京剧学员班。由他主教，名字虽然取得唬人，所幸师父教得认真，并未误人子弟。他为徒弟们创作一出以打为主的京戏《七小福》，让几十个徒弟有的放矢地练功学戏。其中最固定、最出色的是元龙、元楼、元彪、元奎、元华、元德、元武七人，因为演出非常成功，于占元便借此组成了个"七小福"戏班，这便是后来对香港甚至世界影坛都产生深远影响、影迷心目中鼎鼎大名的"七小福"的雏形。

于占元所教导出来的徒弟，有成龙、洪金宝等一批当今影视界的大明星，元楼也就是国际武打影星成龙，是第一位真正意义上打入好莱坞的香港影星，是中国在世界影坛最有影响力的演员，应了一句老话："只有状元徒弟，没有状元师父。"于占元把京剧的武打带进影视界，创造了新颖的影视武打，促使成龙成为当今国际影星，促使"七小福"名扬天下，当然功不可没。而于占元饮水思源，念念不忘当年盖叫天、张翼鹏二代名家的提携和指点。

做生活中的有心人

爷爷总对我们讲："行动坐卧要不离艺术，要做生活的有心人，生活中有学问，生活中有老师。"他就是这样做的。爷爷幼年因为家境贫寒，不能入学念书，识字寥寥，他之所以能够成就卓著，其中重要的一点，就是不断向大自然学习，向生活学习。

爷爷曾经说过，他一生有很多老师，教他戏的人是他的老师，大自然的山山水水、花花草草、飞禽走兽也都是他的老师。就拿爷爷家里的古董来讲，一般人买古董大多是为了保值升值，或者收藏鉴赏，但是爷爷买古董唯一的标准就是要对他的艺术创作有用，所以他买回来的虽然不一定是真古董，但肯定是他认为可以激发他艺术创造力的东西。比如家里有一套十八罗汉瓷雕像，爷爷闲时总在观察这十八尊罗汉的神态，一看就是几小时。他在《武松打店》的睡中亮相，就是从这些罗汉的神态中化出来的，所以这套罗汉雕像就是他的老师。爷爷能从一炷香的烟雾飘荡缭绕中悟出盖派云手的千变万化，创造出"正云手反转身，反云手正转身，拧麻花的云手"；也能从一张静止的国画中看出画外千军万马的变化，创造出《垓下之战》三十二个子弟兵的"霸王操"和九里山十面埋伏的"霸王战"。所以烟雾和国画都是他的老师，帮助他创造出众多优美的舞台造型及舞姿。

著名文艺理论家、美术学家王朝闻先生曾经讲过："盖叫天的舞姿静止亮相是美的，舞动起来也是美的，动静之间更是美的。"

爷爷是一位对艺术痴迷到极致的老戏痴。有一天爷爷练完功，和江南名丑刘斌昆先生一起上街遛弯时，看到路边小贩在捏"面人"。他站在边上看得出神，看到捏面人的捏了个怒目圆睁、挥拳舞手的武松形象，顿时似有所悟，不但把这个捏面人的师傅请到家里，还让刘斌昆先生把附近捏面人的统统请到家中，刘斌昆先生虽然不解，但还是照办了，等大家到齐，爷爷对他们说："今天请各位师傅到我这儿来，不捏别的，

盖叫天揣摩人物。

专捏武松。请各位八仙过海、各显神通，捏出各种各样的武松，我盖叫天全买了。"捏面人的师傅们非常高兴，按照爷爷的要求各自动脑筋创作，不一会就捏出了好几十个姿态各异的"面人武松"形象。爷爷看得兴奋异常，连连向捏面人的师傅们拱手作谢，当即买下了全部的"面人武松"。

　　送走了捏面人的师傅们后，爷爷开始全神贯注地仔细研究这些奇形怪状的"面人武松"，认真揣摩每个面人的神态动作。对其中一个形象特殊的"面人武松"特别在意，也不知捏面人的师傅是有意还是无意，这个"面人武松"的拳头高举过头，但拳头是下扣的，和别的武松形象不太一样，怪中透出一股另类的美感，爷爷一边看一边就用自己的拳头比划着。据说爷爷后来在《武松打店》中的下扣拳亮相就是在这个"面人武松"的形象启发下创造而成的。这个下扣拳的造型最后成了盖派武松"打虎皮拳"的典型造型，富有雕塑感，别有一番意趣。后来爷爷又出新招，把捏面人的小贩们再次请到家中，叫他们捏"八仙过海"、"霸王举鼎"、《西游记》中的孙悟空，还有《水浒传》中一百单八将等各种人物造型，然后他选出特别喜欢的人物造型，把这些人物造型都放在镜框中。

爷爷说这是特殊的工艺品，又别致，又精彩，天天爱不释手，看着这些面人出神，有时候还会手舞足蹈。可是没想到，面人放了几天全都干裂了，爷爷想了很多办法来防止面人开裂，做了各种试验，但还是放不了多久就会开裂。但是爷爷又不准我们把裂开的面人丢掉，于是他把面人从镜框中取出，插在家里的大小花盆内，除了香炉外，凡是可以插东西的地方全都插满了各种面人，而且全部都是戏曲人物，简直就是一个戏曲人物的面人博物馆。亲朋好友来家看到，各个笑得前仰后合，但爷爷毫不在意，他依然我行我素，爷爷对艺术就这么痴迷。

听评弹不仅是"听"评弹

爷爷还有个习惯，在睡午觉和晚上睡觉前，总要叫我们给他念一会儿书，有《水浒》《三国演义》《西游记》等各种名著，我们看他睡着了，才轻手轻脚离开走出房间。他听了一辈子书，年轻时是我奶奶、我姑姑她们给他念，后来就是我们孙辈兄妹读书给他听。爷爷是个十足的书迷，他长期订了包座，无论大书、小书，场场必到。爷爷喜欢听各种评书，特别对南方的评弹艺术情有独钟，江浙沪的评弹剧团只要一到杭州，爷爷必然要去捧场，他们也必到家来拜访，因为都是爷爷的好朋友。

过去管听评弹叫做"听书"，爷爷就是从这种"书"中孜孜不倦地"学到老"。爷爷说，他确实从生活与社会中学到了不少东西，但评弹艺人口中的"书"却让爷爷获得了上下五千年、纵横九万里的渊博知识，他的盖派艺术从评弹艺术中汲取了很多养料。"听书"也锻炼了他非凡的听觉记忆功夫。他一生演戏从不读剧本，只要让别人念上几遍就牢记在心，

盖叫天（中）与评弹名家杨振雄（右）谈艺。

20 世纪 60 年代初，盖叫天常到书场听书。

上戏时台词一字不差。正因为他是个不一般的书迷，故而同评弹界各路名家都结成了莫逆之交，共同切磋艺术，相得益彰。

记得有一天爷爷心血来潮，叫我们几兄弟不要练功了，跟他去听"书"。我们几兄弟听见不用练功，还能进城逛逛，当然都是喜出望外。那天也是我们生平第一次到书场听评弹，至今记忆犹新。书场内，每人一杯茶，往那儿一坐，感觉格外新鲜。那天正好是一位年轻的评弹演员说《武松》，他见爷爷坐在自己的包座上，显得有点紧张。开说前先表白道："各位听众，今朝说《武松》我感到紧张，因为'活武松'盖叫天老先生来了，说得不好，请各位多多包涵。并恳请盖老听后不吝赐教。"

那天，这位青年演员虽然有点紧张，但说得十分认真卖力。爷爷听书从来是认认真真的，这场书他格外入神。在说到"狮子楼"斗杀西门庆时，那演员分析：论武艺西门庆不下于武松，为什么未经几个回合即被武松所杀？有两点：第一，武松替兄报仇，一身正气凛然；西门庆勾奸伙同王婆害死武大，做贼心虚，所以在同武松交手时，处处防范招架，不能主动出击。第二，西门庆是花花公子，整天游荡花街柳巷，掏空了身子，力不从心；武松正血气方刚，所以占了上风。当时爷爷在台下听了频频首肯，听完后报以热烈的掌声，结束后还专门到后台去看望了这位年轻演员，对他进行了一番鼓励。随后，爷爷向他指出武松胜西门庆还应该有第三个原因：武松是为了杀死西门庆而来，他带着钢刀，西门庆正在喝酒，赤手空拳，没有精神准备，打斗中，西门庆不得不把注意力集中在刀上，而武松的目标始终是西门庆。爷爷还向这位演员详细讲述了两人夺刀的细节，这位青年演员对爷爷的精辟见解与指点十分感激。

这次听书对我们来说，无疑是上了一堂细腻的人物分析课。爷爷带我们去听书，是有的放矢的。之后，只要有好的评弹场次，他都会带我们去听，这也是对我们一种另类的有效教育方法。

有一次，爷爷教我们传统戏《四平山》，我们对李元霸这个人物体会不深，总是掌握不好人物的尺寸与火候。爷爷则一贯地严格教练，"整"得我们兄弟苦不堪言，日练夜练，做梦都是练功。突然有一天，爷爷让我们去听书，我们以为爷爷是大发慈悲，结果到书场一看节目单，才知道爷爷原来是"别有用心"。

原来这天说的是《隋唐》，正好讲到"李元霸锤震四平山"一折，从秦琼等三十六名瓦岗寨英雄结拜讲到李元霸与裴元庆对锤的情节，通过评弹艺人的细致描述，使我们开了窍，了解到李元霸与瓦岗寨英雄每个人的个性，头脑里出现了各种形象，回家再练时，原来困扰我们的很多问题豁然开朗，大家终于顺顺利利地把《四平山》这出戏成功学了下来。

同样，在教我们武松戏的时候，爷爷也常常带我们去听著名评弹艺术家杨振雄、杨振言的《武十回》。爷爷用这种听评弹与练功交替的训练方法，在我们身上收到了良好的效果。他让我们去听书，不仅让我们要了解故事情节，还要我们在听书时特别注意评弹演员的声调、表情、手势与动作，描绘人物的细腻性与准确性，分辨出社会上三教九流、士农工商各阶层人物、各年龄的正反人物的内心与外貌特征，这样才能准确地把握住人物塑造时的尺寸与火候。他常教导我们说，说唱艺术的形成比戏曲早得多，可以说是戏曲渊源，戏曲演员应该很好地去向他们学习。

在爷爷的影响之下，我们也都成了"书迷"。通过长期对评弹艺术的欣赏，我们在艺术上都获益匪浅。

"燕南寄庐"

"山不在高，有仙则名。水不在深，有龙则灵。"一所位于杭州金沙港、建于20世纪20年代的古朴素雅的中式宅院，因为其主人——京剧大师盖叫天所深藏的艺术底蕴而闻名遐迩，如今名列西湖新三十六景之一。俗话说"主雅客来勤"，爷爷不但在这里接待过京剧大师梅兰芳、周信芳以及菊坛内外的诸多名家高人，甚至连周恩来、陈毅这样的国家领导人也先后前来造访。而这所宅院从梦想中的蓝图到诞生，再发展到鼎盛，差不多也涵盖了爷爷的整个艺术生涯。

爷爷盖叫天第一次到杭州搭班演出时只有十几岁，当时他就特别喜欢杭州的青山绿水，洁净脱俗。按照爷爷的说法，这个地方透着让他"嗅着味儿也叫人高兴的清气"。那时的爷爷就是个唱戏的穷小子，自然不可能想到，自己有朝一日会在这里建所大宅院，但是他对杭州的由衷喜爱，为今后"燕南寄庐"的诞生埋下了一颗逐渐生根发芽的种子。

爷爷的成名成家是在上海，可是在上海演戏生活却很不容易，大家都知道上海寸土寸金，艺人住的地方很小，根本不可能有练功的地方，只好半夜里起来到马路上练功。久而久之，爷爷萌生出在杭州买块地、建个院子好练功的想法来。于是爷爷拼命搭班跑码头演出，省吃俭用，一直熬到20世纪20年代初，终于在爷爷三十几岁时攒下了一笔钱，在杭州买下了金沙港故居的这块地。

位于浙江杭州金沙港的盖叫天故居"燕南寄庐"。

当时的金沙港属于偏僻的农村，地很便宜。但即便这样，爷爷买下地后也已经囊空如洗，只好把地契拿去典当，再用典当来的钱盖了间小茅屋。就这样，"燕南寄庐"总算初具雏形。之后爷爷继续在外演出赚钱，把除去生活开销外的积蓄差不多全投在"燕南寄庐"上，终于把茅草房变成了黑瓦房。爷爷走南闯北几十年，如今终于有了个像样的安身之处，他们五兄弟也终于团圆。不过全家人全靠爷爷演戏赚钱养家，因此爷爷肩膀上的担子也就更重了。之后的几十年里，爷爷犹如小鸟叼窝一般，一滴血，一滴汗，攒够钱就盖一间，断断续续造了将近半个世纪，终于把梦想中的庭院建了起来，这才有了如今这所既像北京四合院，又有浓厚江南庭院风格，给人以雅俗共赏之感的"燕南寄庐"故居。大门口白墙角上"百忍堂张界"石碑，至今已耸立了近百年，它就是这所宅院建成和逐渐成长的见证。

爷爷的祖籍是河北，而河北素有"燕北"之称，爷爷以燕北之客身份寄居江南，所以把这座宅子称为"燕南寄庐"，这个名字可谓是字字珠玑，不可替代。"燕南寄庐"门口的匾额是由被称为"中国当代理学大师"的书法家马一浮先生亲笔题字。马一浮先生是将马克思《资本论》引进中国的第一人，他博古通今，学贯中西，有"儒释哲一代宗师"及"国学大师"之称。他比我爷爷大五岁，喜欢看爷爷演出，非常欣赏舞台上的盖派戏。二老颇为有缘，私交笃厚。当爷爷诚请马老为故居题字，深爱盖派艺术的马老爱屋及乌，欣然挥毫。爷爷对这幅字非常喜爱，但凡有名人前来探访，爷爷都要在"燕南寄庐"的题字前和对方合影留念，其中有盖叫天与梅兰芳的合影，有和湖北陈伯华、高盛麟、高百岁的合影，还有和广东红线女、马师曾的合影等。

"文化大革命"中马老的题字一度被用水泥封住，直到2003年故居按原貌修复后，马老题写的"燕南寄庐"才重见天日。真是：

浮云难蔽日，情义彪千秋。
故居庭院处，墨香流芬芳。

风水宝地

虽然爷爷在上海宝康里也租有一处住所，他的演艺事业主要也是在上海的京剧舞台上，但是爷爷大部分时间都住在"燕南寄庐"，在这里修身养性，练功健体，钻研技艺，完善盖派艺术。当年爷爷四十七岁断腿时，"燕南寄庐"两边的东西厢房都还没造，即便如此爷爷也坚持回到杭州静养，恢复、悟戏、创作，直到重登舞台。爷爷经常对我们说，杭州是佛地也是福地，金沙港的故居更是块风水宝地。

爷爷这样讲并不是信口开河，事实上，自从爷爷住到杭州"燕南寄庐"后，可谓处处顺利，新戏一出接一出，盖派绝招也是层出不穷，爷爷的代表作都是从这儿创造出来的。按照爷爷的说法，在金沙港这块宝地搞艺术最好，能出灵气，这里是盖派艺术的发源地，又是他创造盖派艺术的大工场、试验田。如《西游记》"闹龙宫"中的耍双鞭、"闹天宫"中的一身二绝，《劈山救母》中的耍宝斧和舞绸带，《洗浮山》中的趟马、走边、舞双刀，《一箭仇》中的髯口舞，《垓下之战》中的霸王操、霸王枪、霸王战等，《乾元山》中的哪吒舞乾坤圈，《铁公鸡》中的真刀真枪对打，等等，都是在"燕南寄庐"创造出来的。在这块宝地上，爷爷还从香烟缭绕中悟出盖派云手的千变万化。他的著作《粉墨春秋》也是在这里由何慢、龚义江为他整理而成。

"燕南寄庐"不但帮助爷爷完成了诸多的艺术创造，也培养了诸多的盖派接班人。我父亲张翼鹏、二叔张二鹏、三叔小盖叫天（张剑鸣）等都是在这里开蒙学艺。爷爷费了心血培养，传授盖派艺术，而父辈们也付出了巨大的努力，刻苦练功，一举成名。如今在故居大院的走廊上和洋灰地上，依然能看见我父辈当年拿大顶（倒立）留下的手印，墙上还有深深的两个脚印，由此可见当年父辈们下了多大的功夫。到了我们第三代，我们五兄弟张善椿、善鸿、善麟、善康、善元，是在1955年进入"燕南寄庐"学艺的，而进门后爷爷说的第一句话是："来到这宝地，就

20世纪60年代初，盖叫天教孙女张明珠（小盖叫天张剑鸣之女）练功。

是'深山练武'，修炼身心。"

　　爷爷把"燕南寄庐"视为风水宝地，一方面这是他几十年心血一砖一瓦建造起来的家，一方面也是他艺术成就的爆发地。然而在我看来，这块"风水宝地"之所以成为"风水宝地"，其实和风水没太大关系，而是因为这里偏僻清净，与世隔绝。如果爷爷长期住在上海，必然每天要应酬交际，而且那里既没有练功的地方，又没有安静的环境，必然无法静下心来进行艺术创造和艺术修行，而搞艺术有时候就需要像苦行僧一样，要耐得住清苦、寂寞、粗茶淡饭地静静修炼，才能安心创作，出作品，出成就。"燕南寄庐"恰恰提供了这样一个外在的环境氛围，这也是爷爷的优秀作品和绝招大多出自"燕南寄庐"的原因。

故居大厅里"百忍堂"三个大字，是爷爷教育我们后代遇事要忍耐，生活中不可能万事顺心顺意，遇到矛盾冲突时，退一步海阔天空。而"学到老"三个字是爷爷从艺的座右铭，现在也已经成为张家后辈的座右铭。

"燕南寄庐"来之固然不易，能存留下来更加不易。爷爷告诉我们，当年日军侵华占领杭州时就曾经霸占过金沙港故居，爷爷带着全家逃难时，把他最最心爱的十八罗汉埋到地下，使之得以保存下来。1949年前，国民党也曾经占住过故居。一直到"文革"抄家，故居的一切被彻底毁坏，连当年周总理曾经夸赞过的十八尊粉彩罗汉塑像也被损毁了两个，实在非常之可惜。至于各屋中的文物和名人字画更是损毁无数，有竹禅的大幅名画、扬州八怪郑板桥真迹名画，以及各种明清家具、瓷器、玉器杂件等都被毁坏丢失，这是中华文化的一大损失。"燕南寄庐"在"文革"中住进二十七家房客，变成一个大杂院，原来的园林风格被搞得面目全非。

2003年，杭州市政府为建新西湖重新修复"燕南寄庐"，恢复原样，请出了二十七家住家，对当年"百忍堂"大厅布置全部按原样复制，家具中原来清代老红木雕刻的太师椅换成了全新的复制品，厅堂两边挂的原名人真迹的大幅画作改为由我大哥张大根画的大幅山水画。我大哥张大根长期跟随名画家张大壮先生学习，他的名字也是大壮先生给改的，当年我们学艺时爷爷早发现我大哥有画画的天赋，原故居走廊的月亮门上就有爷爷叫他画的画，爷爷是很满意的。大哥挂在"百忍堂"的画有气势，有亮点，增加了"百忍堂"张家的色彩。

"燕南寄庐"不仅见证了盖叫天"活到老，学到老"的艺术人生，而且彰显了近代戏剧发展史上熠熠闪光的一页，也展现了老一辈革命家对艺术家的尊敬和关怀。所以"燕南寄庐"重新修复后，不但成为盖派艺术的纪念馆、学艺场地，也是小学生学习戏曲的教育基地。爷爷盖叫天在"文革"中被扫地出门含冤而去，始终未能回他心爱的"宝地"，他一生拼搏建造的"燕南寄庐"如今能够成为新西湖一景，以全新面目供世人免费参观，让盖派艺术得以生生不息、代代相传，我想爷爷在九泉之下也应感到欣慰了！

张翼鹏便装照。

第二章

我的父亲张翼鹏

发展创新，塑新盖派

当年在上海滩曾经流传着这么一首诗："张公神勇世无双，花果山上摆战场。梨园独面树一帜，万人争看美猴王。"这首诗中提到的张公就是我的父亲张翼鹏，他在大舞台演出连台本戏《西游记》，一口气连演了四十多本，并在长达八年的时间里保持着经久不衰的上座率，创造了京剧史上史无前例的历史纪录，同时他也获得了"江南美猴王"的美称。当时上海滩京剧艺人间的竞争非常激烈，父亲在爷爷盖派头本《西游记》的基础上加入自己的再创造，将一出老戏以全新的面貌呈现给观众，结果红遍上海滩。

《西游记》张翼鹏饰孙悟空。

一、父亲的成名经历

张翼鹏拜师

我父亲张翼鹏出生于1911年，属猪，当时家里还很穷，养张翼鹏时家中靠典当借贷过日子。张翼鹏的童年时期，恰好是爷爷盖叫天的事业上升期，也是他闯荡上海滩竞争最为激烈的创业期。这个时期爷爷的全部精力都在艺术创作和演出上，根本没时间关注其他事情，所以教育儿子的重担就落在了奶奶的身上。

在盖叫天为长子张翼鹏开蒙之后，奶奶李慧见爷爷一直没有精力正正经经地教导他，担心这样下去会影响张翼鹏的前途，因此一直琢磨着让张翼鹏外出学艺的事情。在张翼鹏十二岁时，奶奶忍痛让他拜董德春为师。为什么要说忍痛呢？要知道当年的学徒和现在的学生不是一回事，当年学徒就跟卖身差不多，奶奶立下字据，张翼鹏跟董得春学艺八年，满师后还要为师父服务三年，这张字据意味着张翼鹏要离家整整十一年，奶奶当然要心痛不已。拜师后不久，张翼鹏便跟随师父去台湾待了几年，在董科班边练功、边学习、边演出，科班中大师兄是老王桂卿，张翼鹏则是董得春的关门弟子。

董德春是一位非常有经验的资深戏曲教育家，他本人就是一位非常优秀的武生演员，会的戏多，有实践经验，后来由于身体原因改成以培养学生为主。他的科班规模不大，一共收了十几个孩子，张翼鹏就是他最小的手把徒弟，也是他最喜欢的徒弟之一。董老师教学非常严格，亲自督教，监功，徒弟有一点不符合要求都要反复练对为止，处处规范。董德春的武功非常好，又有丰富的实践经验，因此他的学生个个打下了扎实的基本功，武艺高强。他学生中最有名的两位名武生，一位是老王

盖叫天（右）和张翼鹏（左）父子合照。

桂卿，一位就是张翼鹏。这二位都是在南方非常有影响的武生演员，特别是张翼鹏，他在董老师的精心调教下，下苦功、学绝招，勇于实践，进步飞快，练就了比他人更为深厚的艺术功底。

几年后爷爷盖叫天想要领回张翼鹏亲自传授，但因为契约时间不到，董得春坚持不肯。好在董得春和盖叫天是多年的朋友，董得春为人又慈祥老实，于是盖叫天请董得春到家里来吃饭，说了不少好话，并承诺今后负责董得春的生活，为其养老送终，董得春才终于将字据归还盖叫天。张翼鹏就这样离开了董老师的科班，回到父亲身边。在盖叫天用心良苦的精心调教下，年轻的张翼鹏终于成为一位耀眼的新星。成名后，张翼鹏一直赡养着董德春师父，直至董师父去世，逢年过节还会祭奠师父，真正做到了"一日为师，终身为父"。爷爷总是教导我们不能忘记启蒙老师。时至今日，我们后辈照样会在逢年过节给董老师祭奠，因为这不光是爷爷的教导，也是我们中国的传统，永不忘师恩！

盖叫天精心培养张翼鹏

爷爷盖叫天在上海功成名就站住脚跟后，把长子张翼鹏叫回身边培养，这种培养可谓是用心良苦。当时盖叫天已经是上海齐天舞台的后台老板，张翼鹏的堂兄张国斌、张质斌都是挂名股东，照理张翼鹏挂名股东名正言顺，但是爷爷却不让他挂名，为的就是培养张翼鹏的独立和拼搏精神。

爷爷总是想方设法锻炼张翼鹏的能力，盖叫天排头本《武松》，让儿子张翼鹏一人赶三个角色，前打虎的"虎形"，中狮子楼的"西门庆"，后飞云浦的"小解子"。张翼鹏年轻有拼劲，特别卖力，三个角色都演得很称职。第一个虎形，张翼鹏充分发挥了他的翻、扑基本功，把这老虎演活了；第二个扮演西门庆，首先扮相与众不同，勒元宝头，把西门庆这人物表演得很出色；第三个人物小解子，用武丑行当来刻画这个人物，非常称职。从这三个角色可以看出张翼鹏的多才多艺，再加上盖叫天的

张翼鹏饰西门庆。

张翼鹏《大侠就是你》剧照。

活武松表演，观众看得过瘾，头本《武松》上座率非常好。

然后盖叫天马上排演二本《武松》，让张翼鹏演史文恭。在二本《武松》中，张翼鹏演的史文恭是家门戏，由盖叫天亲授，特别是张和盖的几次见面对打非常精彩，把看家本领全施展出来，父子配合又默契，观众满意之极，上座率直线上升，可谓一票难求！逼得爷爷只能再赶排三本《武松》，爷爷动了很大脑筋编排了"梁山将大破董平府"，让张翼鹏演双枪将董平，盖叫天演上梁山后的"武松"。其中一段戏"武松讨令探董平府"，盖叫天有一场别致的武松探董平府的表演，张翼鹏扮演"董平"，拿着一对改良的双枪和盖叫天有一段非常新颖精彩的交锋表演；然后武松再到孔家庄"醉打孔亮"，这里盖叫天创造用的搭布袋子（暗器）和孔亮对打，是从武术中变化出的一套新型的武打。这三台武松戏演出后，张翼鹏得到充分的锻炼，盖叫天有新创造，父子合作令上海观众看得叫绝！

之后爷爷又排《大侠就是你》（侠客戏）一剧，盖演"张九官"，张翼鹏演小和尚"方茂林"，父子又有创新的表演。张翼鹏当时才二十岁出头，具备了青年武生的冲、脆、漂、帅等一切条件，学的实授，表演规范，大家风度，又翻又打又卖力，给观众留下深刻印象。

可以说，父亲张翼鹏之后能取得巨大的艺术成就，和爷爷用心良苦的精心培养是密不可分的。

张翼鹏的草台班经历

在爷爷盖叫天的精心培养下，父亲张翼鹏的表演技巧逐渐成熟，会的戏也越来越多。当时爷爷虽然已经是名角，收入不菲，然而毕竟一个人要养活整个家族的众多人口，经济上的压力非常之大，奶奶经常要走十几里路到拱宸桥借钱度日。在这种情况下，父亲决定独自一人去闯江湖，一方面缓解家里的经济压力，一方面增加自己的实践经验。就这样，父亲开始到宁波乡下和杭嘉湖一带搭草台班跑码头。

张翼鹏和李仪珍（左）结婚照。

在宁波、杭嘉湖一带演戏并不容易，全凭真功夫吃饭，抢背、锞子全是真摔，来不得半点虚假，而且当地老百姓看戏习惯每天看一本戏，不能重复。于是父亲就把他所学、所会的，不管长靠、短打、武丑、勾脸戏，乃至连台本戏统统演一遍，实在没戏演了就跑码头换地方。杭嘉湖的观众特别喜欢看武戏，父亲当时年轻，把子功又好，又卖力，又敢玩命，演"铁公鸡"这出戏都是真刀真枪对打，打得火爆异常；乡下班舞台小，翻跟头都没起跑的地方，父亲直接按手就翻，冲得不行，"小翻抢背"直上直下蹿得高、落得轻，好似"鲤鱼打挺"，非常受观众的欢迎。

戏班跑码头都是由客人点戏，点到就得演，不会不行。有一次客人点了"白眉毛徐良"这戏，父亲虽然没演过，但他曾经看过，于是灵机一动，根据记忆中这出戏的大致结构，自己重新编排，并设计了讨巧的表演和武打，结果演下来观众非常满意，照样很红。这段日子非常辛苦，但是也很锻炼人，父亲把赚的辛苦钱全部寄回杭州家中，缓解家里的经济困难。一直到杭州大会堂（现新新饭店）开博览会，请盖叫天演出，爷爷要父亲回来陪他演，奶奶就跑到宁波乡下去找儿子，父亲在乡下演出几乎是三天换一个地方，奶奶就挪着小脚追，走了好几个台才找到他。当时父亲正在演《独木关凤凰山》，听到消息后马上随母亲赶回杭州，参加第一届世界博览会的演出。

第一届世界博览会演出的戏是《大闹天宫》，爷爷盖叫天的孙悟空，父亲张翼鹏的二郎神。演出那天，张翼鹏按照自己的设计早早就扮好了戏，他的扮相是改良的，不扎大靠，脑门上还安个电灯泡眼睛，还给自己设计了一套自认为很溜很漂亮的过场戏，边念边舞地表演"奉御旨下九霄"，准备在世界性观众面前好好展示下自己的武艺。不料候场的时候被爷爷盖叫天看到，爷爷问父亲："你扮的什么？"父亲得意地回答："二郎神。"爷爷看了又看，让管服装的过来给父亲扎大靠重扮，大扮。爷爷对父亲说："这是杭州，不是乡下班。"父亲只好听命改扮，把脑门上的电灯泡也去掉，正正规规地扎上大靠，这样一来他的表演就受到了限制，无法再施展他原先设计好的一套复杂动作。

正式表演后，虽然父子之间孙悟空和二郎神的对打很精彩，也得到了各国外宾的好评，但张翼鹏却深深感到自己的功夫还是有欠缺——在经历过草台班的跑码头后，虽然演出经验丰富了，但路子也有点"野"，靠把功不正规、不正宗，他决定发奋图强，要苦练靠把功，弥补自己身上的不足。

成功不是偶然的

父亲张翼鹏的成功绝不是偶然的，首先是他自己努力的结果，这里可以举个例子。在杭州世界博览会演出发现自己的不足后，父亲马上选择了闭门苦练。他练功的场所是金沙港爷爷"燕南寄庐"前一百米左右的一座土地庙，很旧很脏，里面有个小庙台，平时无人，只在台下用铁链拴着一个武疯子。这个武疯子是附近一户人家的，经常要打人，所以这户人家就用铁链把他锁在庙台下，每天给他送完饭就不管他了。父亲则每天天一亮就一个人跑到土地庙练功，家里并没有人知道。父亲在台上翻扑滚打，震得台板"嘎嘎"直响，灰尘漫天，吓得武疯子每天都在台下喊："小老板轻点，小老板轻点！"

有一次父亲在土地庙练大靠"挑滑车"，大热天，小土地庙里又闷又热，一出戏下来，父亲累得倒在地下晕了过去。恰好爷爷出门遛弯经过，发现儿子扎着大靠躺在土地庙里，上前一看才发现已经练晕过去了。此后爷爷每天出门遛弯总要去土地庙看看，结果一天走进土地庙发现没人，刚准备离开，忽然从台后土地奶奶的房中冲出一人，只见他穿着短裤光着上身，穿半截棉胖袄，扎四根麻袋靠旗，头戴破紫金盔，手拿双锤，足蹬破厚底，满脸肮脏，把爷爷吓了一跳，再仔细一看，居然是张翼鹏在练"四平山"。爷爷看到父亲练功如此刻苦，心中暗自称赞，从此以后只要有空，爷爷就会到土地庙，把张家绝招教给父亲。父亲也没有辜负爷爷的教导，更加苦练狠练，终于在艺术上取得了巨大突破。

后来父亲在上海大舞台一举成名后，他还专程到杭州，捐钱把土地庙重修，再塑土地爷爷奶奶的金身，并请名书法家写下"师神护佑"四字金匾。

父亲的成功除了自己发奋图强外，也得到来自各方的众多助力，不但得到了爷爷盖叫天的真传，同时也得到了舅家门众多老艺术家们的亲传私方绝招。比如，父亲的《雅观楼》就是向舅舅李少堂学的；《四平山》是向林树森先生学的。这两出戏后来又经过他自己的再创造，最后都成了张翼鹏的代表作。而父亲的各种兵器、把子等都是跟姨父张双凤学的，张双凤是泰山门的著名武术家，武功了得，精通十八般武艺，他是小王桂卿的外公、老王桂卿的丈人。盖叫天在"铁公鸡"里所采用的真刀真枪的武打，就是和张双凤研究创造的；李万春的"田七郎"虎叉、过人滚背都是请张双凤到北京教的。

父亲还向武丑名家王洪前辈（昆曲名丑华传浩的老师）学习过武丑

《武松打店》张翼鹏饰武松。

戏，他吸收各家之长，再加上自身的努力、勤奋，终成一代名伶。小王桂卿讲：张翼鹏不是在上海大舞台才一鸣惊人的，在之前已是个好演员了。底蕴深厚，实践经验丰富，因此在上海一举成名。如果没有好的基础，再有机会也是不行的。

张云溪先生讲："张翼鹏的戏路子和艺术风格与盖老大不相同，是另创的一个艺术流派，人们称为新盖派，其声望之高，影响之广，足可与老盖派媲美。凡是演《雅观楼》飞舞令旗和长矟短抓的、演《四平山》飞舞双锤的均属新盖派。"

机遇总是青睐有准备的人

1934 年，爷爷盖叫天在上海大舞台演《狮子楼》时不慎断腿，这起突发事件惊乱了大舞台老板和上上下下。整个档期已经排定，中断演出老板就亏大了；而盖叫天也已经预收了老板的订金，辍演的话必然要赔偿大笔的损失，这样一来大家都急于寻找临时顶替的演员。然而能够顶替盖叫天的演员又去哪里找呢？救场如救火，就在大家焦急万分时，盖叫天提出让长子张翼鹏接替他在大舞台演出，父债子偿。老板也没有更好的选择，只好答应。当时父亲张翼鹏刚刚从沈阳奉天演出回来，得知父亲受伤连忙到医院看望，爷爷当即和他谈了接替演出的事，父亲二话不说就一口答应了下来，然而接下来却又遇到了问题。

原来老板为了招揽生意，提出的宣传口号是"由盖叫天长子'小盖叫天'顶替盖叫天演出'武松'"，但父亲不同意用"小盖叫天"这个艺名，他不想靠爷爷的金字招牌吃饭，坚持要挂"张翼鹏"本名。老板认为张翼鹏虽然有些小名气，可是名气太小，票房号召力不强，坚持要父亲用"小盖叫天"的艺名来宣传。两者僵持不下时又出了幺蛾子，当时杨宝森先生在大舞台是二牌，杨提出："盖叫天演出挂头牌我没有话说，但张翼鹏顶替挂头牌就不合规矩了。"经过协商，杨宝森先生最后同意，如果用"小盖叫天"这个名字可以挂头牌，否则就是他的头牌。可是父亲又不同

张翼鹏三十七本《西游记》戏单。

意这个方案，经过盖叫天、老板、杨宝森和张翼鹏的反复沟通协商，最后决定在张翼鹏名字后面打个括弧，内写"小盖叫天"，这样三方终于达成统一的宣传口径，《武松》的演出得以顺利延续。

不久，杨宝森先生合同期满回了北方，张翼鹏开始排演《西游记》，这次他去掉了名字后的括弧和"小盖叫天"的艺名，坚持用本名张翼鹏，不倚靠爷爷这棵大树，他选择走自己的路，从此一鸣惊人轰动上海滩。《西游记》连演四十几本，历时八年而卖座始终不衰，培养了一代京剧观众。当时有句话叫"看不煞（厌）的张翼鹏，唱不塌的《西游记》"，这就是观众对父亲张翼鹏艺术上最大的肯定和支持。

爷爷断腿本来是一次危机，但是爷爷断腿重接，开创了盖派艺术新的里程碑；而父亲呢，则是从替爷爷演出《武松》到自创《西游记》，并由此一举成名，成就了自己的一番事业。父子两人能够同时化危机为机遇，这是他们长期累积的深厚艺术功底为他们抓住的机会，所以说机会总是青睐有准备的人。

二、万人争看"美猴王"

头本新《西游记》的开场

当年在上海滩曾经流传着这么一首诗:"张公神勇世无双,花果山上摆战场。梨园独面树一帜,万人争看美猴王。"这首诗中提到的张公就是我的父亲张翼鹏,他在大舞台演出连台本戏《西游记》,一口气连演了四十多本,并在长达八年的时间里保持着经久不衰的上座率,创造了京剧史上史无前例的历史纪录,同时他也获得了"江南美猴王"的美称。龚义江先生曾这样写道:"在南方京剧发展史中,张翼鹏是一位卓有成就的代表人物。他在上海赫赫有名,老上海没有不知道张翼鹏的。他在继承乃父盖派的基础上,兼收并蓄、集众家之长,衍化创新形成自己独特的张派艺术,对南方京剧武生艺术的发展产生相当大的影响。与其他南方京剧名家共同丰富了南方京剧的地方特色,使之与北方京剧交相辉映,增添了京剧艺术在民族戏曲艺苑中的灿烂风采。"

早年爷爷盖叫天演出头本《西游记》时,父亲在"闹天宫"中饰演二郎神,全程参与了爷爷创排《西游记》的整个过程。爷爷创造的盖派头本《西游记》非常成功,亮点之多、绝招之多是一时无二,父亲在继承这些绝活的同时又不完全满足于此,他对孙悟空这个艺术形象有很多自己独特的想法,并在之后的艺术实践中不断摸索总结、创新积累,一直憋着一股劲儿想要诠释自己心目中的孙悟空。在爷爷盖叫天腿骨骨折后,父亲代为履行合同,接替演完了《武松》剩余的场次,并获得了观众的好评。此时新戏的排演迫在眉睫,父亲决定以此为契机,把自己酝酿多年的新《西游记》搬上舞台。

当时上海滩京剧艺人间的竞争非常激烈,父亲绞尽脑汁全力以赴进

张翼鹏《闹龙宫》剧照。

行创作，在爷爷的盖派头本《西游记》的基础上进行丰富、发展，加入自己的再创造，并把多年来走南闯北积累的经验全用上，针对观众心理和喜好进行了特别编排，不但注重故事情节的跌宕起伏，更考虑京剧唱念做打技巧的合理运用，同时又借鉴多元化的艺术元素，使这台《西游记》突出一个"新"字，将一出老戏以全新的面目呈现给上海观众，结果一炮而红，并且红遍上海滩。李紫贵先生对父亲的头本新《西游记》有过这样的评价："张翼鹏在大舞台摆脱了演他父亲的拿手戏的框架，改演《西游记》。一开始，'三闹'路子虽然还是他父亲的路子，但加进了他自己的东西。他那时候年轻，功底又扎实，玩意儿地道，花样儿翻新，一下子就红了。"

张翼鹏头本新《西游记》的内容从"石猴出世"起，到"闹地府"止。

为了抓住观众的注意力，戏一开幕就是一声天崩地裂的巨响，并由此惊动玉皇大帝，派千里眼、顺风耳去打听下界发生情况，以为随后的"石猴出世"做铺垫。之后利用上海大舞台20世纪30年代首屈一指的机关布景和当年最为先进的高科技，用近似电影的真实地震把山崩地裂表现得极为逼真，在观众目瞪口呆的一片惊叹声中，一只"石猴"冲天飞起，此时灯光一变，只见由张翼鹏扮演的石猴已经躺在舞台中央。石猴出世初见天日，开始拜四方，石猴缓慢地见风就长，浑身变得有劲，慢慢爬行，学站立，这过程父亲的表演非常细腻，把石猴出世、成长的过程表现得淋漓尽致。此时张翼鹏的猴扮相是穿一身紧身驼绒衣裤，戴绒头套，这一身紧身衣完全继承了盖叫天的创作，但石猴的脸谱却是父亲自创的。

传统的猴戏脸谱如杨小楼勾"一口钟"，郝振基勾"鞋底子"，郑法祥的脸谱是桃形，勾满脸，不勾雷公嘴，两边嘴岔子裂开。爷爷演孙悟空脸谱还是在老的勾脸上少加改革，而父亲张翼鹏的猴脸改动极大，他是揉脸，当中大红色猴形，两边用白油彩揉边，加黑边，鼻子下边一道尖白色，两点黑鼻窝，两个黑嘴叉，线条很简单，接近真猴的原形——尖嘴猴腮，整个脸谱较生活化，干净又可爱。观众普遍认为老派的猴脸更接近花脸，没有张派的猴脸美。父亲之所以被称为"美猴王"，猴脸脸谱的"美"是其中必不可缺的一部分。

张翼鹏的爱国情怀

父亲的头本新《西游记》中，"刀劈混世魔王"一折是全剧的一大亮点，这个亮点除了戏好看之外，更在于其中蕴含着浓浓的爱国情怀。而这段戏的创作和父亲的一段亲身经历分不开。

就在来上海之前不久，我父亲张翼鹏和二叔张二鹏曾受邀到东北奉天（今沈阳）演出，当时东三省已经被日本侵略军侵占，东北人民对日本侵略者非常仇恨，父亲到奉天后连续演出了《李存孝出世》《李元霸出世》《孙悟空出世》，之后又演出《全本陆文龙八大锤》和《锤震金蝉子》等抗金剧目，处处透露着爱国情怀和反抗外来侵略的胆魄，深受东北人民的喜爱和欢迎，场场爆满，影响极大，也因此令日寇震怒。于是他们指使亲日汉奸处处刁难父亲，在合同期满的最后一天演出结束后，汉奸流氓扣留了父亲衣箱，并在舞台上放两张长板凳，让父亲、二叔坐着，一群流氓打手则有的唱黑脸、有的唱红脸，威胁恐吓，叫父亲按他们意图签合同续演。这个合同相当于卖身契，父亲坚决不肯签，汉奸流氓甚至拿出手枪来进行威吓。当时二叔年纪还小，有点害怕，父亲就叫二叔把眼睛闭上，他们二人就在长凳上一躺，任他们软硬兼施坚决不理，一直耗到天亮。汉奸流氓见父亲倔强，只好退而求其次，要求父亲为他们白演十场，父亲为了寻找脱身的机会，只好答应。之后在一次演出结束后，在当地同仁的协助和掩护下，父亲和二叔甚至没来得及卸妆，抛弃一切只身逃离奉天，从水路经青岛连夜逃回上海，总算脱离了险境。这次遭遇让父亲对沦陷区人民的苦难有了更为深刻的感受，对日本侵略者更是刻骨仇恨。在创排新《西游记》时，父亲决定重新编排"混世魔王占领花果山"这段戏，以影射日本侵略军侵占东三省的事实和中国人民不屈不挠的抗战精神。

在这段戏中，父亲饰演的孙悟空身穿一件小褶子，戴顶改良小罗帽，背个小包袱，"走边"上场，表现孙悟空求师访道回花果山，边走边唱一小段[折桂令]，变[急急风]锣中见众妖捆绑小猴赴刑场，最后大妖亮出鬼头刀，（台台仓）一亮刀代表去刑场杀小猴，猴王孙悟空亲见同类被迫害的惨状，接唱："何方妖魔把子孙欺！"急切地一个[四击头]亮相追赶，猴王把众小猴救下。众小猴见大王学道回来激动地爬在猴王身上抓挠，亲切高兴之极。忽然众小猴又号啕痛哭，对孙悟空诉说了混世魔王强占花果山、迫害众小猴的经过。猴王听后愤怒之极，父亲张翼鹏在这里有一大段催人泪下的细腻表演，说服众猴团结一致，要有胆量、有勇气，众志成城，顽强斗争，夺回花果山，激起观众同情共鸣。这段猴戏不靠翻筋斗卖弄技巧，而是注重表现猴王的内心活动，非但把孙悟空的形象刻画得栩栩如生，同时也是在激励大家要团结一致反抗侵略、收复失地，其中透露的爱国情怀跃然台上。

在下一场"夺回花果山"中，父亲特地要求在布景中加一根高旗杆，上面挂"花果山孙"四字大旗，在混世魔王占山后降旗改挂"混世魔王"四字大旗，以象征被侵占的美好河山。开场"大摆队"牌子上众妖和混世魔王，把众小猴绑上要"破腹挖心"来庆贺占领花果山。混世魔王由张翼鹏的堂兄张质斌扮演，他同样是位非常优秀、功夫了得的青年武生。父亲饰演的孙悟空穿件大衣服，戴假脸混在庆贺队伍中，让观众完全看不出来，一直到混世魔王吩咐大妖把小猴破腹挖心时，由孙悟空改扮的大汉才挺身而出，责问混世魔王为什么要杀害众小猴，为何要侵占我们的领土，杀害我们的同胞！并在混世魔王大惊失色中摘假脸、脱衣服，亮相。整个过程一气呵成，情理之中又意料之外，赢得观众一片掌声。之后众妖和众猴"大开打"，打得火爆激烈，既有新意又有武功技巧，观众看得过瘾、看得解气。尤其是张翼鹏的孙悟空和堂兄张质斌的混世魔王之间的对打尤为精彩，孙悟空把混世魔王打得狼狈不堪跪地求饶，赢得观众的阵阵喝彩和欢呼。这欢呼喝彩声中，满含着观众对打败侵略者的期待和渴望。

"大开打"结束，众猴拥簇猴王孙悟空坐上中间高座后围绕其身边，混世魔王则老老实实地带领众妖一对一对向孙悟空跪拜后下场，最后混世魔王跪拜后亲自降下"混世魔王"四字大旗，由众小猴重新升起"花果

张翼鹏《水帘洞》剧照。

山孙"大旗，此时音乐加强渲染，配合众猴激昂的情绪表演，升旗仪式更象征着收复河山领土，场上场下气氛热烈，观众情绪高涨、群情激奋，雷鸣般的掌声经久不绝。因为在观众眼里，台上升起的不是花果山的旗帜，而是赶走日本侵略者后的中国国旗。父亲张翼鹏在不知不觉中调动起观众的爱国热情，把一场传统戏表演，演变成一次爱国教育且深受观众喜爱，这种艺术功力是何其深厚，何其深刻。

二本新《西游记》

父亲的新《西游记》在上海一炮打响后一发不可收，老板和观众都急切期待着二本的出台。戏越红，父亲的压力也越大。父亲给自己制订了标准：每本《西游记》都要有新意、有卖点、有玩意儿、有绝招，要雅俗共赏，这样才能保证质量。

二本新《西游记》的内容为：

闹阴曹美猴王施威，朝灵霄四龙王奏本，降玉旨招安花果山，还阳世酒醒水帘洞，灵霄殿猴王朝玉帝，御马监官封弼马温，弃小职抗命反天宫，称大圣山前操猴兵，征叛猴勇哪吒败阵，再招安老星君宣旨，受灵职跨宫上新任，天蓬帅酒醉动凡念，渡银河星君驾小艇，闯月宫无礼戏嫦娥，遭天遗天蓬贬下凡，错投猪胎八戒现身，如来佛显身收悟能，乱蟠桃得信动食欲，闹瑶池设计偷酒肴，美猴王醉访兜率宫，孙大圣盗丹八卦炉，失金丹老君请圣命，触天威玉帝遣将神，李天王奉敕擒大圣，孙悟空二次反天宫，南天门曾天君受骗，花果山美猴王迎敌，施神兵云端大激战，哮天犬逞威捉猴王，安天会群仙赴御宴，众仙子绮歌跳艳舞，斩仙台猴王受雷殛，请圣命押赴兜率宫，老君殿丹炉炼金睛，出丹炉吓坏老星君，逞劣性反上灵霄殿，孙大圣三次闹天宫，遇如来请求收猴怪，筋斗云掌上显奇能，如来佛佛法大无边，五行山压伏孙悟空。

132

其中"弼马温"这段戏中父亲做了很多创造。李紫贵先生讲过："《弼马瘟》这段戏，以前北方没有，是李万春从上海带过来的。"父亲演的"弼马瘟"戴顶很小的纱帽，穿女红官衣，穿朝方，腰佩玉带，手拿把扇子。他边舞边唱曲牌："戴纱帽，穿红袍，粉底朝靴足踏牢，金镂玉带我摆摆摇，喔摇，摇，霍哈哈哈摇。"一副喜形于色自鸣得意的样子，把孙悟空初上天宫的新鲜感和调皮淘气表现得淋漓尽致。

在"初反天宫"里，孙悟空回到花果山操练猴兵，父亲化用了当年爷爷盖叫天在"七擒孟获"中的大操，并进行了再创作，在小猴操练中合理运用了"翻、扑、滚、打"等京剧特有的基本功，满台小猴多而不乱，操练中威武而不失灵巧，威严中又透着活泼，别具特色。

"初反天宫"之后穿插了天蓬大帅酒醉戏嫦娥一段戏，天蓬大帅由麒派名家陈鹤峰扮演，嫦娥由时尚美女花旦韩素秋扮演，可谓男的英俊女的漂亮，且都是唱做俱佳，一场对戏看得观众如痴如醉。

"大闹天宫"一折是二本新《西游记》的戏胆，也是全戏最大的亮点。要知道"大闹天宫"是一折早已众所周知的传统老戏，南北角儿都曾经演过且各有特色，这样一出经典戏又该怎样出新，怎样找出新的看点呢？父亲为此费尽脑汁。据母亲讲，父亲每天演出回家就开始研究创作，几乎每天都要到快天亮才休息。父亲认为齐天大圣孙悟空是一只仙猴，身段必须大方有美感，要灵巧而有威，俊俏又有神，要抓住猴子机警、敏

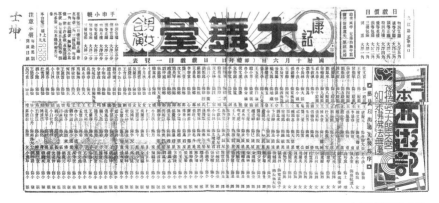

二本《西游记》戏单。

捷以至调皮的特征，绝对不能脱离猴气演成一般的武生，但又不能完全模仿猴子。这个思路是张翼鹏创造猴戏的核心，著名美学家王朝闻把这种创作方法称之为"脱形取神"，既要脱掉原来的形而取其神，但又要在一定程度上含其形，否则皮之不存毛将焉附？

父亲扮演的孙悟空上场穿蟒唱"前呼后拥"，把猴子被玉皇大帝封为齐天大圣的内心活动通过外在的形体动作予以了完美的表现。运用张派的形体美再结合猴性的特征造型，下场时又充分运用翎子功，边要翎子边走猴的步伐，既展示了齐天大圣的威风大气，又把猴子的得意和无知表现得酣畅淋漓。

"偷桃"一折表现了张翼鹏细腻的做、表功夫。现健在浙江的九十多岁的表演艺术家刘云兰女士，当年就在上海大舞台《西游记》中扮演"仙女"，她回忆过去讲："我们这一批仙女扮相漂亮，个头整齐，舞姿规范，一出场有一段载歌载舞的舞蹈，美极了！台下观众赞不绝口，没想到，等张翼鹏美猴王在内念：'呔！什么人在此偷桃。'一出场，我们这批漂亮小仙女全逊色了，都看张翼鹏的表演了，真比我们美。"

为了细腻表现猴子吃桃，父亲曾经细致观察过猴子吃桃子的小动作，并将之合理运用到表演中，结合齐天大圣的气派，把猴子的本性和仙猴的大气完美结合。而父亲的下场动作更是漂亮干净："将身闯入瑶池宴，大闹蟠桃会群仙。"边念边舞，每次都能赢得满堂彩。

"盗丹"一折表现了父亲过硬的真功夫。孙悟空喝得酩酊大醉误入兜率宫，见了老君金丹唱道："俺可也上前去。"在锣鼓［垜头］中，孙一跃上老君丹台，然后在一米高的丹台上翻一个特别的小翻抢背（倒扎虎范儿直冲天空再上变身抢背落地），翻得又高又漂，一招就震惊了整个上海滩。

"大战"一场中，孙悟空分别巧妙夺取了哪吒、巨灵神、金刚、风婆的兵器后，把得来的一旗、一锤、两个圈四样战利品得意地舞要，用［万年欢］的音乐曲牌呈现了一个完整的、变化多端的出手舞，难度极高；最后一招左手拿旗，大锤丢出手后顶在旗子上，右手舞圈、右脚要圈同时进行，这段表演被称之为"一身四绝"，是父亲的独门绝技，名震

张翼鹏《闹天宫》"一身四绝"，真狗上台。

天下！我在后来的演出中，以父亲的"一身四绝"为基础又予以了发挥，把大锤丢起时手一转，顶在旗子上时大锤在旗子上是"转的"，同时右手舞圈、右脚耍圈，这样的表演效果更好，难度也更大。

四大金刚的扮相从庙中借鉴过来，扮演金刚的演员都挑选特别高大的，其中孙悟空使棍和拿大伞的金刚对打，棍对伞的对打在传统的把子中是没有的，所以这套对打完全是根据人物全新设计创作，打得很巧妙。整个大伞在孙悟空身上滚着转着，非常新颖好看。

之后和二郎神的开打更为精彩。张质斌扮演的二郎神上场后边念边舞："俺乃灌口二郎神，赫赫威名震天庭。灵霄宝殿为上将，奉旨特来拿猴孙。"孙悟空念："天地初分有我生，求师访道拜昆仑。神通广大超三界，我要上灵霄为帝尊。"这里父亲也有一套边念边舞的猴舞金箍棒漂亮组合，然后二人进行了一场精彩激烈的搏斗，最后孙悟空上了狗当，被二郎神的哮天犬擒住。此处是二本《西游记》的神来一笔，因为擒拿孙悟空的哮天犬并非由人扮演，而是用的真狗。真狗上台是父亲的绝创。当初父亲有了这个构想后，就天天在家驯狗，先是自己亲自喂狗，养熟后把肉绑在父亲脚后跟上让狗吃，再然后训练狗咬住鞋跟上绑的那块皮，最后训练的是父亲一个"抢背"，狗猛扑咬住脚跟。经过长期苦训好不容易成功，然而到舞台上排戏时却发现了问题，在台下人多且锣鼓喧天时，狗容易被吓到。为了防止狗上了舞台后不听指挥，父亲决定在正式演出时，由养狗人扮上神将跟着二郎神，以稳定狗的情绪，最后演出时真狗上台果然成功，舞台效果非常好。

二本的结尾是孙悟空被擒住后绑至斩仙台斩首，由于孙悟空吃了太上老君的金丹，结果刀枪不入斩不了，于是只好将他交给太上老君放进丹炉里炼化。这场戏的舞台中央摆放着一个大丹炉，太上老君的扮演者是著名京剧表演艺术家李慧芳（当年李是唱老生，后改花旦），在炼丹的过程中，太上老君有着大段的唱腔，非常动听。同时丹炉内熊熊烈火，丹炉顶上冒出火花，就好像过年放烟花一样，极富视觉冲击力。刚开始炼丹时，孙悟空被烧得直蹦乱跳，忍受不住，最后一声炸响中，孙悟空蹿出丹炉，再次大闹兜率宫。

最后一场是如来收服孙悟空。整台布景就是代表如来的一只大手所化成的"五指山"，孙悟空在这只大手中翻着各种筋斗，象征着一个筋斗十万八千里的"筋斗云"也翻不出如来佛的五指山，最终被如来降服，压在五行山下。

虽然父亲创造了很多绝活，但是他的创造原则却是演好人物。他在创造每本戏时都必定先要把人物铺垫好，唱念做打都是围绕着塑造人物。父亲常说："不能光是把注意力放在绝活上，而不注意演人。如果不演好人，你的绝技有什么用呢？"这或许就是父亲演的人物总能栩栩如生、形神俱美的根本原因。

从"一身二绝"到"一身四绝"

我父亲张翼鹏、我二叔张二鹏、三叔张剑鸣（小盖叫天）都演过这出"闹龙宫"，也都舞过"闹龙宫"的双鞭，都是爷爷教的。而"闹天宫"中的一身二绝"弹琵琶舞乾坤圈"，因为当时二叔三叔年纪还小，所以爷爷先传授给了父亲，父亲也在这套绝技上下了很大的苦功。一开始是完全继承了爷爷的绝技，但是后来，父亲却被迫在爷爷的绝招上开始创新改良，把"一身二绝"发展为"一身四绝"。为什么说被迫呢？这背后是有原因的。

大家要知道，真琵琶上台真弹，必须在上场前先要定好音，调好音准，而之后的整个对打夺兵器的过程中是不允许碰到弦的，一旦不小心碰了弦，音就会不准。在舞台上弹走调的［夜深沉］曲牌，只会起到反效果。更重要的是，当初爷爷演真弹琵琶是在上海的大剧场里，环境比较正规，舞台效果也比较理想。但是父亲由于经常要跑码头，外地的绝大多数舞台环境并不理想，有些地方甚至是露天临时搭的台，环境又嘈杂吵闹，完全无法达到在上海演出时万众凝神屏气听琵琶曲的环境要求。这样一来，"真弹琵琶"就变成吃力不讨巧的事了。

父亲为了适应环境的变化，在表演中加强了动作性技巧，减少了声效要求。他把原来的"一身二绝"改良发展为从"金刚"手中夺走一圈，从"哪吒"身上夺乾坤圈，从"巨灵神"手上夺一锤，又从"风婆"手中夺过风旗，四样兵器共舞，动作难度增加了很多，而且变化也显得非常奇妙，特别是最后把大锤顶在风旗上"转"，同时手上、脚上一起"转圈"，把观众看得一愣一愣的，从此父亲的这套动作被称为"一身四绝"。

父亲创造的"一身四绝"不但受到观众的欢迎，也获得了爷爷的认可，从此父亲的"一身四绝"替代了爷爷的"一身二绝"，成为"闹天宫"中的张家又一绝。后人所效仿的，就是我父亲的这套绝技。我演出"闹天宫"时，舞的就是父亲创造的"一身四绝"。

我父亲张翼鹏的"巧耍双鞭"和"一身四绝"，在爷爷盖叫天的绝招基础上进行了改良发展，凭借这两套绝技，父亲在上海大舞台演出《西游记》一举成名，奇迹般地连续演了四十几本《西游记》，在上海滩陆续演出了八年，始终盛演不衰，这在京剧史上是空前绝后的，培养了整整一代的京剧观众，父亲也因此被称为"江南美猴王"。当年南方的年轻武生是纷纷演猴戏，学张翼鹏，其中包括小王桂卿等，还有很多地方剧种也来学习取经，如绍剧六龄童等。父亲张翼鹏所创造的美猴王形象可以说影响了之后的好几代人。

唐僧出世

父亲张翼鹏自编自导新《西游记》，之所以能够盛演不衰广受欢迎，和他重视文化修养的提高是分不开的，要知道过去的艺人大多数没读过书，而父亲在成名后则邀请了当时非常有名的鸳鸯蝴蝶派作家程小菁先生等老师，专门到家里教授讲解《古文观止》等作品，读书越来越多，对原著的理解也就越来越深，对人物也越吃越透，再加上父亲对京剧艺术又了如指掌，通过融会贯通来不断推陈出新，导致父亲创排的新《西游记》不但好看、好听，情节安排也更为曲折，能够更好地抓住观众心理，这才有了连续不断的满座纪录。

三本新《西游记》因为讲的是五百年后的故事，父亲在开幕时特意先续了一笔二本的结尾——以杂草丛生的荒山野地作为大天幕的背景，让孙悟空在舞台中心象征五行山的大石头最高点，从石缝中露出猴头，在大叫一声"师父救我呀！"后灭灯，然后正式开始三本的故事。

三本一开始说的是唐僧的前世今生，对于这段戏，小王桂卿曾经有过这样的评论："在张翼鹏演出的《西游记》连台本戏里，有一本的内容很奇特，专门叙述唐僧出世之经历，现在舞台上已绝迹。"

故事一开始就是唐僧的父亲被歹徒谋害，唐僧的母亲为保住腹中胎儿而假意屈从，终于让唐僧得以平安降生。可惜小婴儿还是被狠心的歹徒抛入江中，所幸被金山寺长老搭救，自幼在寺院中长大。这段戏中的歹徒由名家刘坤荣扮演，唐僧的母亲则由名家韩素秋扮演，一折"唐僧出世"让观众看得唏嘘落泪。

唐僧被遗弃前，母亲将其身世用血书写下并为他起名"江流儿"。江流儿获救后自幼生长在寺院中，所以人称"江流僧"。江流僧长大后，老方丈告知其身世后，命他寻找亲娘，于是就有了另一折有情、有戏的著名唱段"江流僧认母"。

这段戏中的江流僧由周信芳大弟子麒派名家陈鹤峰饰演，出场唱［高拨子导板］，然后转唱［摇板］，唱后乐队息声，舞台静场，江流僧开始"数佛"，唱一段非常好听的念经清板唱。他是用麒派的唱法，借用小杨月楼先生《观音得道》的内容唱出各种佛，"先天古神燃灯佛、三世释迦牟尼佛、解元佛、药师佛、天罗佛、地罗佛、天龙八宝护身佛、佛在心头坐、三万八千无量佛"，最后以"南无阿弥陀佛"收尾，好听又动情。陈鹤峰善唱又会表演，每次都不白唱，观众都给予热烈的掌声。

母亲殷温娇（韩素秋饰）和江流僧相认一段戏则更为精彩，两人互相盘诘，一问一答暗藏玄机，最后江流僧取出当年母亲写下的血书，殷温娇看后有段催人泪下的动情唱腔，非常感人。陈鹤峰和韩素秋两位名家的默契配合让"母子相认"这段戏感人至深、精彩之极，令在场观众都深受感染，热泪盈眶。同时这段戏也为后面唐僧取经、收服孙悟空作了很好的铺垫。

用小王桂卿的话说："张翼鹏在每本戏中均有颇出新意的创造。"

"闹金箍"

在"金殿召见"、"沙桥饯别"二场后，"五行山""唐僧收徒"无疑是整出戏的重中之重。

孙悟空从五行山下被释后，因不服管教而擅自离开。观音菩萨送给唐僧一付金箍以制服孙悟空。而孙悟空是山大王出身，哪里受得了束缚，它必然会闹。为了表现好"闹金箍"这折戏，父亲张翼鹏在处理时把戏分为三个层次。

第一层次是唐僧救出在五行山下被压了五百年的孙悟空，此时的孙悟空赤身裸体无衣遮羞，唐僧送他一件衣服，孙悟空非常喜欢。这里张翼鹏把猴子穿衣这个过程表演得非常有个性。孙悟空在穿上新衣后有两个看新衣的左右转身动作，不但呈现了舞台动作的美感，同时也表现了猴子得意忘形的臭美心态。

第二层次是唐僧拿出金箍擦拭，吸引孙悟空注意力，并欲擒故纵地再三推辞，最后诱使孙悟空主动戴上金箍。父亲在这里设计了不少有趣的动作，把孙悟空不知是计，戴上金箍后还手舞足蹈高兴的形态表现得活灵活现。

第三层次则是从孙悟空不服从唐僧的命令开始，唐僧念紧箍咒收服孙悟空。父亲在这一层次中为孙悟空设计了很多非常精彩的表演动作，从一开始想要取下金箍时有趣幽默的表演，到后来孙悟空头痛欲裂时的翻滚跌摔，父亲充分运用了自己在董德春科班中打下的扎实基本功，同时又运用了向名武丑王洪老师学的武丑轻功，他翻了一排又高又漂的"倒戳三顶"来表现头疼的紧箍咒法力，博得满堂喝彩。

最后还有一段孙悟空服输之后又不甘心的表演，也是非常生动有趣。唐僧让孙悟空扶他上马，结果孙悟空抱起唐僧的腰把他丢上马背，顺便踢了马屁股一脚，马受惊把唐僧吓个半死，两位演员这段表演配合异常默契有趣，每每引得观众哄堂大笑。之后唐僧打马下场，孙悟空一个人又开始摆弄金箍，后悔之余又想要溜走，急往右台角走快节奏猴步，结果没走几步又双手扶头止步头疼，最后只得无奈转身，扶着头跟随"锣经"走猴步往下场门去。父亲的这段下场每次都是被观众的掌声送下去的。

这折戏精彩之极，父亲张翼鹏在爷爷盖叫天的表演基础上有所发展，形成了完全不同的表演风格，成为我父亲的独家原创。内行看过后都盛赞张翼鹏，认为他不但把猴子的性格分析得极为透彻，而且表演得细腻别致，令人拍案叫绝。

"斗六贼"

"斗六贼"一折是三本《西游记》中的另一个亮点。

这折戏讲的是唐僧师徒二人路过一破庙借宿，夜遇六个盗贼前来偷盗银两并企图杀害唐僧，结果惹得孙悟空"戏斗"六贼。六贼不过是凡人，根本不是孙悟空的对手，所以父亲在这折戏的武打设计中更为偏重

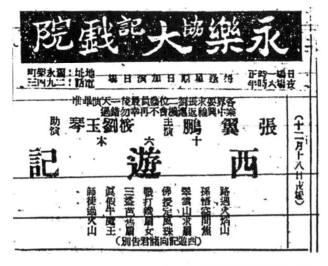

永乐大戏院张翼鹏《西游记》戏单。

"戏耍"的成分。

当时上海大舞台有个不成文的规则："武戏开打"必要打上一小时，而六贼的扮演者都是上海大舞台最优秀的武戏演员。要想成为大舞台留用的武戏演员并不容易，往往需要各路武戏英雄自带跳鞋自告奋勇，自己化个装穿套小妖服就上场，也没有工资，还要在台上特别卖力地翻、打。只有表现好的演员，大舞台老板才会加包银留下，因此大舞台里的演员往往都会成为上海各大公司的拔尖武戏演员，而新人也愿意到这里使出看家本领，在台上展示自己的独门绝招。在这种氛围下，这折"斗六贼"的打戏是出人意料的精彩，每个人都卖力表演自己的绝活，各种精妙配合的小火花接连不断，让观众看得如痴如醉，又开心又过瘾。

孙悟空杀死了盗贼却触犯了唐僧的底线，出家人慈悲为怀见不得杀生，唐僧赶走孙悟空，自己挑着担往西天而去，结果遇上"黑风怪"盗走唐僧宝袈裟，又把唐僧掳进黑风洞。孙悟空赶到黑风洞大开打，降服黑风怪，救出唐僧，继续保护师父唐僧往西天取经。

三本《西游记》以"大武戏"结尾，因为武戏是戏胆，向来有"不杀奸臣不散戏"的说法，而这种结局方式也是观众喜闻乐见的，于是观众看得满意，老板也愿意，可谓是皆大欢喜。《西游记》天天爆满，也让张翼鹏红得发紫。慢慢地，"看不厌的张翼鹏，演不塌的《西游记》"的说法也开始脍炙人口，这是对我父亲最好的肯定和称赞！

新《西游记》独领风骚

张翼鹏自编自导自演的张派新《西游记》一本比一本精彩，每本都能让观众看了一遍又一遍，看完一本盼下本。张翼鹏求新求变、精益求精的创作思路，让新《西游记》能够受到广泛而热烈的欢迎，达到异常出色的艺术效果。

新《西游记》剧本的编排结构与众不同，每本都有着引人入胜的故事进展、跌宕起伏的矛盾冲突，从情节上吸引观众的注意力；同时全剧始

《闹天宫》张翼鹏饰孙悟空。

终弘扬了杀贪济贫、惩恶扬善的正能量，在精神上引起观众共鸣，让观众看得精神振奋；而且每本新《西游记》都会调动庞大的演员阵容，合理利用了观众"看戏看角儿"的审美期待，让每个"角儿"都充分发挥各自的才能和特长，文戏演员尽情展示唱功，武戏打得火爆刺激、绝招绝活层出不穷，在当时的上海滩可谓是独领风骚。有一段时间，上海恰好有十余家剧场都在演京剧，其中有"天蟾舞台"李少春、袁世海演的《截江斗智》，"金城大戏院"李万春演的北派猴戏《智激美猴王》，"黄金大戏院"（后改名"大众剧场"）是盖叫天、叶盛章合作演出的《大三岔口》，"共舞台"由赵松樵、郭玉坤、老王桂卿等演出连台本戏《火烧红莲寺》，一时之间好戏连台、名角荟萃，竞争异常激烈。即便在如此激烈的竞争环境中，父亲张翼鹏在大舞台演出的新《西游记》也没有受到丝毫影响，票房始终立于不败之地，这在京剧史上也是空前绝后的。

　　当然，除了在故事情节、表演手段上精益求精外，父亲也充分利用了大舞台的科技优势和老板雄厚的财力支撑，每本新《西游记》对服、化、道、景的要求都是追求极致完美。尤其是抓住了新《西游记》神话剧的特点，在机关布景方面针对不同情节创新设计各种特技效果，把先进的科技和古老艺术有机结合，甚至创造出了全景式舞台装置，走在了世界戏剧艺术革新的最前沿。著名戏曲专家龚义江在谈到张翼鹏的《新西游记》时就说过："在《无底洞》中，布景从台上一直搭到剧场门口，对门就是'天晓得'（这是旧上海一家以卖梨膏糖著名的店铺）。台上一个巨大的莲花宝座，这宝座一直搭到后台。这样整个剧场从前到后都在景中，观众走到剧场，就如同进入山洞，站在剧场门口，从远处望去，深不可测，给人一个无底洞的感觉。80年代，人们在话剧演出中看到全景的装置，感到新奇，认为这是向西方学习，进行的艺术革新。其实，远在半个世纪前的30年代，张翼鹏的《西游记》早就大胆创造了这样的设计了。"

两老板争夺张翼鹏

张翼鹏在大舞台连续演出新《西游记》多年从未休息过，星期日还要演日、夜场更为疲劳，由此也和当时上海大舞台的老板范横德产生过几次矛盾，其间张翼鹏曾经三出三进大舞台。张翼鹏第一次离开大舞台后，老板请老王桂卿替演《西游记》，由于上座率不理想，老板只好重新请回张翼鹏演出；第二次由于包银没谈拢张翼鹏离开，老板请来李仲林顶替，票房依旧不理想，无奈再次把张翼鹏请回重新登台；第三次离开，老板又请一位著名武生顶替，可是依旧得不到上海观众的认可，老板无奈，只好第三次把张翼鹏请回来继续演出新《西游记》。

由于张翼鹏第三次离开的时间比较久，恢复上演新《西游记》的第一天观众热情高涨，全场爆满，各部门以及全体演员也都铆足了劲地尽情发挥，结果新排的《西游记》内容太丰富，演出一直持续到第二天将近天亮，大家才尽兴而归。没想到这次演出还引发了一段小插曲，一对夫妻因此吵架还闹到了巡捕房。原来丈夫看了一夜《西游记》回家，妻子却怀疑丈夫彻夜不归是在外面干坏事，结果吵架吵到巡捕房，第二天新《西游记》演通宵的消息传遍上海滩，夫妻俩才言归于好。

张翼鹏太受上海观众喜爱了，巨额的票房收入这块大肥肉引得当时上海各大舞台的老板都垂涎三尺，都想把张翼鹏收入麾下成为自己的摇钱树。在张翼鹏毫不知情的情况下，两个剧场老板为了争夺张翼鹏还差点闹出人命案来。

天蟾舞台的老板顾四是上海滩大流氓黄金荣的徒弟，他看到大舞台老板范横德这些年暴发，早就垂涎三尺。顾四和他的心腹计划请张翼鹏到天蟾舞台演全本《金镖黄天霸》。张演"黄天霸"，陈鹤峰演"施公"，王富英演"九黄"，韩素秋演"七珠"。这样一来就把张翼鹏的主要配角全部挖到天蟾舞台去演出了。没想到这个计划被大舞台老板范横德提前得知，范横德就派出他的大徒弟黄某请张翼鹏到天蟾舞台对面的回教馆吃饭，并在楼上楼下提前布置下众多的流氓打手。张翼鹏一上楼就感觉情况不对，黄某拔出手枪逼问张是否已答应跳槽到天蟾舞台，并要求张翼鹏当场表态。

《闹龙宫》中水晶宫布景。

145

事实上一切还只是顾四的计划，从未联系过张翼鹏，张对黄某的质问根本是一头雾水莫名其妙。而顾四在得到眼线的密报后，立刻带领众多流氓打手赶到饭店所在的三马路，包围了张翼鹏所在的饭店，并带了若干保镖上楼对张翼鹏说："你跟我下楼，我保你出去，有我顾四他们不敢伤你一根毫毛。"

当时三马路是范横德的势力范围，顾四的势力范围在四马路，顾四虽然背景够硬，但是跨地盘抢人的做法是范横德一方无法容忍的。此时的张翼鹏陷入两难境地，双方对峙都在等张翼鹏的一句表态，可是张翼鹏不管答应哪一方，另一方都铁定会翻脸。当时双方都是枪上膛刀出鞘，帮派火并一触即发，一旦发生火并后果不堪设想。张翼鹏表现得异常沉着，他既不动也不表态，任由双方对峙，最终大批巡捕及时赶到并包围了饭店，把张翼鹏等人全部带回巡捕房询问，最后把无辜的张翼鹏放回了家，总算化险为夷地逃过一劫。在"流氓帮派为争夺张翼鹏而火拼"的消息传开之后，张翼鹏更加红得发紫。

据我母亲和祖母说过，父亲在上海八年创作了四十几本《西游记》，盛演不衰，但现在传说张翼鹏在上海创作演出了三十二本《西游记》，如今，我找到了父亲演出三十七本《西游记》的戏单，可以证明父亲创作的《西游记》远远不止三十二本。

创新编排"高老庄"

张翼鹏凭借其创作的新《西游记》在上海滩红得发紫，更因其创造的全新孙悟空形象，被誉为"江南美猴王"。大家只注意他的孙悟空，其实在新《西游记》中，张翼鹏还参与创造了一个深受观众喜爱的角色——猪八戒。这个"猪八戒"形象以一身黑色穿戴为基调，之所以用黑色而不用白色是有原因的，因为白种猪是近代引进的外国品种，中国古代的猪都是黑色的。张翼鹏设计的猪八戒从扮相到人物塑造乃至形体表演都有全新的创作，成功创造出一个与众不同、鲜活可爱的中国式猪八戒形象，得到了观众的喜爱和肯定。

麒派名家陈鹤峰在前一本新《西游记》的"唐僧认母"中饰演唐僧，非但把唐僧演得栩栩如生，更充分发挥了麒派的唱做功力，表演情真意切、催人泪下，令观众赞不绝口。而在"高老庄"中，张翼鹏要求陈鹤峰出演猪八戒，人物形象反差之大令人瞠目。当张翼鹏把自己的设想和创作构思告诉陈鹤峰后，陈鹤峰拍案叫绝，两人一拍即合，当即开始研究塑造好这个新猪八戒形象的具体步骤。

在京剧行当中，一般是丑行扮演猪八戒，但张翼鹏勇于创新策划，陈鹤峰敢于挑战自我，两人一起想了很多点子，定下了滑稽、诙谐、可爱的猪八戒形象基调，并最终共同创造出一个唱、演俱佳的新颖可爱的猪八戒来。

"猪八戒招亲"那场戏，陈鹤峰先戴着猪头脸子上场，在即将见到高员外时转身一变，当场把猪头脸变没了，变出一个英俊才子的模样，这招变脸又快又巧妙，让台下观众在出其不意之下炸了窝地叫好。

陈鹤峰是用大嗓演小生（当年他老师麒麟童就是用大嗓演俊脸小生），表演细腻，唱腔优美动听，非常到位。高员外见女婿一表人才非常高兴，眼看就要相亲成功，不料猪八戒得意忘形，酒醉后又变回猪脸，现了原形。高家人见新女婿变成妖怪，吓得惊叫乱成一团。张翼鹏在创排这段戏时突然来了创作灵感，他要求猪八戒在发现自己露了原形后施法，让高家全家神志不清地跟着猪八戒一起跳舞。这段舞蹈的舞步是根据当时上海滩流行的交际舞舞步改造而来，为了表现众人被猪八戒的法术搞迷糊，舞蹈并不是一对一清醒地跳，而是猪八戒领舞，大家来回转圈跳。就这样，一段风靡上海滩的流行舞蹈，由老丈人、丈母娘、新娘子、众丫环、管家等各种年纪、各种装扮的演员一起跳，好看又有趣，且台上台下互相呼应、热烈互动，场面又亲切又热闹，现场气氛瞬间达到高潮。

李紫贵导演对此曾有过精辟的分析评价，他说："张翼鹏很注意研究观众，很懂得观众的心理。他知道在什么时候给观众点什么东西，但是他绝不胡来，绝不肯为投观众所好而损伤戏、损伤人物。就说他们用这点交际舞的东西吧，用在这儿合情合理。猪八戒原是玉帝前的天蓬大帅，不是一般的妖精，就是有点好色的毛病，他知道自己出了问题，但他确实喜欢高小姐，只想娶她为妻，并无害人之意。他又爱使点小聪明，情急之下使点小法术，这一方面表现他喝醉，自己也真是迷迷糊糊晕头转向；另一方面也是表现他脑子里也转悠，在想主意，他想着让大家一起转糊涂了，他好赖账，赖他们花了眼，看错了，把他看成了妖怪。这很符合猪八戒的性格，这个处理既新鲜，又和整个戏融合在一起，很有趣，观众的情绪也为之一松。"

"高老庄"成功创造出一个全新的可爱型猪八戒形象，从此之后，大舞台新《西游记》中的猪八戒形象在观众心目中的地位无可替代，导致其他演猪八戒的剧团和演员都纷纷效仿，甚至很多地方剧种也都以此为样本。

在"孙悟空降服猪八戒"这场戏中，张翼鹏抓住孙悟空和高小姐互相变化这个环节大做文章，他吸收了爷爷当年变演高小姐的绝招，又加上自己的再创造，使"猴变高小姐，戏耍猪八戒"这段戏更丰富，更有可看性。父亲在"变"上下功夫，忽变高小姐、忽又变回猴，让观众看得眼花缭乱。尤其是在"猪八戒背媳妇"的过程中，更是时而变成旦角儿形象，时而又变成猴脸，变化之快让观众目瞪口呆。同时，父亲也抓住"戏耍"这个核心，和陈鹤峰一起默契配合，演了一出幽默诙谐的好戏。

猪八戒感觉背"高小姐"越背越重，开始怀疑，两人一问一答很是有趣；之后猪八戒又发现高小姐的脚一大一小，问道："你为何一个大脚一个小脚？"孙悟空模仿高小姐羞答答回道："我父亲喜欢大脚，母亲喜欢小脚，因此养出我是一大一小。"把猪八戒戏耍得晕头转向。这段戏让观众看到张翼鹏和陈鹤峰两位大角儿的精彩对手戏，一个表现了孙悟空的聪明机智、敏捷调皮，一个表现了猪八戒的呆傻憨厚、风流好色，两人深厚的表演功力让观众大饱眼福。

《三打白骨精》被"盗版"

《三打白骨精》是张翼鹏创作新《西游记》中的又一力作，这本戏复杂的剧情、变化多端的机关布景，以及张翼鹏"猴学人"的细腻表演，处处吸引观众，时刻打动观众，可谓好看之极。

一开始，在荒山野地乱坟堆中出现一个大棺材，蹦出一个骷髅鬼，跳起骷髅舞，然后突然一变，变出一个美女，这一变就抓住观众眼球。之后美女迷惑唐僧被孙悟空发现打死；妖怪二变老妇又被悟空打死；三变老翁寻找老伴和女儿，继续迷惑唐僧又被悟空识破打死。这三变三打和唐僧不杀生的理念相违背，把孙悟空和唐僧的矛盾冲突发展到顶点。尤其是第三打时，唐僧执意不准，甚至念起了"紧箍咒"，孙悟空忍着头疼坚持把妖怪除掉，这里有张翼鹏独到的表演和处理。

在唐僧决意要轰走孙悟空时，孙悟空苦苦哀求，猪八戒挑拨离间，唐僧、孙悟空、猪八戒三人的对手戏表演可谓精妙绝伦。其中孙悟空拜别师父一段表演，张翼鹏采用了边跪边跳的拜别形体，使台下掌声不断，张翼鹏处理"猴学人"的细腻表演，对师父的忠心和师徒之情使观众看得落泪。都说张翼鹏会表演，他演的猴戏不是一味地靠翻翻打打，而是着重演戏情、戏理。

这出《三打白骨精》在上海的演出反响特别好，连续上演了几个月始终都是满座，导致上海各京剧班也开始效仿排演此戏。不久老板发现，别人的《三打白骨精》剧本乃至表演都和张翼鹏的演出内容是一样的；再一深究，又发现上海各小舞台，如大新公司、大世界等京剧班纷纷效仿排《西游记》，剧本也都和父亲的演出本一样。以至于父亲在大舞台演二本《西游记》时，各小舞台演的头本《西游记》也纷纷满座。经调查发现，是有人把大舞台新《西游记》的剧本偷偷拿出去卖给了其他京剧班以及各地的地方剧种。

为了打击"盗版"，大舞台不得不采取措施，在《三打白骨精》之后

《西游记》张翼鹏饰孙悟空。

排练的新剧不再发放全剧本，而是只发"单片"，即每个演员只能拿到自己担当的角色的台词，这样一来，外边无法再从大舞台"山寨"新《西游记》的剧本，不过《三打白骨精》的剧本已经通过"盗版"的方式流传到了各地方各剧种。

李紫贵讲过："绍剧六龄童的《三打白骨精》就是张翼鹏的路子。"现在的人一谈及《三打白骨精》，只知道绍剧电影版的《三打白骨精》，却不知绍剧这出戏，其实就是出自张翼鹏创作的新《西游记》。

《智激美猴王》

传统的《智激美猴王》情节一般都是按照《西游记》小说的内容编演的，而在我父亲张翼鹏创作的《智激美猴王》中，则是在小说的基础上大胆创造，进行了很多符合人物和剧情的改编，融入了很多新招绝活。母亲曾经回忆道："为了编好这本戏，他和李瑞来天天在一家咖啡店边喝边思考，一场一场地研究，一个一个细小的情节反复推敲落实，真是费了大功夫了。"李瑞来出身梨园世家，家学渊源，自幼学艺打下扎实基础，是位能文能武，集编、导、演于一身的全面手演员。他在《智激美猴王》中饰演猪八戒，并且通过这本戏成功获得了当时"活猪八戒"的美誉。

《智激美猴王》是讲"三打白骨精"后的故事，一般演法是唐僧念紧箍咒，猪八戒在边上起哄把孙悟空撺走了，后来唐僧被妖怪抓去。而张翼鹏对这个开头进行了改变，一开场就来了一场别开生面的"群妖乱舞"，众妖怪商量如何捉拿唐僧给白骨精报仇，这时听到小妖来报说孙悟空已经被唐僧轰走，众妖决定乘机捉拿唐僧。非但灯光布景奇装异服吸引眼球，故事情节上也是一下子就把矛盾冲突鲜明地亮出，引起观众的审美期待。

第二场在唐僧、沙僧被妖怪抓走，猪八戒不敌众妖逃走后，父亲安排后台舞台监督高举金箍棒，在布景山片后从上场门走向下场门，此时观众看见金箍棒的上半截经过，顿时引起一片热烈掌声。有人曾经这样对我说："你父亲真了解观众心理，此时观众急切盼望孙悟空来救唐僧，也想早点看到张翼鹏出场，因此引来观众的掌声，张翼鹏脑子真聪明，懂得和观众互动，编出的东西上档次，有品位。"

大幕在吊足观众胃口后拉开，呈现在观众面前的是天连水、水连天，风景如画的花果山水帘洞，众小猴欢呼雀跃，翻扑、嬉耍，热闹非凡。此时父亲安排众小猴展现的是京剧的各种武打技巧，随后父亲饰演的美猴王由众多小猴簇拥着出场，观众更是掌声雷动。这里张翼鹏有一套令内外行同时叫绝的个人猴王舞姿表演，再加上猴王操练众小猴，看得观众眼花缭乱。

第一批小猴全部舞猴棍，整齐漂亮；第二批刀枪对阵，打得火爆打得真实；第三批空手翻扑，将京剧的毯子功展现得淋漓尽致。老板看了这段表演后想出个宣传促销的点子：利用这个大场面，让观众试着去数清操练场上的小猴数目，数清了就有大奖。结果布告一贴出来，观众都很兴奋，很多人非常认真地在数。然而满台的猴儿全都戴一样的头套，画一样的脸，上下翻飞满场飞奔，哪里数得清楚。就这样台上台下互动，热闹非常。张翼鹏这第一个花果山出场就让观众大饱眼福，赞不绝口。

当李瑞来扮演的猪八戒来花果山求救时，孙悟空正憋着一肚子气。猪八戒却不明所以，居然还使小聪明，想要用激将法把孙悟空激下山。孙悟空看破猪八戒的心思，故意戏弄猪八戒。这段戏是张翼鹏和李瑞来的对手戏，两人配合默契表演出彩，再加上对白风趣表演幽默，看得观众时不时就哄堂大笑。而轰走猪八戒之后的戏是张翼鹏在《智激美猴王》这本戏中另辟蹊径与众不同的全新创作。

猪八戒被戏耍后赶走，一想仅凭自己还是无法救师父，于是又想出新招，他故意让妖怪抓走和唐僧绑在一起，然后偷偷让唐僧念紧箍咒，孙悟空一头疼就会知道师父有难，正在呼唤他搭救。孙悟空确实放心不下师父，谁知下山去救师父途中唐僧还在念紧箍咒，于是孙悟空只能一边与妖怪大战，一边还要忍受紧箍咒带来的头痛，这个规定情境让这场开打有了全新的表演看点。虽然这场武打很难设计，不过父亲还是苦思冥想地创作了出来，在突出人物性格的同时又在武打表演上创造了全新的武打套路，打出了人物，打出了感情，打出了盖派艺术的精髓。

李紫贵评价说："这个情节小说中没有，是杜撰的，但是并不脱离小说的主线，也不违背人物原有的性格，甚至有所发展，使人物形象更丰满，更充实。猪八戒这个主意，说明了他的智，同时又更衬托出孙悟空的情，使人物的行动有更深一层的依据。这也是我们戏曲的传统，我们的传统剧目中，有许多是从小说改编来的，其中有不少就是这样既根据演员的特点、舞台的需要，又根据作者对原著人物的理解加以发挥，编出一些新戏。"

为了展示李瑞来的实力，在张翼鹏的统一构思下，《智激美猴王》中加了很多和猪八戒有关的戏，妖精变猪八戒骗取了师父唐僧的信任，真猪八戒又打不过假猪八戒，唐僧误信假猪八戒。这段戏中李瑞来扮演的是妖怪变的假猪八戒，表演出色、到位。之后为了救唐僧，孙悟空也变成猪八戒，于是就编排了一段三个猪八戒救唐僧的情节，并且安排了一场众猪八戒在房上"瓦顶大战"的精彩场面。瓦顶大战布景真实精致，画得特别立体又有层次感，武打从最高处开始逐层往下，最后一直打到舞台中央，武打编排非常巧妙、有趣。20世纪50年代，上海排的头本《七侠五义》中也有一段瓦顶大战，整场戏基本上完全采用了当年大舞台《西游记》的布景和武打处理。

李瑞来在《智激美猴王》之前并非以扮演猪八戒出名，而当时上海大舞台是上海一流的京剧剧场，人才济济，一般演员根本就进不去。大舞台老板对他饰演这个角色持保留意见，在我父亲强力举荐并一再坚持下，李才获得一个在大舞台试演的机会。李瑞来不负众望，他创作了很多猪八戒的特型武打，这是父亲和李瑞来从喜剧大师卓别林的电影中受到启发、创作变化而成的特型动作，既滑稽又可爱，大受观众欢迎。李瑞来扮演的猪八戒也是一炮而红，得到众人认可，李瑞来因为《智激美猴王》的成功，正式加入了大舞台并成为新《西游记》中的猪八戒专业户。后人演绎猪八戒时往往会效仿李瑞来的猪八戒，其中就包括很多地方剧种。比如猪八戒打妖怪得胜后的造型，一手拿猪耙子戳地，一手扬起大拇指，左脚勾着脚面左右晃动，摇头晃脑的得意样子，这组形体造型，各剧团都将之设定为扮演猪八戒的必备动作，岂不知这就是李瑞来的首创。

此后在每本新《西游记》中，李瑞来更展现出他的多才多艺，在编剧中他更是对我父亲起了很大的帮助作用，使新《西游记》更加精彩、好看，一直连演了四十几本，上座率始终不衰，创造了京剧史上的一个纪录。因为新《西游记》的成功，张翼鹏被称为"江南美猴王"，李瑞来则被称为"活猪八戒"。

张翼鹏和李万春"斗法"

父亲张翼鹏和李万春"斗法"的起因，源自当时上海一家报纸的报道，这则报道称：北方李万春要来上海演出《十八罗汉收大鹏》，挑战的就是张翼鹏，要"收服"张翼鹏"这只大鹏"。当时父亲在上海演出《西游记》正是红火的时候，这则消息一出顿时引起诸多传言，引得整个上海戏曲界都沸沸扬扬。父亲听说后心中很不舒服，这分明就是来砸他场子啊，于是父亲决定应战。

父亲和李瑞来一起研究应该怎样应战，他们想起年画中普贤菩萨的坐骑白象背上驮着一盆万年青，此年画取的是"万象更新"的吉祥象征。两人根据《西游记》原著中的妖怪都是从天上下凡到人间作乱的特点，把那株万年青设计为成精的妖怪，下凡祸害百姓，欺男霸女做尽坏事，并给这个妖怪取名叫"万年春"，影射李万春。你李万春不是《十八罗汉收大鹏》吗？那我就《孙悟空棒打万年春》，于是《西游记》原著中所没有的《孙悟空棒打万年春》就这么诞生了。由张翼鹏扮演孙悟空，李瑞来扮演猪八戒，著名武生张质斌扮演"万年春"。

消息一传开，上海滩的戏迷观众就炸开了锅，都憋着要看张翼鹏和李万春的"斗法"，剧场老板更是喜笑颜开，所有戏票早早就预订完，大家都争着要看这两台大戏。李万春到上海后先演的《十八罗汉收大鹏》，演出非常成功。李万春扮演的"金翅大鹏"扮相好，和十八个罗汉对打功夫过硬，桥段精彩，获得了观众的普遍认可。这出戏一下子就红了，给父亲增加了很大的压力。

张翼鹏当然不肯示弱。父亲排演的新《西游记》有一个规律，每本都有家庭戏（文戏）穿插，文戏编排情节曲折，矛盾冲突激烈，可看性强；武戏又每有创新，异常精彩，很抓观众眼球，符合京剧表演艺术的规律，唱、念、做、打齐备，文武搭配，看客不累。这本《孙悟空棒打万年春》由父亲自编、自导、自演，张翼鹏和张质斌的武打戏更是发挥到极致，打得异常火爆、异常热闹。先是三打万年春，最后孙悟空当头一棒，打去了万年春千年道行，观众好评如潮，让这本完全是因为赌气而诞生的《孙悟空棒打万年春》又一次在上海滩红得发紫。

本来李万春的父亲李永利是红遍江南的著名武花脸，在上海时经常和张翼鹏的父亲盖叫天同班合作演出，老一辈关系一向甚好，而李万春从小在上海长大，和张翼鹏同岁，从小一起在上海练功，相互之间其实很了解。然而正是因为这次"对台戏"，让父亲和李万春之间有了矛盾。好在后来搞清楚，原来是老板为了票房在中间挑拨，用现在的话说就是"恶意炒作"。在同行友人们的劝说下，两人最终冰释前嫌重归于好，但是这出"对台戏"却久久被人所铭记。刘海粟大师就曾经讲过："艺术大师盖叫天是在艺术上'别苗头'自成一家的，他的长子张翼鹏可惜去世得早了，他实际上已经是位了不起的艺术家，也称得上艺术大师了，他和李万春打对台，在艺术上别苗头，终于都成功了。可惜我们现在唱戏的，很少肯在艺术上下功夫，不在舞台上别苗头，专门在台下别苗头，把时间和精力都耗费在别的地方，专门在台下用心计，别苗头，结果在台上就没苗头。希望继承发扬盖叫天的传统，尽心尽力在戏台上别苗头。"

20世纪80年代中期，李万春先生从内蒙古调回北京演出《大闹天宫》，我专程去北京京剧院看望他，观摩他排戏。他听说我去，热情接待，问长问短，还问起我母亲的近况，很关心我们家。他还对我讲起当年回北京时，我父亲送他"猴棍"、他送我父亲"青龙刀"，互相留念。由此可见，他们老一辈之间既有良性竞争，互相又有着真挚的友谊，真是让人羡慕。

《真假美猴王》

《真假美猴王》又名《双心斗》，这本戏又是张翼鹏的一绝，因为这本《真假美猴王》非常难演，剧情复杂，矛盾冲突跌宕起伏，妖怪泛滥，六耳猕猴手下妖精变成假猪八戒、假沙僧、假唐僧，又互相渗透，真假参半。不但戏里的"上仙"无法分出"四圣"的真假，连观众也会看糊涂，往往一边看一边在猜哪个是真哪个是假，台上台下互动，热闹非凡。演好这本戏最难的是要找到一个优秀的假猴王扮演者，非但要长得一样，还要表演一样、武功一样，非常难找。

父亲有着爷爷盖叫天一样不服输的傲骨，越有困难越是要上，明知山有虎偏向虎山行，父亲在《新西游记》中的诸多建树和创造都是这么来的。为了演好《真假美猴王》，父亲考虑再三，觉得"假猴王"这个角色非他的兄弟张二鹏莫属。

张二鹏是盖叫天的次子，张翼鹏的亲兄弟，从小随父亲盖叫天练功，打下深厚扎实的基本功；后又随兄长张翼鹏学戏，张翼鹏的绝活他都会。二叔自己说过，他的猴戏，三分是他父亲盖叫天的，七分是向大哥张翼鹏学的。而且早在上海黄金大戏院时，张二鹏就跟随盖叫天、叶盛章两位合演过孙悟空"闹龙宫、闹地府、闹天宫"，当初就曾经一炮而红。有这些基础，演《真假美猴王》时张二鹏将"假猴王"演得游刃有余，兄弟二人的绝招技巧都展示得淋漓尽致。本来兄弟俩的身高长相、一招一式、流派风格、出手技巧、绝招套路等都一模一样，再同样的穿戴扮相，别说观众分不清，甚至连剧团内的同行也分不清真假。

父亲在《真假美猴王》中设计了很多符合剧情又适合表演的戏，像唐僧念紧箍咒，真猴头痛、假猴装头痛，两人都是连串的各种倒地翻扑技巧；请上仙辨认时又展示了双方的各种兵器舞耍技巧；闹到天宫则展示对打的把子功技巧；照妖镜时展示各种拳法招数；每过一关都尽情展示兄弟俩的武艺，又特殊编排了京剧的十八般武艺和各种出手，如张家双鞭、一身四绝、宝剑入鞘等绝招都用上，特别是他们俩还研究创造了锤顶锤把儿的新绝招，一般只有"锤顶锤"，而用"锤顶锤把儿"则是父亲他们的首创。精彩的表演让观众过足戏瘾，喝彩声不断。

张二鹏原本没在大舞台班子内，因为要排《真假美猴王》这本戏，父亲特邀他参加演出。《真假美猴王》演出成功后，张翼鹏为了提携兄弟成名，又陪着二鹏演了很多传统老戏，如《四平山》，张二鹏扮李元霸，张翼鹏陪他演裴元庆；《战马超》，张二鹏扮马超，张翼鹏陪他演张飞；《三岔口》，张二鹏扮演任堂惠，张翼鹏陪他演刘利华；《大闹天宫》，张二鹏扮演孙悟空，张翼鹏陪演二郎神。父亲一路陪着让二鹏充分展示了他的传统老戏功夫，也让上海观众全方位地了解了张二鹏，让张二鹏真正走红上海滩。

李紫贵曾经说过："兄弟俩合演《双心斗》，绝就绝在他们俩不但模样长得非常地像，而且在技术、艺术、修养各个方面都是一脉相承，旗鼓相当，不相上下。弟兄二人演起猴戏来，真个是功力悉敌，难分轩轾。他们俩对打起来严丝合缝，滴水不漏。翼鹏的孙悟空，二鹏的六耳猕猴，两个猴扮相一样，神情一样，武功一样，二人一亮相，龙骧虎视，让人分不清谁是谁。他们这一特殊的条件，是任何其他演《双心斗》的所无法比拟的。"

父亲从小就教我"闹龙宫"，传授"闹天宫"的绝招，如"巧耍双鞭"、"一身四绝"等绝活，对我的培养可谓是用心良苦。1955年，当时只有十五岁的我有幸在浙江宁波陪父亲张翼鹏演《真假美猴王》，父亲在去宁波前特地先教了我"假猴王"的身段，并和我排练熟，到宁波后让我实践锻炼。这次上台实践让我感受颇深，受益匪浅，对我以后演出"闹龙宫"、"闹天宫"、"三盗芭蕉扇"等猴戏影响极大，令我在艺术生涯中获益终生。唯一遗憾的是，父亲演出结束回上海后就病倒，不久后去世，让那次宁波的演出成为父亲和我之间的第一次，也是绝别的一次演出，直到现在回想起来依旧记忆犹新，令人唏嘘不已。

三、旧剧忠诚，新戏先锋

李慧芳改旦角

在大舞台演出新《西游记》期间，为了演出"端午节"的"应节戏"，父亲的班底准备演一出全本的《白蛇传》。

李慧芳原本是演老生行当（女老生），在新《西游记》中扮演"太上老君"等角色。父亲看她扮相漂亮，小嗓又好，建议她改旦角，主演白娘子。而张翼鹏自己则一赶两，前反串"许仙"捧李慧芳，后扮演"焚塔"的"护塔神"。张翼鹏的许仙唱大嗓又增加了很多表演，很有海派特色，而后边赶的花脸"护塔神"又运用跳判的舞姿，还有喷火绝技，贴出海报后顷刻间就客满了。

这场演出中李慧芳扮演的"白娘子"演得非常到位，从此之后李慧芳开始真正改行演旦角。张翼鹏为了提携她，还在《年羹尧》中扮演徐继超，让李慧芳扮徐继超的妹妹（女主角），两人行刺年羹尧一段配合默契，表演极其出色，获得了观众好评和肯定。自此之后，李慧芳的旦角在上海滩站住了脚，开始逐渐走红。在奠定了基础后，张翼鹏又提携她演了许多戏，对此李慧芳始终非常感激。1993年我在北京人民剧场演出专场，李慧芳看完戏后激动地连夜写信给我，说我像父亲，看了我的演出后更加怀念我的父亲张翼鹏，对当年提携她感激万分。

事实上张翼鹏的性格中不仅仅有不畏强暴古道热肠的侠义精神，他还是一个坚定的爱国主义者，在抗日战争时期和敌伪时期，张翼鹏都有过精彩的表现。

龚义江讲，八一三淞沪战役，一颗炸弹炸落在大世界门口，血肉横飞，死伤累累。张翼鹏与陈鹤峰等人组成担架队，积极抢救死伤人等。

《年羹尧》剧照，张翼鹏（左）饰徐继超、李慧芳（右）饰妹妹。

敌伪时期，张善琨凭借日人势力，在新雅饭店请张翼鹏吃饭，要他签订拍摄《西游记》的合同，被他拒绝了。尽管拍电影收入很多，但他不能丧失民族气节与汉奸合作。作为一个艺人，在国难当头，能够明辨是非，有此爱国热忱，是非常可贵的。

张翼鹏的《雅观楼》

　　《雅观楼》是一出曾经被遗忘多年的昆曲传统小生戏。在早期的老戏中，李存孝手拿一根混唐槊，以唱曲为主，舞蹈形体动作不多，可看性不强，一度沦落为开锣戏演演，濒临失传。后来经过我父亲张翼鹏的再创造，终于脱胎换骨，成为一出家喻户晓的热门武小生戏，被公认为张翼鹏的代表作之一。直至今日，南北武生、小生，包括娃娃生都依然在学演这出张派的《雅观楼》。张云溪先生就说过："张翼鹏的戏路子和艺术风格与盖老大不相同，是另创的一个艺术流派，人们称为'新盖派'，其声望之高，影响之广，足可与老盖派媲美。凡是演《雅观楼》飞舞令旗和长槊短抓的，演《四平山》飞舞双锤的，均属'新盖派'。"

《雅观楼》原本是北方小生前辈徐小香的戏，徐小香把这戏传给了他的徒弟沈砚香，沈先生岁数大了之后，回上海又教给他徒弟李少棠。我父亲张翼鹏的《雅观楼》是从他舅舅李少棠处原汁原味地把这出戏继承了下来。父亲一直认为这是一出别致的小生戏，一心想要把它救活。他反复研究了老戏的不足之处，在吃透传统表演的精神后，大胆设想，并进行了逐段逐句的加工改造。

父亲认为，李存孝这个人物虽然是十三太保大将，但毕竟只是十几岁的放羊娃，老式的"大将"演法不符合人物年龄和性格。

父亲首先从扮相上进行了改造。老戏中李存孝戴"虎头盔大鹅子"，父亲先把"大鹅子"去掉，然后按照生活中江南农村孩子喜欢戴的小虎头帽，把"虎头盔"加大，让耳朵大一点，把鼻子填高，使头盔更有立体感；帽檐儿加一排牙，既是虎牙又是帽口，又在脑门上先勒一道"元宝头"，当中插一小银泡儿。扮相这么一改，李存孝马上变身为一位天真稚嫩的少年，造型漂亮又符合人物。

头上变了，老的穿法自然也就不再般配，于是父亲在原有的箭衣外加个靠牌子，再外背上一张虎皮，成了一付虎皮甲。李存孝曾经赤手空拳打死一只老虎，所以背上虎皮既美观又突出了他的英勇无敌，加之扎在箭衣上又显腰身，虎尾内填东西呈现立体感，挂在箭衣上煞是威风，成为李存孝这个人物的特有服装。

之后，父亲又逐句逐段加工形体动作。先是把李存孝第一场上场的"起霸"改为起的"半霸"，动作幅度要求小一些柔一些，不是用大将起霸的形体，而是让他上场的台步亮相等都符合少年大将的身份，在形体动作上更靠"小生"味，并以此确立了李存孝这个人物的形体动作基调。

第一场按照老式演法很瘟，也没什么玩意儿，父亲下了很大功夫来加强可看性。见韩大人的一段唱，曲牌经父亲修改后，李存孝唱"怎知俺李先锋……"边唱边舞，节奏很鲜明，身段漂亮。李紫贵先生是这样形容的："张翼鹏表演这段舞姿全身都是活泛的，一点都不僵，而节奏很明确，节奏感特别强，劲头有点像太极，如断似连，形断意不断，一气贯到底。看着就像舞蹈，这种柔中带刚的动作，既充满了孩子气，可又是大将气势，造型很美。"

第二段父亲独创了"令旗舞"。要知道京剧舞台上的"令旗"是派将用的道具，从来不舞。而父亲根据昆曲"无声不歌，无动不舞"的规则，创造了李存孝边舞令旗边唱边派将的独特表演，充分表现了李存孝在领了先锋印后，初当大将时的兴奋、喜悦以及派将时的得意心情。出奇的处理方式让同行们拍案叫绝。

这套大胆创新的"令旗舞"把令旗完全用活，令旗飞舞场面壮观，载歌载舞舞姿优美，漂亮而有可看性，又有出手难度极高，被行家称之为"活令旗"，在全戏一开场就震住了观众，给整出戏增加了光彩。李紫贵先生在中国京剧院排演《白蛇传》时，就把张翼鹏首创的令旗舞化用在水族舞蹈中，并被沿用至今。

第二场"见班方腊"的一段边耍混唐槊边出手的舞蹈，编排也很巧妙。在唱"俺今日耀武扬威施展能……"后，在一个滚头子锣经中一个反花亮相后唱"他待要往前行"，丢混唐槊过脖翻身再颠槊左手背后接，这一招难度极高又极为好看，边唱牌子边出手舞且都在节奏中，最后左手拿槊反花、右手丢大带起飞脚翻身亮相，整套动作结合音乐曲子浑然一体，每次都会赢得满堂彩！

第三场见四老军唱："见几个软弱的军兵……"也是边舞边唱曲，形体舞姿符合李存孝少年大将的人物身份，但又很"醒脾"（讨巧），下场花按照圈内人的讲法叫做"官中玩意儿私方走"，意思就是一般玩意儿在张翼鹏身上表演就特别漂亮，起到事半功倍的效果。

第四场以后，李存孝见四个反将和孟觉海的武打中，李存孝都是一手拿混唐槊、一手拿笔砚抓双兵刃开打，这是张翼鹏的首创。这两件兵器一长一短，一轻一重，非常不好打。在李存孝打败四反将和孟觉海后，都有表示少年大将得胜后喜悦的舞耍下场花，并创造出各不相同的

张翼鹏《雅观楼》饰李存孝。

下场花。一长一短、一轻一重两样兵器的抛、丢、来回倒手、接绕舞耍，难度极大，以此表现少年大将李存孝的真本领，要知道这些动作如果没有娴熟的功底根本无法做到百发百中。

这出经张翼鹏再创造的《雅观楼》好看之极，每场都有惊人的绝技招数，是被世人公认的，由张翼鹏救活了一出传统老戏，可谓是功德无量。

当年马连良先生对他的女婿——著名武生黄元庆讲："你到南方必须看看张翼鹏的《雅观楼》。"可惜黄元庆屡次去南方都没有遇上张翼鹏演《雅观楼》。有一年我二叔张二鹏在苏州演出期满，马连良先生接他后窠，二人在后台见面时马先生对二叔说："二弟，哥哥有一件事求你。"二叔说："马先生，您有什么事尽管吩咐。"马连良说："哥哥求你唱出《雅观楼》，元庆（黄元庆）没见过，让他学习学习，哥哥让个戏码。"二叔有点为难，并非不愿意演，而是当时服装道具都已经运回了上海。马先生得知情由后说："那没关系，我让人去取，来回运费都归我。"二叔提出在前面唱，马先生不让他管。那天戏码是马先生的双出，前边是马连良、杨荣环的《游龙戏凤》，倒数第二是张二鹏的《雅观楼》，大轴是马连良、杨荣环的《打渔杀家》。二叔的《雅观楼》完全是父亲张翼鹏亲授，演得非常好。马先生赞不绝口地说："张翼鹏的《雅观楼》名不虚传，他老戏新演的理念救活了一出失传多年的冷门戏，功不可没。"

张翼鹏的《四平山》

京剧《四平山》取材于《说唐演义》，是一出可看性非常强的勾脸武生、花脸两行靠把戏，南北武生名家都曾经演过这出靠把勾脸武生戏，风格也是迥然不同。北方以尚和玉先生为代表的尚派《四平山》，讲究功架、气势；南方以张翼鹏为代表的《四平山》，侧重塑造人物。

我父亲向林树森先生学了《四平山》后，在这出戏上下了大功夫进行再创造。父亲当年为了演好这戏，曾经把自己关在杭州金沙港爷爷故居附近的土地庙里，整天练锤练戏苦苦研究。

土地庙位于爷爷故居前一百米左右，又旧又脏，平时只有一个附近人家的"武疯子"被铁链锁在里面。父亲每天天一亮就去土地庙里的小庙台上练大靠和各种锤花，震得台板直响，台板的灰尘落在疯子的头上，吓得疯子每天都叫："小老板（疯子称张）轻点、小老板轻点！"时值盛夏，父亲穿着短裤光着上身，穿半截棉胖袄扎四根麻袋靠旗，头戴破紫金盔，手拿双锤，足蹬破厚底，每天练得汗流浃背浑身是土。有一次天太热，土地庙里又闷，父亲一出戏练下来累得晕倒在台上，恰好那天爷爷盖叫天遛弯经过土地庙，看到儿子练晕在台上。盖叫天见儿子肯下如此苦功，感到非常欣慰，暗自称赞张翼鹏有出息。

父亲张翼鹏所扮演的李元霸，重点放在刻画人物的性格上。父亲认为李元霸王这个人物虽然年纪不大，是一位少年大将，但是他被称为隋末"第一条好汉"，所以在表现人物时，一方面需要展示他仗着兵器犀利一路横行的孩子气，以及战胜成名大将之后骄傲得意，但更重要的还是要表现李元霸神勇无敌、盖世无双、有万夫不当之勇的英雄气概。在表演特征上，父亲将李元霸的形体动作往花脸靠，表演较为刚猛，为的就是更好地表现他在憨厚威猛中又透着固执的性格。

李元霸的扮相和服装等都是父亲亲自设计的。北方李元霸的扮相一般是穿开氅戴紫金冠，显得岁数太大。而父亲设计的李元霸第一场出场则是头戴都子头，孩儿发，身穿黑绣金燕子的褶子，胸前戴个大金项圈的金锁，一看就是官家出身，富贵又不失天真，非常符合李元霸的身份和年龄。

父亲对服装的要求也很高，《四平山》李元霸穿的黑金靠绣得非常细致，靠旗、靠身上全绣满金点子，靠肚子下边、靠牌子等也都绣有海水江牙，非常好看。而且这靠上的金线都是用真金打成，颜色正不变色且不怕汗水污渍，鲜亮、美观，是张家独有的李元霸靠。马连良先生曾经说过："你们去看看南方张翼鹏的戏装、扮相，非常讲究。"

除了装扮，父亲还讲究带戏上场，李元霸出场前是从哪儿来的？父亲把他定位成在花园练武时听到传唤，急急忙忙往前厅赶。这样一来李元霸的上场就表现为一个似亮非亮的动态亮相，把孩子的心理活动也同时表现了出来，再加上独具匠心又符合人物的扮相，顿时令观众眼前一亮。在裴公公念完圣旨后，李元霸一句"些许小事何劳公公挂齿"，把李元霸初生牛犊不怕虎、天不怕地不怕的胆气给表现了出来；之后下场时念对儿："前堂遵父命，后堂问娘亲"，同时配合非常边式（潇洒利落）、漂亮的形体动作，把李元霸小孩子心性和急于上战场的兴奋心情完整表现了出来，节奏紧凑、人物生动，塑造性格可谓是润物细无声。

《四平山》张翼鹏饰李元霸。

下一场李元霸从下场门上场，扎大靠，头戴特制元霸盔，手拿与众不同的紫金双锤，完全是威风凛凛的大将形象。这对锤也是父亲特别设计的，锤面是金的立粉线条，锤柄用藤皮缠过，舞起来非常称手。此时李元霸唱［粉蝶儿］（北方唱［新水令］）："盖世无双……"这段唱的每句唱词都配合有不同造型，充分展示了艺术美感，最后一句"杀得它马嘶人亡"更是表现了李元霸出征前傲视群雄的气势。这一组舞蹈和最后［垛头四击头］的双锤出手既别致又花俏，一气呵成的高难度动作亮相，把李元霸少年阳光、朝气蓬勃又英武勇猛的形象充分表现了出来。

第二段的重点戏是李元霸见秦琼，在惊走秦琼后，李元霸因为没想到出战的第一仗就遇见秦恩公，感觉扫兴心情低落，开始起唱［石榴花］曲牌："俺只见恩公仪表器轩昂……临潼山骁勇，保全俺的爹娘。"这里一整套的飞舞双锤组合难度极高且非常帅气，是父亲张翼鹏的一大精心创造，它与《挑滑车》的［石榴花］走边不同，扎大靠边舞边右转锤、左转锤、双手转锤、翻身，双锤在围着全身滚动，美之极！又要丢、转、抛等高难度出手，节奏又都在唱腔里，而且随着舞姿走，非常精彩，最后唱"保全俺的爹娘"双番锤跨左腿反飞脚反翻身大剁泥亮相。既表现了李元霸的少年心性，又展示了他万夫不当的高强武艺。

紧接的两段"曲牌"也是边舞边耍锤边唱，这两段舞锤耍法编排很巧妙，与前边的不同又符合人物心情，形体同样非常别致。张翼鹏所表演的《四平山》舞锤全是为了表现人物而安排的小出手，没有为了表现技巧而耍技巧的多余动作，整套锤法没有一下"锤顶锤"的动作（顶锤动作只有在《西游记》中使用）。李紫贵对此评论说："张翼鹏特别注意演人物，他认为技巧只是加佐料。主要是把人物演好了，技巧就这几下子，是为了让人物更鲜明，更生动，就是要用在特别突出人物特点的地方。可这几下子让你不能不叫绝。他对自己艺术的要求是：'人无我有，人有我精，人精我新。'这大概是他能立于不败之地的根本。"

全剧的重头戏是"李元霸大战裴元庆"一折，由张翼鹏饰李元霸、张质斌演裴元庆。两个少年大将同样武艺高强，打得旗鼓相当。李元霸穿黑金靠、黑金锤、勾花脸；裴元庆穿白靠、白银锤、扮俊脸；一黑一白武打对锤，两人四锤抡开了快速对打，就好像一黑一白两个大蝴蝶满场翻飞，打得火爆激烈难解难分，令人眼花缭乱，精彩之极！

听父亲讲，李元霸最早是花脸行，裴元庆是武生扮。爷爷盖叫天就曾经扮演裴元庆，他演裴元庆有一绝招，在前边裴元庆"起霸"后有"闹帐"，唱［雁儿落］曲牌，有很漂亮的盖派舞姿，表现裴元庆七岁打虎，武艺高强，不服李元霸，不听军师言不肯插黄旗，誓要与李元霸一决雌雄。这场"闹帐"很有特色。当年我跟爷爷在家学艺，爷爷就把这折裴元庆起霸、闹帐，裴元庆耍双锤过场以及和李元霸对打等都传授给我，使我获益匪浅。

张翼鹏的《四平山》是在土地庙里苦练狠练练出来的，没有辜负爷爷盖叫天的教导。之后父亲在上海大舞台，就是因为演了这出与众不同的《四平山》而一炮打响，令观众交口称赞广为赞誉，被观众称为是南派武生中演李元霸的权威。而《四平山》也是被公认的张翼鹏最主要的代表作。

小王桂卿讲过："张翼鹏不是在上海大舞台才一鸣惊人的，在之前已是个好演员了。底蕴雄厚，实践经验丰富，因此在上海一举成名。如果没有好的基础，再有机会也是不行的。"

张云溪先生讲："张翼鹏的戏路子和艺术风格与盖老大不相同，是另创的一个艺术流派，人们称为新盖派，其声望之高，影响之广，足可与老盖派媲美。凡是演《四平山》飞舞双锤的均属新盖派。"

张翼鹏的《八大锤》

在爷爷的苦心培养下，《八大锤》也成为了我父亲张翼鹏的代表作之一。20 世纪 40 年代，父亲饰陆文龙、周信芳演王佐，合演全部《八大锤》和《断臂说书》。每次只要有"会戏"，都要点这出戏，每次都会轰动上海滩。

张翼鹏所演的陆文龙既发挥了盖叫天盛年期的特点，又有所发展，节奏不拖沓，打中有人物，打中有技巧，打中有美姿，内外行都喜欢看。其实根基都是传统的玩意儿，但是父亲走的不一样，用打中玩、玩中舞、舞中绝，刻画了一个活生生的、孩子气十足的武小生陆文龙。前半段陆文龙力敌百万岳家兵，以优美、别致的枪花舞姿和真功夫征服观众，后半段"断臂说书"同样精彩。张翼鹏的文戏是向大舅李少棠学的，特别是"说书"那场戏。因为张翼鹏非常重视"说书"这场文戏，这场戏不但表现了陆文龙的内心矛盾，而且还可以突出盖派"武戏文唱"的特点。张翼鹏和周信芳先生的"说书"一场戏可以说是珠联璧合。众所周知，周信芳先生擅长做功，但是我父亲也毫不示弱，二人充分发挥各自特长，一个武戏文唱，另一个文戏武唱，把陆文龙和王佐两个人物表现得惟妙惟肖，令上海的内外行一致叫绝。当时流传着"周信芳会做戏，张翼鹏会演戏"的说法，也让我父亲成为上海滩武生当中的楷模，纷纷争学争看张翼鹏。

张翼鹏是有创新思想的人，他从人物出发，把陆文龙从服装、扮相、表演到双枪把子等进行了全面重新包装，演出了一个在番邦长大、有王爷身份的小孩，又有南朝汉人生活习气的性格复杂的陆文龙。我父亲设计的陆文龙服装是粉红色绣金点子的箭衣、改良紫金盔、一对一百二十节长的活翎子。这对翎子是极其罕见的，据说用死后的"锦鸡鸟"尾毛做成的翎子称为死翎子，舞台上表演时一掏翎子容易断。而活翎子很难搞到，捕猎者必须费尽心思去观察锦鸡鸟在哪棵树上睡觉，因为锦鸡鸟睡觉喜欢把尾毛很直地贴靠在树干上，捕猎者就要在白天准确地在这棵树的树干上擦好胶，等天黑锦鸡鸟睡觉，捕猎者再把锦鸡鸟吓飞，这样尾毛就会粘在树干上。用这样取得的尾毛做成翎子才叫"活翎子"，能够在舞台上自如运用，又好看又不容易断。因此张翼鹏这对一百二十节、又宽又长的活翎子是非常难能可贵的。他还有一对又白又长的狐狸尾，这对狐狸尾在武打中从不披上，总飘着，异常好看。一对白双枪运用也特别，在行路那场戏用的是大二号枪头，一出场就让观众看到陆文龙的兵器，用道具来为人物服务；等到武打时再用三号枪头。张翼鹏的创作思想是"人无我有，人有我新，人新我绝"。南方已经认可张翼鹏为张派，而北方也称他为"新盖派"。

张翼鹏和麒麟童周信芳合演《八大锤》戏单。

20 世纪 50 年代初，父亲张翼鹏就把这出戏教给了我，这也是我箭衣厚底的开蒙戏之一。父亲深知用这戏打基础好，教得也非常仔细，一招一式地抠，要求双枪分开距离为一尺二寸，开始先练好双枪山膀，严格把关。表演舞耍双枪要突出孩子气，连耍翎子等，武打时对每个人物的打都不同。父亲每天看我练，不到位反复再练，给我打下深厚基础，这出戏我练了八年。

1954 年陪父亲演出《三盗芭蕉扇》，父亲让我演"红孩儿"，父亲特地安排了一场"红孩儿练武"，把我学的八大锤双枪有意编排在练武中，让我在实践中得到锻炼。这和当年爷爷让父亲演蜈蚣精是同出一辙，长辈的苦心也是一脉相承的。

父亲去世后，我到爷爷身边去深造，爷爷知道我练过他的盛年套路"八大锤"，非常高兴，因为当年没有录像，所有招数都是靠脑子记，父亲教会了我，等于把爷爷盛年期的巅峰之作流传了下来。爷爷看我练完，一招都没改，要求我就按照父亲教的套路练。但是在具体练功过程中，爷爷对我是异常严格，热天晒着，冬天冻着，在"燕南寄庐"大院内，穿上箭衣，戴上旧紫金盔，翎子、尾、厚底靴全扮上，我在练到最后一下"收兵"时，一个抬腿亮相没站稳，只是稍微一晃，爷爷就叫我重练。当时我还以为就重新来一遍亮相，哪知道爷爷是叫我重头开练，从抱枪上场大战开始，一直练到结尾，这次"收兵"，我特别注意了［四击头］抬腿亮相，做到了纹丝不动。练完下场，爷爷把我叫到身边说："刚才你为什么站不住？第二遍应该更累，体能消耗更大，为什么反而倒很稳？说明你练第一遍的时候思想松懈了，所以才会出问题。"爷爷再三嘱咐，一个好演员必须坚持到下场后才能放松，塑造一个角色必须有始有终，切记切记！他总是对我讲："这出《八大锤》是功夫戏，不好演，打内不打外，不卖钱，不叫座，但又是武生必学必演的戏，必须要有过硬功夫才行。"

后来我看了三叔"小盖叫天"演的《八大锤》，和我练的就不太一样了，因为那是爷爷中晚年的路数。也因此，我万分珍惜我的这出《八大锤》，也感到非常荣幸能得到爷爷盛年时期作品的真传。张云溪先生曾经这样评价我说："得天独厚，得到张翼鹏、盖叫天新老二代盖派的真传，难能可贵。"

不离传统，耳目一新

1949 年前并没有诸如"表演艺术家"之类的头衔，当时业内给予我父亲张翼鹏的称号是"旧剧忠诚，新戏先锋"。观众则称赞张翼鹏"老戏继承得好，新戏改革得好"。之所以能够获得这些赞誉，是由于我父亲多年来始终坚持传统老戏和新戏创作齐头并进的原则。

张翼鹏在上海连续八年每晚演出连台本戏《西游记》，同时，每星期的日场戏他演的都是传统老戏。当时无论是老板还是观众，都要求他在假期的日场复演前一本的《西游记》，让之前没看过的观众可以有机会补看，由此也可以促进夜场的票房。但父亲却坚持日场只演传统老戏，他说："如果我每晚都演连台本戏，总不演传统老戏的话，我的根儿就没了。传统戏是我们的根底，没有传统老戏的支撑，我的新戏是演不好的。"父亲始终认为，连台本戏不是光靠眼花缭乱的灯光布景来取悦观众，真正依靠的是真才实学的真功夫。

父亲张翼鹏所演过的"家门戏"有：《武松》《三岔口》《恶虎村》《一箭仇》《北湖州》《状元印》《雅观楼》《锤震金蝉子》《林冲夜奔》《探庄》《蜈蚣岭》，还有全本"李元霸"、全本"李存孝"、全本"金镖黄天霸"，以及

《夜奔》张翼鹏饰林冲。　171

《水帘洞》《闹天宫》等猴戏等。他演过的"靠把戏"有《挑滑车》《长坂坡》《四平山》《九龙山》《铁笼山》《别母乱箭》《战马超》《擒张任》《三战裴元庆》等；"老爷戏"有全本《走麦城》《水淹七军》《古城会》等；"武丑戏"有《盗甲》《偷鸡》《问探》等；"老生戏"有《四进士》《跑城》《文天祥》，等等。

有了扎实的老戏功底，张翼鹏的新戏创作是奇思妙想层出不穷，其创作的经典剧目至今广受赞誉；他就这样一手抓紧新戏创作，一手紧抓老戏传承，不但展示了他深厚的艺术功底，同时以此为契机不断丰富自己的艺术底蕴来促进创新。父亲这种新戏老戏一起抓，两手都过硬的做法，获得了同行和观众的一致肯定和好评。梨园界同仁称张翼鹏是位奇才，称赞他的戏是"既打内又打外"，所以他的演出始终能保持高票房。他文武兼备、昆乱不挡，头脑聪慧灵活不保守，有新思想，敢于吸收外来艺术并且勇于创新，是上海三四十年代武生的楷模。

父亲张翼鹏因其扎实的老戏功底，在当年上海滩的几次"大义务戏"演出中大放异彩。在众多名家汇集演出的全本《大名府 一箭仇》中，周信芳饰卢俊义、盖叫天饰史文恭、张翼鹏饰武松、赵如泉饰时迁等。袁世海回忆说："当年我才二十岁，正赶上由张翼鹏挑班演出《西游记》，有绝活。义务戏原本让我演'索超'，我为了看戏，换高百岁了，因为机会难得。看台下说戏时，盖老对张要求非常严格，那时张翼鹏在上海大舞台已经了不得了，这次义务戏看到张翼鹏和盖叫天父子的表演真是精彩极了。"

李如春先生讲："1943 年在上海的'会戏'义演《一箭仇》，张翼鹏饰史文恭，盖叫天配演武松，张志斌饰燕青，张国斌饰卢俊义。特别是张翼鹏的史文恭在'下水'一折戏，盖叫天的武松削完史文恭风帽后就脱了戏装，盖叫天在上场门靠外边一坐，看张演'下水'一折，张志斌、张国斌全站在后台两边看，台下周信芳、赵如泉等也在看，张的甩发特别长，拖到后屁股，又戴髯口，出场后亮相抖甩发，上场门下，然后翻小翻抢背出来，一排脚柱又下场门下。发现有梁山兵将后再逃上，翻垛子爬虎出，入被窝，颠尖，三个倒戳山顶，再连两圈旋子。那旋子又飘又高，大甩发飘起来非常好看，赢得满堂彩。圈内评价张翼鹏的发挥已到

《时迁偷鸡》张翼鹏饰时迁。

《别母乱箭》张翼鹏饰周遇吉。

了得心应手的程度。这段戏演完后只见盖很满意地走了。有这么个好儿子盖非常得意。"

在20世纪40年代的上海，张翼鹏经常和周信芳合作演出全部《陆文龙》，周信芳饰王佐，张翼鹏饰陆文龙，二人配合极为默契，行内盛传"周信芳会做戏、张翼鹏会演戏"，使该剧一直是义务戏的保留剧目。张翼鹏演这出戏的与众不同之处在于他注重演活人物，他把陆文龙身为南朝人又在番邦长大的矛盾心态演得淋漓尽致。服装道具上，他手持一对白双枪是大二号"枪头"，一对翎子又长又宽的"活翎子"，后边一对白长的狐狸尾武打也不披上（一般都披在腰上），一开打飘逸潇洒又显功夫，创造了剧坛少见的"盖派《八大锤》"，引得后人纷纷效仿。

昆曲"传字辈"名家郑传鉴要向张翼鹏学一出家传名剧《蜈蚣岭》，张提出向郑学一出《别母乱箭》，二人互换一出。两位名家互换名剧的做法在当时成为梨园界的一段佳话。张翼鹏在学会此剧后，对该剧进行了革新。这一改不得了，一下子让这出老戏焕发了青春。张翼鹏首先从扮相上做了改变，改为头戴荷叶盔，身穿大红靠（老的是戴鹅子后式），拿枪、马鞭，回家见母亲自刎，一跺脚丢马鞭，左手枪一丢右手接枪，大靠滚背代表跌下马来，整个下鞍动作流畅又巧妙。

小王桂卿在回忆往事时这样说道："张翼鹏一出《别母乱箭》演得太好了，这又是一出传统老戏。当时没人改革，他的改革我印象很深，这出戏中的'鞭枪'要得非常好，那文场就更绝了，这出戏张翼鹏改得非常成功，边唱曲、边舞蹈，丰富了原昆曲的表演。我50年代末进上海京剧院时，周信芳院长就问我有没有看过张翼鹏的《别母乱箭》，我回答看过，周院长说：'这出戏他演得太好了，他的艺术再过几年要超过他父亲盖叫天。'"

在义务戏全部《龙凤呈祥》中，张翼鹏和马连良同台演出，马连良饰乔玄，张翼鹏饰赵云。马先生看了张翼鹏的戏，十分赞赏，曾对北方演员们说："不要轻视南方演员，以为他们不讲究，你们去看看张翼鹏，考究得很呢！"

李如春先生讲："我还看过张翼鹏、周信芳二位演全部的《杨老令公》，周信芳亲点张翼鹏扮演金沙滩的杨老令公，拿大金刀武打，张扎大靠，戴大长的白满开打，大刀花又快又溜，最后三砍头丢刀转身甩髯口，左手接刀一个亮相，那大长白满一转身一甩飘起来，好似一盆大白花真漂亮，台下都炸了窝地叫好。"李如春先生还讲："我还看过张翼鹏的《三赶》，前'石秀探庄'，中间'翠屏山'杀山，后边'时迁偷鸡'。当时在上海大舞台演出观众都叫绝了，张翼鹏多才多艺。"（《时迁偷鸡》这出戏张翼鹏是向王洪先生学的，王洪是京剧前辈名丑，是昆曲名家华传浩的老师。）

我们还小的时候，父亲就经常告诫我们要下功夫练好基础戏，他自己以身作则，在家练功时一直是不同的传统老戏轮换着练，练得最多的是《林冲夜奔》《四平山》《挑滑车》等戏。父亲会的戏多，肚子宽，他教我们戏时会先问我们喜欢什么戏，然后再根据我们每个人的条件来因材施教，他给我们四兄弟的开蒙戏各不相同，我大哥善椿学的是《状元印》，二哥善鸿学的是《铁笼山》，我的是《乾元山》《八大锤》，四弟善康学的是《摩天岭》。他用传统老戏为我们打基础，就是要我们继承传统，不忘根本，先有传承才能谈创新，可谓是用心良苦。

著名剧评家龚义江先生在评价父亲时说过："张翼鹏在南方京剧发展史中，是一位卓有成就的代表人物。他在上海赫赫有名，老上海没有不知道张翼鹏的。他在继承乃父盖派的基础上，兼收并蓄、集众家之长，衍化创新，形成自己独特的张派艺术，对南方京剧武生艺术的发展，产生相当大的影响，与其他南方京剧名家共同丰富了南方京剧的地方特色，使之与北方京剧交相辉映，增添了京剧艺术在民族戏曲艺苑中的灿烂风采。"

刘海粟大师曾感慨道："张翼鹏可惜去世得早了，他实际上已经是位了不起的艺术家，也称得上艺术大师了。"

第三章

我的艺术人生

一脉相承，盖派无疆

爷爷言传身教，他总对我们讲：

搞艺术，要行动坐卧不离艺术。他教导我们要"学到老，练到老"。教育我们不要依赖别人，要靠自己才能生存，才能发展；做人要有诚心，学艺要有决心、恒心、信心，演出比赛时还要有平常心。爷爷讲他年轻时什么都学，什么都干过，学戏必须从跑龙套学起，要做到『狮子老虎狗』，外带上下手『全会，这才能精通戏班中的事，以后当主演成『角儿』才能胜任，才能称职。爷爷总教导我们要谦虚、要好学，要尊重配角儿，不要看不起小演员，因为天外有天、山外有山，能人太多。

《恶虎村》张善麟饰黄天霸。

一、爷爷传艺 幸福童年

幸福的童年

1940 年 9 月，我出生在上海一户名门之家。祖父盖叫天创造了独树一帜的盖派艺术，父亲张翼鹏是上海滩赫赫有名的"美猴王"、"新盖派"艺术的缔造者。我是家里的第三个男孩，我就是在盖派艺术如日中天、"新盖派"艺术业已被公认的当口，来到人世，举家大喜。满月时，祖父非常高兴地抱起我，亲了又亲说："麟儿诞生，我们张家又多了一个演员。"

我在无忧无虑且富有艺术氛围的环境中成长。八岁那年，父亲让我边读书、边练功，开始踏上爷爷、父亲从小所走的艺术之路。父亲深知作为一个好演员没有文化是不行的，由于家庭条件所限，他从小没读几年书。直到他在上海大舞台演出成名后，专请著名小说家程小菁先生教授文化，后来又向著名画家江寒汀先生学画，来增加自己的文化底蕴。对我，虽然不能直接进行文化教育，但一直很关心，时时教育我要好好学文化。

我的母亲李仪珍出身于梨园世家，但因为时代的局限，没有机会学艺演艺，可是在相夫教子时，是道道地地的贤妻良母。她主内治家有方，父亲主外无后顾之忧。母亲对我的教育培养很重视，父亲演出繁忙，母亲总提醒他抽空培养我们。我每天上学，母亲都请外公李祥林接送。外公一辈子从事京剧事业，是一位慈祥的老艺人，我的舅舅李君玉也是上海有名的京剧演员。外公给我的记忆是：一早就提着画眉鸟笼来我家，灰白的长胡子，年近古稀却很精神，他先教我练基本功，然后送我上学。到下午放学，外公又来接我回家，再练一遍功。记得外公教学很有方法也很严格，虎跳、飞脚、踢腿等基本功给我打得很扎实。

张善麟幼年照。

　　父亲一有空，就亲自给我们四兄弟开戏，他根据每人的条件"量体裁衣"，我的开蒙戏是《乾元山》，我大哥是《状元印》，二哥是《铁笼山》，四弟是《摩天岭》。由此可以看出，父亲平时对我们的观察细致入微，对我们的了解透彻准确，所以教学有的放矢，事半功倍。

　　父亲教戏有条不紊，教得非常精细。他后来教过我《八大锤》《闹龙宫》《雅观楼》《劈山救母》等戏，要求我不仅要准确表现剧中人物的一招一式，而且要正确区分不同人物的表演程式。如《乾元山》里哪吒上场的第一个亮相，脚的踮步，手拿枪的位置，和《八大锤》里陆文龙的身段、动作就各不相同。父亲每教一招，都明明白白地讲出道理，我们一时学不会，他很有耐心，反复示范，让我们模仿，还经常让我们看他练功。他总说：学艺就好似写大字一样，要临帖写正字，不理解先模仿。记得那年大热天，他练新创作的《文天祥》，穿着毛巾浴袍，头上扎着甩发，因为头发和毛巾布容易粘上，在手中耍枪、甩发时，练的就是不让头发粘上浴袍的功夫。我们看在眼里记在心中，暗暗钦佩父亲对艺术的认真执着。榜样的力量是无穷的，父亲给我们做出榜样，我到现在还记忆犹新。那时我就暗下决心，一定要像父亲那样刻苦练艺，成为像父亲那样的大演员。当时家中很富裕，我不像爷爷、父亲的童年过的是苦日子，我边练功、边读书虽然辛苦，但因为我想好好唱戏，所以从小就不怕苦，何况每天多练点功，母亲还额外有赏钱，真是感觉很幸福。

当时我父亲红极上海滩，每次演戏轿车接送，还有两个保镖。父亲的武功自保有余，配备保镖，一是以防万一，不会因为意外事件影响演出；二是旧上海的陋俗，以此显示身价。小时候我家境富裕，仅举一例：父亲承诺我们兄弟姐妹谁考上初中，父亲就奖励一辆新自行车。我记得给我买的一辆是国外进口的跑车，非常漂亮，同学们非常羡慕。那时候一辆外国货跑车，好似现在青年学生开一辆汽车去学校，十分耀眼。

在初步学到京剧武戏的基本功之后，我父亲就请我的大姨父刘壁麟教我们文戏。大姨父是在上海专教文戏的老师，拉一手好京胡，教戏很有经验。我的开蒙文戏是《四郎探母》，后又学《文昭关》《失空斩》等文戏。父亲用心良苦，深知潜移默化、学以致用的道理。前者，在我很小的时候，父亲就带我去后台看戏，长年累月的艺术熏陶，使我平时学戏容易理解；后者，光学不演学不到真功夫，一有机会，父亲就让我扮个小猴上台，在我十三四岁时就粉墨登台，陪父亲演大戏。

正当我无忧无虑地生活、兴高采烈学艺的时候，厄运突然降临。积劳成疾的父亲在1955年突然发病，抢救无效，一星期后去世。我家的一棵参天大树倒下，我的幸福的年少时光在我十五岁时就此告终。

初涉梨园

我在十三四岁时就粉墨登台，陪父亲演大戏。准确地说，在我九岁时父亲让我在京剧连台本戏《西游记》中扮演小猴，说是让我先熟悉熟悉舞台。

我第一次正式陪父亲张翼鹏登台演出，饰演《大闹天宫》中的哪吒。至今六十多年，当时的情景历历在目，深深印在脑海里。这是我艺术人生的起点，这是我延续盖派艺术历程的起点，有许多值得我回味、思索、留念的东西。

《大闹天宫》是父亲的代表作，角色多，场面大，可看性强，观众喜欢又过瘾。报纸一登广告，海报一贴戏码，剧场就爆满，连过道都站满观众，连内行都来观摩。那阵势那场面之大，真是把我吓坏了。整台演出演员上上下下络绎不断，圈内人说是"唱死天王累死猴"。托塔天王唱了一段又一段，唱完一段便派遣一拨天兵天将。一队一队人马接踵而上，扮演齐天大圣的演员是打了一队又一队，开打还要有变化。我演的哪吒，戏很少，但因为是第一次在全本大戏中饰演有名有姓的角色，我禁不住紧张。父亲早早给我扮好戏，准备候场。当我孩发一带，服装一穿，看上去还很精神，自我感觉也不错。然而，等"托塔天王"大点兵唱"十万雄罴"，大摆队开始，我的两腿直发抖。众神将一拨一拨上场，最后一对是我和二郎神，出场一亮相，观众就热烈鼓掌（因为剧场大门口早就宣传张翼鹏的儿子张善麟扮演哪吒，观众爱屋及乌，还真捧场）。好在哪吒第一次出场动作不复杂，上高台一站，虽紧张但发挥还正常，等到天王派将时，我心中已稳住了。在下场时舞一个枪花、亮相，还得到喝彩。

第二次上场是哪吒单过场，好在我在折子戏《乾元山》练过这个角色，已经掌握哪吒的舞枪花和耍圈技巧，因此这场单人过场的耍圈、耍枪很顺畅，还不错。第三次出场和我父亲的对打，难度很大。因为父亲有一套"一身四绝"的出手，来表现孙悟空法力无穷，戏耍众神将的一整套的舞蹈是父亲绝招，又是这场戏的卖点和主要看点，我的配合很重要，不能疏忽、不能干扰。我专心表演这段对打，圆满地完成规定动作，观众给予热烈的掌声，还得到父亲的表扬。那天晚上的演出，我感觉父亲处处在照顾我，因此很顺利。演出后我好兴奋，第一次正式登台就和父亲这么大的角儿一起演出，真幸福！好多人很羡慕我。

第二次演大戏是1954年在无锡大舞台陪父亲演出《三盗芭蕉扇》。由于我舞台上很机灵又不怯场，《闹天宫》里的哪吒演得不错，父亲就让我演戏中的"红孩儿"一角。这角色虽然也是"娃娃生"，但比哪吒戏的分量重多了。戏的前半场表现红孩儿和唐僧师徒四人的矛盾冲突，表演难度颇大。父亲对我下了很大功夫，特别是有一场红孩儿练武，我那时正在学《八大锤》，父亲就重新编排陆文龙的舞双枪，让我充分发挥来表现红孩儿武艺高强，演出后效果很好。因为红孩儿扮相漂亮，一身红，戏又多，有唱有念，有文有武，是个小主演，比较突出，有亮点。加上我有上次演哪吒的经验，胆子大了，在舞台上敢表演，演出水平上进了一大步，观众看了相当满意。

第三次是1955年，在宁波市的兰江大戏院陪父亲演出《真假美猴王》，我扮演的是假猴王，戏更加难演，给我压力更大。由于父亲教戏非常有办法，事前教我演过《闹龙宫》，我有了演猴子的舞台实践，所以很快就胜任这一角色。在宁波演出时，父亲亲自给我画猴脸，我的扮相、穿的服装、戏中的身段、亮相与父亲一模一样，几乎分不出真假，演出效果非常好。剧团的内行都夸我演得好，我父亲很高兴。我在小小的年纪有幸和父亲同演这三出戏，使我终身得益。父亲的舞台经验太丰富了，他一出场就有亮点，就能吸引观众的眼球，他刻画的美猴王真叫美，他的猴脸会动，一动就叫好，观众就认张翼鹏的猴王，场场演出无不轰动。观众称赞父亲"看不煞（厌）的张翼鹏，唱不坍的《西游记》"，同行称我父亲的艺术和祖父的盖派有区别，说张翼鹏的艺术"巧（精巧）、俏（俏丽）、妙（美妙）"，青出于蓝胜于蓝，被公认为"新盖派"。现在回想起我以有这样的父亲感到自豪、感到骄傲。能和当时上海滩红得发紫的美猴王张翼鹏同台演出，真是太幸运了。

为了让我提高艺术素养，学习京剧不同流派武生表演的特长，父亲经常带我去看戏。记得20世纪50年代初，厉慧良先生刚从监狱中出来，就带了一双厚底靴到上海搭班演戏。那次在中国大戏院演出，父亲带我去看，演的好像是《挑滑车》。这是厉先生在共和国成立后第一次在大上海演出，演出很成功，给上海观众留下深刻印象，评价很高。父亲看戏后对我说，要好好学习厉先生的厚底功。我因为年纪还小，对厉先生的艺术不能完全领悟，但大开眼界，原来穿着厚底靴也能表演如此高难度的武功。后来听说厉先生在监狱中一直穿着厚底靴，因此厚底功特好。1985年，我在北京人民剧场遇上厉先生。那时他刚从香港演出回来，住在人民剧场招待所。他穿着蓝色练功裤，脚穿厚底靴，手上提着热水瓶到锅炉房打水。当时给我印象非常深，这么大角儿，平时日常生活中都不忘练功，他的功夫怎么会不好呢？！他见到我非常高兴，谈起我父亲的艺术他非常佩服，就是去世太早，太可惜了，还让我代问我母亲好。厉先生当年也是在上海滩长大的，因此对我父亲非常了解，看过我父亲很多戏。他少时还和我三叔小盖叫天同台演出《四平山》，我三叔演李元霸，厉先生演裴元庆。

我父亲非常疼爱我们，记得父亲带我们弟兄去爷爷家，爷爷比较传统，喜欢男孩，见到我们孙子辈非常高兴。每次去，他总给我们好多钱买好吃的，还总叫我们跟他练功。我们弟兄多，祖父记不住我们的名字，他见我很灵活、很聪明，又很瘦，身子轻飘，很像《天霸拜山》中轻盈灵巧的朱光祖。他一见我总叫我"朱光祖"，要我跟他练功；我如果没去，爷爷总是问父亲："那朱光祖怎么没来？"我们小，不懂事，总向父亲要求去爷爷家，跟爷爷练功（因为去爷爷家又有好吃的又给钱），爷爷在我们心中是一位和蔼可亲的老人。父亲深知爷爷教戏的严厉，总和我们讲："你们要跟爷爷练功，练一天都受不了。"当时我们不信，我们想跟爷爷学戏，爷爷会教我们盖派绝招，会教爷爷的代表作《武松》《恶虎村》《一箭仇》等戏。后来亲临其境，在爷爷"封闭式教学"期间，刻骨铭心，终生难忘。

"燕南寄庐"封闭式学艺

1955 年，我十五岁，父亲张翼鹏突然病发去世，家中一棵参天大树倒下，一家大小无依无靠，坐吃山空，一向富裕的家庭很快陷入窘境。爷爷盖叫天疼爱孙儿，不光是经济上资助，更吃重的是要代替父亲把我们几兄弟培育成才。将近古稀之年的爷爷把我们接到杭州金沙港他的居所"燕南寄庐"，开始他老人家独创的盖派封闭式教学。

1. 第一次训话

第一堂课不是讲盖派艺术的历史和表演要领，也不是示范和教我们练功，而是语重心长地训话。那天，祖父把我们叫到大厅上，非常严肃地对我们讲："你们已老大不小了，没有时间再玩了，你们是在蜜罐中长大，过着'衣来伸手、饭来张口'的生活，不知天多高地多厚，我在你们这岁数已经养家了。现在开始要收心，给你们立规矩，没有规矩不成方圆，明天开始不许出门，在这'深山练武'。把心收起来，不要胡思乱想，集中思想练功，你们是暖房的花朵，经不起风雨，从头开始，吃得苦中苦方为人上人。"听这一番话，我们惊呆地看着爷爷那张威严的脸，和以前在上海、父亲在世时带我们去祖父家见到的和蔼可亲的慈祥老人判若两人。

2. 第一堂课"扫地"

爷爷教我们的第一项就是"扫地"。当时我们想不通，家中有帮工，不叫他们扫地，叫我们弟兄扫，每人分配一块地，这扫地不是一般的扫地，爷爷要我们"前弓后箭"地扫地，扫地要立腰，要有形象，是艺术化地扫地。爷爷亲自示范教我们前弓后箭地扫，步法要到位，还要用眼。秋天落叶，一阵风把扫得干干净净的地，又吹得满地是树叶，又要重扫。爷爷教我们要顺风扫。大冻天还不准戴手套，手拿着长竹竿的扫把是冰凉冰凉，这是扫大院。扫屋内时，要用闪、展、腾、挪。爷爷家古董多，不准碰着。扫到红木桌下边时，还要求我们用"燕子抄水"进桌内扫，就这样一遍地扫下来，腰也疼、腿也酸、手也冻僵硬，这才开始练基本功。就连日常生活中，爷爷也要求我们养成一切不脱离艺术的习惯，衣食起居，连浇化、打水等等一举一动都要有"相"，也就是要注意造型美。他这是在锻炼我们"生活艺术化"。

3. 第一天练功

第一天练功，不教我们云手、走边等，而教我们"立正"。人身站直，立腰、收腹、平视等。爷爷讲，这是先教你们一站，站都不会怎么能上舞台？"一戳一站"最重要，最基本。就让我们"站正"耗着，不多会儿我们腰就立不住了，然后爷爷就用鸡毛掸子给我们插在后腰上，这样能锻炼不"猫腰"。这样练几天后，又让我们开始走步，走"正步"，立腰走，好似部队操练的正步。这样练上一阵子，看我们"归路"了，

185

有样了，这才开始让我们练基本功，踢腿、打飞脚等。但踢腿也是插着鸡毛掸子踢，立腰踢，不准猫腰，腿踢不高不要紧，关键先要有样，时间长了，腿会踢高的。爷爷特别注重形象。打"飞脚"也一样，先不求高，而要"相"，立腰打，爷爷讲这样练出的是"武生飞脚"。然后才跑"圆场"、学"走边"等一步一步走上爷爷的"轨道"。爷爷总反复对我们讲："一寸光阴一寸金，光阴流逝得很快，行、动、坐、卧都要想着艺术。"就这样每天饿着肚子练到十二点，才让吃早餐。爷爷的理论是"吃了烟火食练不出功"。吃好早餐后，把我们叫到大厅上，盘腿一坐听他"讲经说法"。爷爷是光头，让我们兄弟也剃光头，盘腿坐在大厅两边椅子上，真好似一个老和尚给几个小和尚在讲经说法。爷爷叫我们盘腿坐是为了练腿腕子，舞台上一抬腿漂亮，这是盖派腿腕子，特讲究。他是前三皇、后五帝和前辈的老先生表演，什么都讲，我们只有听的权利，讲完后，他看我们早餐消化完了，马上又叫我们练功拉戏。就这样我们一天最少练四遍功，特别是大冬天晚上十点钟我们都困了，用他的话讲，还要"加工进步"，再练扎靠戏，直练到十二点才让睡觉。就这样"深山练武"。

我们在上海哪里受过这样的苦，叫天天不应，叫地地不灵，当时我们真是受不了，但为了生存只好忍受一切。这时我们才真正体会到父亲对我们讲的话："你们要跟爷爷练功，你们一天都受不了。"

苦练《恶虎村》"走边"

经过几个月的刻苦修炼，我们兄弟几个的"一戳一站"和走"圆场"等基本功算是有了不小的进步，终于得到了爷爷的认可。这天，爷爷等我们练完基本功，笑眯眯告诉我们，今天开始教形体，练身上功夫，先从《恶虎村》里的"走边"开始。

"走边"是形体训练的基础必修课，而《恶虎村》中的"走边"是武生的必修课。著名表演艺术家张云溪先生就曾经说过：《恶虎村》是盖叫天先生的代表作，半个世纪以来，无论是大江南北，关里关外，盖叫天先生这场'走边'，被一致公认为典范。'走边'一折是盖老的精华之最。在南北的武生不管学不学盖派，恐怕没有人不练这场'走边'的。而且每天都要练上几遍。"

爷爷要把他的代表作教给我们，这让我们既兴奋又忐忑，兴奋的是这几个月的苦没有白吃，我们终于得到了爷爷的认可，盼到了学爷爷拿手戏的这天；忐忑的则是爷爷教学向来非常严格，差一点都不行，我们的基本功差，如果学得不好爷爷肯定会发火，他一发火，大家又要吃苦头了。好在这次爷爷显得耐心十足，他告诫我们："你们要认真学，一招一式学，不要贪快，这套'走边'基础打好了，今后学戏就快了。"

早就听爷爷的粉丝讲过："看盖老的《恶虎村》，一个'走边'就值一半票价。"这种说法证明了这场"走边"的价值和重要性。所以到爷爷教我们练功这天，我们一早就收拾利索，热完身，急切地等着爷爷来上课。谁知爷爷来后，却不温不火地给我们讲起《恶虎村》的剧情来。爷爷告诉我们："黄天霸因施仕伦升迁，拟归绿林，又恐施仕伦途经恶虎村为盟兄濮天雕、武天虬劫持，暗地跟踪。濮、武果要为莲花院群雄报仇，劫施入庄。黄天霸乘机以祝寿为名，入庄刺探，濮、武百方遮掩，终被黄看破，黄夜入恶虎村搭救施仕伦，与濮、武反目，黄用金镖打死三哥武天虬夫妻，用酒坛摔死嫂子濮妻，二哥濮天雕见状自刎，黄救出施仕伦火焚恶虎村庄院。"事实上，《恶虎村》的剧情我们早就知道，只是没敢打断而已。爷爷看出我们的疑惑，就告诉我们：梳理剧情和人物关系，是为了让我们深入了解人物和他的内心世界，了解人物才能演活，而了解人物的内心世界才能表现出他的精气神。就拿"走边"来讲，因为是表现"黄天霸夜探恶虎村"，所以警惕性和隐蔽性就是这折戏人物表演的核心。等我们彻底理解了人物和剧情之后，爷爷终于开始教形体上的一招一式了。爷爷教我们这套"走边"是分为三段教的。

第一段从"初更"出场到探路的亮相。

一出场，"三步一个错步一甩大带一个颠步半蹲"，黄天霸急步登场的亮相。仅仅这第一个出场亮相，爷爷就亲自示范了几十遍，为什么呢？爷爷说了，演员一上场就要抓住观众，要让观众的视线集中到你身上，你要表现出黄天霸这个人物的武艺高强，把干净利落的形体美呈现给观众，所以第一段非常重要。虽然有爷爷的示范，但我们却怎么也模仿不出他的那个"相"，仅一个颠脚半蹲亮相就反复给我们纠正腿腕子，我们总是不到位。他要求武生脚腕子要往外撇开，不是直颠步，直颠就是武丑亮相。爷爷非常仔细，严格把关，区分武生和武丑的颠步。这么一个出场学了整整两天，爷爷还是不满意，但我们自我感觉形体招数都没错，问题到底出在哪里呢？按照爷爷的说法，我们缺少的是"人物的精气神"，没有黄天霸上场的霸气，要知道只是动作做对没用，人物一旦没有灵魂，动作再对也是死板的。

在爷爷的一再提示下，我们开始回想爷爷讲解过的黄天霸这个人物，开始体会应该带什么情绪上场，然后结合爷爷的示范，再反复练习。终于，爷爷再次看我们练习时说："今天这出场亮相有灵魂了。"然后鼓励我们不要忘记，以后每次练习都要按照这次上场的范儿练。爷爷总讲："这'一'是最难，一好了才有二，一生二，二生三，三生万物，万物归一。因此这'一'，一定要练好、练对才行。"爷爷非常认真，一定要等到我们的第一个出场完全满意后，他才往下教。

上场的感觉找对后，后边学习就顺利起来，因为我们真正理解了爷爷的要求："走边"不是光学形体动作和套路，更重要的是这些形体招数背后要附有人物的灵魂，这样才有生命力。下来是一个"跨虎"动作，左手向前一指表示要纵身而过，一个"飞脚"凌空跃起，越过了去路上的障碍，随后是"飞天十响"，表示整顿衣靴，收紧绦带；同时要表现人物紧张急促的内心节奏。接着又一个"飞脚"，接一云手跨腿转身，表现环顾四方，一闪身一个左前弓两眼虎视眈眈亮相。爷爷要求在做这个动作时两眼要迅速地左右扫视，观察周围动静，把黄天霸阴狠的性格和此时的心情表现得淋漓尽致。爷爷讲，这段"走边"中许多动作都表现道路之崎岖不平，上坡下洼的曲折路径，要我们仔细体会。同时，他要求我们两个"飞脚"要立腰，有样，打出"武生飞脚"，使舞台上千变万化、美不胜收。

第一段整整教了一个月，直到我们练得基本符合他的要求后，才开

《恶虎村》盖叫天饰黄天霸，盖派"鹰展翅"造型。

始教第二段。

第二段是回身转顾"更声"二响，"呀"的一声，大带也随着踢上肩头，向前一个"小错步"里扔下大带亮相。随做形体身段随念诗："仁义礼智信为高，身入公衙为哪条？不该贪图凌烟表，只为县尊两绝交。"

爷爷对这组形体动作的要求是"干净利索，变化多端"。因为此时黄天霸的心情非常复杂且充满矛盾。爷爷在讲解这组动作时告诉我们，这组动作不管是位置还是角度，都是他精心研究编排的，变化多，快中见稳，造型美，柔中见刚，动作干净利索，节奏强烈明快，特别是大带的运用要巧妙。爷爷要求我们踢大带时眼睛不看大带，上身形体照做，眼神注意看路，一抬腿大带就踢上肩膀，既快又不乱。这样的设计既符合黄霸天这个人物"武林高手"的举手投足，又是非常艺术化的表现形式，但也增加了这段动作的复杂程度。"前踢迎面腿"、"干拔飞脚"、"云手踢带"、"手脚相反独立转"等一系列难度较大的动作让我们学得异常艰苦，每天出的汗要让我们换好几件练功服。这段高潮过后，舞台暂呈平静，黄天霸有段自述独白，表现他此番进庄的打算。

第三段是这场"走边"的重中之重。"哧嘟嘟"一阵风声，黄心中一惊，怀疑有情况，月黑风高，路途崎岖，纵横交错的枯枝被寒风吹得摇晃不已。

爷爷要我们此时背手仰面屏气凝视。"呀"，"看"，亮"鹰展翅"动作。爷爷教我们的，是他独创的盖派典型的招牌造型"鹰展翅"。当年父辈曾经讲过"鹰展翅"的来历，早年爷爷在杭州故居养过老鹰，原来准备在一出武侠戏中让真鹰上场。据说爷爷为了驯鹰，开始时每天在院内用宝剑扎块肉喂雏鹰，后来喂熟了，爷爷就舞动宝剑，不让鹰叼到剑尖上的肉，鹰为了吃肉，就会围着爷爷的宝剑盘旋飞舞，形成人鹰互动的优美舞蹈，可谓别出心裁，精彩之极。可惜在创新即将成功的时候，有一天鹰饿过了头，在急切中出现失误，直奔爷爷的眼睛而去，害得爷爷差点伤了眼睛。爷爷无奈只好放弃了这次人鹰对舞的尝试，但爷爷通过养鹰、驯鹰，对鹰的飞舞和盘旋降落非常熟悉。优美典型的"鹰展翅"的造型，就是根据真鹰飞舞盘旋降落到树干上的形态神情而设计出来的舞台造型。

张善麟苦练《恶虎村》走边。

"鹰展翅"这个动作要求两臂平伸左手向上反翘，俯身，左腿蜷曲在独立的右膝上，面部由下向左上方注视，像一只展翅苍鹰自空中盘旋而降，在树干上似落未落的神态。这个姿势把造型的优美和人物的神情惟妙惟肖地结合在一起。这个动作说说容易练起来难，不管我们模仿多少遍，怎么也达不到爷爷的要求，按照爷爷的说法就两个字"不合"，上下身不合，腿腕子不合，反正哪里都不合。不管爷爷怎么示范，怎么手把手帮我们摆"鹰展翅"的姿势，一直到把我们练得不知所措，还是两个字——"不合！"最后我们实在没方向了，就斗胆请教爷爷，到底怎么才能"合"？结果爷爷看看我们，就说了一句："你们练吧，对了就对了。"于是我们继续茫然，虽然还是不明白爷爷的意思，但既然爷爷叫我们坚持，我们只有坚持苦练这一条路。直到练成才明白了爷爷的意思，那就是"功到自然成"这五个字。

接下来是这场"走边"最精彩的表演。

念白："看那，云遮半月，路岖不平，风吹树梢，奔走荒郊，好不凄凉人也！"爷爷在教我们这组身段时再三告诫：这是一组话白铿锵、动作优美似行云流水、由缓渐快变幻自如的表演，要下大功夫。这场"走边"结束亮相要脆而美，把黄天霸这人物的双重人格表现出来。让舞台上再次涌现高潮，让观众留下回味。

学《恶虎村》"走边"一折，让我们对盖派美的艺术有进一步认识，更喜欢、迷恋这门传家之宝，让我们真正感受到盖派艺术的严格、难学，处处要"合"，严丝合缝，差一点都不行。同时，我们也感受到了爷爷对艺术的执着，一丝不苟，精益求精。爷爷教学的表率作用让我们懂得，学艺必须像爷爷那样"较真"才能学到艺术精髓，也真正理解爷爷讲的学艺"慢就是快"的道理。这段经历让我们对学习更有信心，下决心要加倍苦练，继承好盖派艺术。

此后，这场"走边"是我们每天练形体的必修课。直到现在，我每天还在练这场"走边"，数十年如一日从不间断。至于其中"鹰展翅"这个盖派的招牌造型，也早就被各剧种，包括舞蹈界所借用。早在1964年北京举办的"京剧现代戏会演"上，江西省京剧团参演的《大渡河》一剧就运用了盖派的"鹰展翅"。过"泸定桥"时，十几个演员排成一行手搭手组成了一个"鹰展翅"造型，又漂亮又壮观，表现了过泸定桥的气势。爷爷的艺术遗产可谓是功德无量，无愧于外国专家对他"中国舞蹈大师，活的雕塑"的赞誉。

雪地练圆场

记得这年冬天，杭州下起了鹅毛大雪，整个杭州城银装素裹，断桥残雪分外妖娆。我们练功的"燕南寄庐"内也宛如冰封世界，水泥地上厚

盖叫天示范走圆场。

厚的积雪把练功场变成了滑雪场。我们几兄弟像往常一样早起练功，一看场地顿时笑不动了，练功场积雪盈尺，别说练功了，走路都高一脚低一脚，于是大家叽叽喳喳、嘻嘻哈哈、打打闹闹，堆雪人打雪仗，享受难得的轻松自在。

也不知道是不是因为听到了我们的吵闹声，爷爷从大厅走出来问我们为什么不练功。我们理直气壮地指着场地告诉爷爷："这场地，没法练。"爷爷一听就怒了，绷着脸道："下雪就不练功了？把雪推到边上去，照样练。"我们无奈只得照办，大家找来铁锹、扫帚、木板，一阵风清理好场地，然后准备像往常一样练踢腿打飞脚、走边等基本功。谁知爷爷又给我们出难题，他让我们改穿厚底靴，今天专练跑圆场。正常演出穿的厚底靴靴底都有一层防滑的皮，但我们穿的厚底靴因为是练功用的，都是又旧又破，鞋底的防滑皮早就磨没了，鞋底的硬纸板露出，一沾水差不多就变成溜冰鞋了。穿着这样的鞋，在满是残雪冰碴的水泥地上走圆场，结果就是一个字"摔"。一个圆场下来，兄弟几个是此起彼伏地摔了一路，爷爷笑呵呵看着我们，不知道算是鼓励呢还是幸灾乐祸地在那里喊："摔了不要紧，起来再接着跑啊。"

也不知道摔了多少跟头，一身是泥水的我们终于开始适应湿滑的地面，能够顺利走完圆场了。我们刚刚松口气，不料爷爷又给我们"加码"，要我们加速，跑快速圆场。此时的地面已经在我们的踩踏下由冰雪变成泥浆水，比刚才更滑，这么一加速，又是此起彼伏地摔倒爬起。大家就伴随着"哎呀"、"扑通"的音响效果一直跑一直跑，直到"音响效果"没了，大家不管什么速度都不摔了，爷爷才让我们休息。爷爷告诉我们说："一天不练自己知道，两天不练同行知道，三天不练观众知道，别说刮风下雨下大雪，就是下刀子也不能不练功。"

至于爷爷为什么非要选在大雪天地最滑的时候让我们练圆场，当年我们认为爷爷可能是因为我们一早自说自话不练功打雪仗，故意惩罚我们，但是若干年之后，我却在一次演出中尝到了这次雪地练功的甜头。在那次演出中，由于是全新的舞台全新的地毯，我穿着厚底靴一上场顿时感觉不对，场地太滑了！好在经过了当年"雪地练圆场"的经验，我稍微走了几步就找到了感觉，提气悠着，擒着份儿，把圆场跑得自如非常。此时才真正从内心里感受到爷爷的高明，若非有了当年的极限苦练，又怎么会有今日的运用自如？

"羊怎么上树的"

自从跟随爷爷进行与世隔绝的"深山学艺"后，我们弟兄渐渐习惯了这种生活，开始心无旁骛，一心练功。爷爷见我们真的做到了他所要求的"收心"，对我们的管理便开始有些松动，不时会领着我们到户外走走，徜徉在山水之间，让我们领略大自然的美好风光，开阔眼界，开阔胸怀。虽说是闲逛散步，可爷爷"三句不离本行"，时不时要给我们"讲经说法"一番，相比在家那种严肃的"讲经说法"，爷爷在室外的"讲经说法"显得更加亲切，更加富有幽默感。

有一天练完功，爷爷带我们出外遛弯，路上看到一群羊在吃草，爷爷突然发问："你们知道羊怎么上树的吗？"我们弟兄几个一下子被爷爷问蒙了，面面相觑，不知道怎么回答。爷爷见我们都傻站着，就笑着说："是抱上去的。"我们虽然知道这是答案，但还是没明白爷爷突然冒出这么一句是啥意思，大家继续傻站着发愣。爷爷一看我们没明白他的意思，就一言道破天机："羊不会爬树，所以羊要上树，当然是被人抱上去的，但是因为它不会下树，所以抱得越高就摔得越重。只有自己想办法爬上去，才不会摔下来。这和你们学艺一样，要靠自己闯，不能靠我抱你们上去，我把你们捧得越高，你们就摔得越重。"爷爷接着说："常言道'是骡子是马拉出来遛遛'。以前演戏，上场门、下场门分别挂着'出将'、'入相'的门帘，拉开门帘一上场，观众就知道你有没有玩意儿。我们在舞台上靠谁都靠不住，要想赢得观众的赏识，只有靠自己，靠真本事，掺不得一点假。自己闯出来的名望是观众认可的，靠我捧你们是没用的。"爷爷说到这里，我们才恍然大悟，爷爷是在教育我们，不要以为背靠大树好乘凉，背靠大树也就只能一时乘凉，是成不了才，成不了参天大树的。

爷爷曾对我们讲过，他已经七十高龄，叫我们抓紧跟他学，他要在有限的时间里尽量多教我们一些。因此爷爷一直让我们寸步不离跟随他，随时随地向他学艺。爷爷再三提示我们要"先学做人"，他不希望我们做"被抱上树的羊"。爷爷深知成名不易，他还对我们讲："要想成为名角，一定要从跑龙套开始，狮子老虎狗，龙套上下手，都要学。这样一步一步锻炼，再演主角那才行，这样成角儿才扎实。"

爷爷不厌其烦地说："你们要学你们父亲张翼鹏，他就是不靠我，靠他自己勤学苦练闯出来的。他的名望是扎实的，观众承认，观众心中有他，他才能在上海连唱四十几本《西游记》，一举成名。在上海滩站住是不容易的，张翼鹏三个字来之不易。"爷爷赞扬我父亲当年刚出道时陪他演出全本《武松》，父亲"一赶三"：《武松打虎》扮虎形、《狮子楼》扮演西门庆、《飞云浦》扮小解子。三个角色演得都很称职，不但爷爷认可，观众和行内都赞赏。看过我父亲演出的老艺术家，如周信芳、李万春、高盛麟、厉慧良、张云溪、小王桂卿等都是赞不绝口。

爷爷在教育我们这一代时也是这样做的。他以七十高龄演出全本《武松》时，就让我们扮演《飞云浦》中的打手；演出《垓下之战》，让我们扮演子弟兵……在我们胜任这些小角色后，爷爷让我们升级，在他演出《一箭仇》时，让我扮演武松，我的哥哥、弟弟扮演卢俊义、林冲。等到我们在艺术上达到一定程度时，爷爷才让我们演一出正戏，他就是这样循序渐进地磨炼我们。

爷爷不但对我们讲过"羊怎么上树的"的故事，还讲过狼的故事。他说："狼培养小狼，就是咬着即将长大的小狼出去，不让它进窝，让它自己在外边找食吃，这样它才能生存，娇生惯养永远长不大。"爷爷深爱我们，但为了我们今后有出息，他要我们自己去闯江湖，自己去创"牌子"。我们是他的后代，又是他亲传，只要爷爷一句话，就凭"盖叫天"三个字，哪个京剧院团都能进，但爷爷不允许我们打他的牌子。

我们那时太年轻，没有社会经验，让我们自己去闯谈何容易。何况当时我们总还有些优越感，有点自以为是，自我感觉良好，总认为自己

"根正苗红"，身上是有真功夫的，应该是唱角儿的料。可是这是不切实际的，到了剧团，人家又不知道你是何方神圣，一切都按常规办事，总是先派你小角色，甚至跑龙套，我们内心一时接受不了，却又无可奈何。到处碰壁之后，才想到"从龙套跑起"的祖训，于是也就安下心来，接受现实，总结教训，虚心向团内外的高人学习，改弦易辙，踏踏实实地演好每一个角色。从一个有培养前途的青年演员熬成主演，不知要花多少时间，没有耐心就会半途而废。我们的这份耐心就来自出道前爷爷的训教。

我们跟随爷爷练功，很难听到他说我们好，总是这也不行那也不行。可是有一次排戏，他突然夸我们说："今天才找到范儿，劲才对。"他特别高兴，再三告诫我们别忘了，要用劲，没劲没激情不行，找到就找到了，找不到练多少遍也徒劳无用，要我们千万别忘。我们听了很高兴，每天就照爷爷的要求用劲练，没想到过几天他又说全不对了，把我们狠狠训一顿，又给我们纠正，他说我们太用劲了，像傻小子一样，毫无美感。他现场示范，我们照他做，他说对了，这才美。我们于是又照他的要求练。有一天他来一看，又训我们说："怎么一点不用劲。"这一回我们是真的搞不懂了，我们可全是按照爷爷的要求练的呀。爷爷又仔细地、反复地给做示范，详细地讲解分析后我们才明白，原来爷爷要求的是刚柔并济的美。就这么一个角色，我们反反复复练习好多天，练好了功夫固然重要，更可贵的是养成了一种好习惯：学而不厌，练而不烦。

随着我们在漫长的学艺道路上越走越远，我们也越来越理解爷爷说过的那些故事，"羊不能抱上树，抱得高摔得重"；"狼要把崽子赶出窝，让它自己去觅食"。我们也越来越能体会到爷爷对我们父亲张翼鹏的评价："张翼鹏的牌子是靠他自己苦学苦练闯出来的。"确实，要想登上艺术的高峰，只有靠自己不懈地努力，不懈攀登，才有成功的可能。

爷爷教我们烧饭

在"燕南寄庐"，爷爷在传授我们艺术的同时，总是结合着教我们做人的道理。他每说一句话，每做一件事，哪怕每讲一句笑话或者一顿训斥，甚至是扫一次地都和演戏有关。他总对我们讲："搞艺术，要行动坐卧不离艺术。"

一天，爷爷兴致勃勃地叫我们弟兄站成一排，问我们会不会烧饭，会不会做菜。我们在上海一向是衣来伸手，饭来张口，哪懂这些啊？爷爷笑眯眯地对我们说，今天我来教你们烧饭做菜。他很细致地教我们怎么生火，怎么用柴，柴放在炉内要架起来，这样柴又省火又旺。接着又对我们讲，烧菜的关键是火候要把握住度，火候不到不行，过了也不行。比如杭州楼外楼的西湖醋鱼，鱼下锅后早撩（捞）上来鱼肉不熟、晚了肉又老了，能够掌握火候，把握住度，把鱼肉烧得又熟又鲜嫩，这就是楼外楼大厨师的绝招。他还教我们炸荷包蛋，要求这鸡蛋外要二面黄、内里还要溏黄。他亲自示范操作"炸荷包蛋"，等油冒烟了，把敲开的鸡蛋倒下，然后叫我们在边上数数，一、二、三、四……直数到十，数到十把鸡蛋翻身，再数十下起锅。这样油炸的鸡蛋正反两面黄、内又是溏黄。

说了半天烧饭做菜，爷爷终于切入正题，他说烧菜烧饭和我们演戏刻画人物是一样的，要掌握技巧，把握好度，"火候"不到不行，过了也不行。后来爷爷教我们"武松打虎"和"武松醉打蒋门神"中武松醉步时又说，这度一定要把握好，过了好似醉鬼，不是武松，不到位则表现不出醉态，还是不像武松。

爷爷不但告诉我们道理，更以身作则言传身教，他每天早上起来都要先练一遍功，晚上十二点在故居大院内的石桌上点一炷香，爷爷耍剑，祖母弹古琴，在"燕南"宅院幽静的夜晚，听着古琴声，看着爷爷美妙的舞姿，配上"燕南寄庐"古色古香的亭园，画面真是美极了！爷爷是个孝子，母亲去世后在坟旁守孝，但即便这个时候他也不忘练功，他把每天须练的功移到坟旁练，爷爷的绝技双鞭就是在太祖母的坟上创练成功的。爷爷讲，在坟旁练，有母亲天天在旁边看着，他更有动力，更不会偷懒。

爷爷言传身教，他总对我们讲：搞艺术，要行动坐卧不离艺术。他教导我们要"学到老、练到老"。教育我们不要依赖别人，要靠自己才能生存，才能发展；做人要有诚心，学艺要有决心、恒心、信心，演出比赛时还要有平常心。爷爷讲他年轻时什么都学、什么都干过，学戏必须从跑龙套学起，要做到"狮子老虎狗、外带上下手"全会，这才能精通戏班中的事，以后当主演成"角儿"才能胜任，才能称职。爷爷总教导我们要谦虚、要好学，要尊重配角儿，不要看不起小演员，因为天外有天、山外有山，能人太多，千万不要看不起任何人。

舞台上漂亮才是真漂亮

美，无处不在，无时不在。大千世界中的日月星辰、山川湖海，春夏秋冬、风花雪月等等，美在天然，美在自然。芸芸众生的高风亮节、尊老爱幼、乐善好施、锄强扶弱等等，美在心灵，美在品格。还有一种艺术美，蕴含在经过人工创作、为受众所欣赏的艺术作品中。这些作品，有的是可以直观的艺术品，如工艺品、字画、雕塑、服装等等；有的是让人在欣赏时感受美轮美奂的艺术，如音乐、戏曲表演、非物质文化遗产中的许多技艺等等。

"爱美之心，人皆有之。"不过，究竟什么叫美？评价美的标准又是什么？对此却因人而异，各有看法，还会有意思近似的不同说法，如"靓丽""漂亮""好看""秀丽"等等。从字典中来说，美丽的同义词就是漂亮，漂亮就是让人看了一眼就忘不了。祖父盖叫天常对我们说："舞台漂亮才是真漂亮。"他要求后辈在舞台上展示的漂亮是"真漂亮"。观众看戏，中意的是"艺术美"。观众在欣赏编导演、舞美、音乐、灯光、服装等舞台综合艺术美时，最津津乐道的是演员表演的艺术美。祖父没有学过美术理论，也没有进行过舞台艺术方面的探讨和研究，但"实践出真知"，他对于戏曲表演艺术的许多真知灼见，蕴含着最基本也是最实用的美学原理。"舞台漂亮才是真漂亮"，就是他经常"灌输"给后辈和传人的至理名言之一。

我十五岁就在"燕南寄庐""深山学艺"，由祖父亲自传授盖派表演艺术。"出山"以后也经常听他说："舞台漂亮才是真漂亮。"不过我真正理解这句话的含义，还是在经历了多年的舞台春秋、经历了坎坷的艺术人生之后。

我们随祖父学艺时正是花季少年，虽然那个年代不崇尚打扮，不讲究"酷"、"帅"，但爱美的天性是与生俱来的，我们也想打扮得漂漂亮亮，到城里风风光光地走走。可是封闭式教学割断了我们对"世外美景"的遐想，我们成天在这深宅大院内苦学苦练，几乎与世隔绝。日复一日、年复一年，练功服成天不离身，起早摸黑四遍功。休息时间并不空闲，要听祖父"讲经说法"，就是听他讲艺术。"深山学艺"时期没有假期，就连国庆节也要照样练功。

记得云南省京剧团到杭州演出时，有一天，京剧名家关肃霜等趁休息时来看望祖父，我们照旧练功。后来关肃霜看到我们头发太长，就和祖父讲，让我们去理发，祖父这才同意，让我们进城洗澡、理发，还要带我们去饭店改善一下伙食。我们感到今天是开笼放鸟了，高兴极了。我们用了很长时间打扮自己，都想漂漂亮亮、干干净净地进城。祖父发现后，就把我们叫到大厅讲了一番话。他说："作为一名好演员，平时生活中可以不太讲究，只要整洁就可以了。最要讲究的是舞台上，舞台上一点一滴都要讲究，不能有丝毫马虎，舞台上漂亮才是真漂亮。"那时我们年轻，还不明白。当我们走上社会，自己去闯天下，遭遇挫折，经历坎坷，才逐渐明白舞台上的"真漂亮"是演员的立身之本，这就要求我不能有丝毫马虎，不管是主演还是配角，每演一场戏都要非常认真、非常仔细，要非常漂亮地完成扮演角色的任务，这样才能给观众有个好印象，才能让观众认可，自己才能成为好演员。

悟出祖父"舞台漂亮才是真漂亮"这句话的真谛，需要时日，而要成为一个好演员，还需要有执着追求艺术的精神，要趁年轻多学些，要处处有心事事留意，要扬长避短，要提高艺术修养，要有创新精神。例如京剧《洗浮山》中"趟马"时有一句唱词"昏惨惨云雾柳成行"，我唱了很多次也没发现语病，祖父一听就找出问题的症结："昏惨惨的云雾中怎

张善麟等看爷爷盖叫天练功。

么能看见柳树成行呢？"祖父只改了一个字，改成"昏惨惨云雾遮柳行"，这样一改就合理了。由此可见，不仅要演技精湛，还要有深厚的艺术修养，这样的"舞台漂亮才是真漂亮"。

爷爷打我三藤棍

在跟随爷爷"深山学艺"的日子里，爷爷经常会有意让我们忍饥挨饿、在极度疲劳的状态下练功。按照他的说法，这叫"天将降大任于斯人也，必先苦其心志，劳其筋骨，饿其体肤"。爷爷说："吃饱穿暖是一个人生存的基本条件，但对于练功学艺者来说却是大忌。孟子曰'生于忧患，死于安乐'，生活太安逸的人吃不了苦受不得累，缺少拼搏精神，自然难成大器。"爷爷告诉我们，他的一身真功夫就是吃苦吃出来的。爷爷在科班里年纪最小，又从小喜欢舞刀弄枪，身手又灵活，老艺人都很喜欢他，可是一到正式学戏，师父就一脸寒霜六亲不认。第一步练的"一戳一站"，看起来就是很简单的站立动作，可是身穿单衣饿着肚子的小孩要长时间站在寒风里，脸上还要挂着笑容，这就很折磨人了。然而只要表情稍有不对，或者形体稍有不正，师父立马一藤鞭狠抽过来，挨完打你还得笑，而且还要笑得符合要求。正是这样长期的严酷训练，不但让爷爷练就了一身扎实的真功夫，也养成了他忍苦耐累、坚忍不拔、知难而进的坚强意志。

爷爷虽然对我们要求严格，但毕竟不会像科班里师父那样动不动体罚，唯独有一次，爷爷狠狠打了我三藤棍。

那是一个寒风刺骨的冬日，我们在"燕南寄庐"的大院里穿着单衣练功，爷爷坐在大厅里监督，不时会走出来指点示范。这天不知是什么原因，我们怎么练都不对，爷爷指导了一遍又一遍，我们却越来越紧张，再加上又累又饿，结果越练越"不像样"。爷爷忍无可忍，终于爆发了，他大喝一声："不要练了！全部去后厅房！"到了后厅房，爷爷来了一出"打全堂"，按照过去科班的规矩，一人犯规打全堂，让其他人也记住不要再犯同样错误。他命我们弟兄趴在地下，自己则双手举起藤棍，结结实实地在我们每人身上狠抽三下，我的大腿上留下三条紫色的瘀痕，痛彻心扉。父亲去世后我们几兄弟跟爷爷学艺，为的是像爷爷、父亲那样出人头地，所以我们并不怕吃苦，也不怕受冻挨饿，但毕竟我们都是娇生惯养，从小到大父母从未打过我们，今天让爷爷结结实实的三藤棍给打蒙了，当时怎么也想不通，真想当逃兵。

过了几天，爷爷把我们叫到百忍堂大厅，和颜悦色地对我们讲打三藤棍的道理，他说："我打你们三藤棍，让你们记住学艺要专心，要执着，要认真。学艺没有捷径可走，功夫是用心练出来的。这第一棍打掉你们的惰性，第二棍打出你们的灵气，第三棍打通你们的悟性。"爷爷的话虽然消除了我们的抵触情绪，可心里还是觉得委屈，后来回上海时，我们忍不住向母亲诉苦。母亲既心疼我们又理解爷爷的苦心。她对我们说："爷爷打你们是爱你们，你们的父亲、叔叔们当年学戏时挨的打更厉害，还不能阻拦，越拦打得越厉害。"我们一想对啊，我们挨打时祖母就在旁边，怪不得她不出来阻拦，原来是怕我们被打得更狠！母亲还开导我们说："玉不琢不成器，你爷爷心里也舍不得打你们，他这是恨铁不成钢。"母亲又说了很多父辈们在爷爷教导下成材的往事，再回想起来到"燕南寄庐"的种种往事，也就不感到委屈了。

爷爷总说："对待艺术，你不爱它，它不爱你。你只有用心去爱它、练它，才能出成绩。"自从挨打后，我们长了记性、长了脑子，每天刻苦勤学苦练，能够不折不扣地按照爷爷教的不走样地练功。终于有一天，爷爷见我们大有长进，很是欣慰，开金口表扬了我们。爷爷后来说："过去老先生讲，打戏打戏是打出来的。新社会不兴打，我这是叫搭戏，这棍子一搭到你们身上，你就会永远记住。"爷爷传授艺术非常严格，非常负责，但是不墨守成规，1949 年后只是对自己的亲孙子动过这一次棍棒。我想，我们能有今天骄人的成绩，其中就有得益于这三棍的因素，能挨爷爷三棍子，也许是我作为张家第三代的福分。

爷爷教我耍双鞭

我练"闹龙宫"的这套双鞭是从十二岁开始的，父亲张翼鹏教得很仔细，讲解得非常清楚，抛鞭是什么份儿？手腕耍双鞭的劲头在哪儿？鞭顶时要注意什么？"一身四绝"变化的要领，包括"闹龙宫"、"闹天宫"猴的身段表演等等，他都倾囊相授。为了练这套双鞭，我的头、手、腿的迎面骨都不知被打肿过多少次，包括鞭不知摔断了多少根。到十五岁之前，我已经学会了全套双鞭和"一身四绝"的套路，但仅仅只是学会而已，想要完整地舞下来，包括出手各种顶鞭，以及四绝的四样兵器在变化中一下都不掉，那根本就做不到，因为这套鞭实在太难练了，没几年死功夫根本不可能上演。1954年，我总算有机会陪父亲演出了《真假美猴王》，戏中我饰演了假孙悟空。然而非常遗憾的是，父亲在1955年不幸过世，他对我的训练也就此戛然而止。

之后来到杭州的爷爷家深造，爷爷又重新教我双鞭。爷爷先帮我定人物基调，他告诉我孙悟空到龙宫借宝，见到双鞭觉得好玩，就试舞起来，这是猴在耍鞭，虽然这套鞭中有很难的技巧，但不能纯粹卖弄技巧，而是要借助身段的美感，把猴性舞出来。定完基调，爷爷开始训练我耍双鞭的心理素质和基本功。爷爷对我的要求是每天必须耍鞭十次，每一次要耍十遍，也就是每天练一百遍。他给我十根火柴棒用来计数，耍完一次放一根火柴棒。

开始练"鞭"时，我经常出差错，"鞭"经常会掉，我也越掉越急躁。这时候爷爷就会对我讲："你要和'鞭'交朋友，你爱它，它才会爱你。现在练的就是悟性，你要耐得住性子，要经受得住磨炼。"我听了爷爷的教导后，慢慢调整好心态，鞭也越耍越好了。爷爷见我有了进步，就又给我加码，虽然依旧是每天十次，每次十遍，但他要求我耍全套双鞭中不能有一次掉鞭，只要掉一次鞭，这遍就不算，重新来过。俗话说熟能生巧，经过刻苦训练，这一阶段我算是挨过来了，可是爷爷又给我加码

《闹龙宫》张善麟饰孙悟空，耍双鞭剧照。

了。这次的练法是每一轮的十遍中一下都不准掉，哪怕你练到第十遍，只要掉一次，前面九遍全部不算，从头开始练。这个难度非常之高，我差点跟爷爷急眼。结果爷爷讲："这是要锻炼你的心态，你的意志，你的心理承受力。"他还叫我在太阳底下练，特别是在抛鞭、顶鞭时因为阳光刺眼看不清，他也要求我不准出任何差错。到了大冬天，爷爷又让我在手冻僵的时候练"双鞭"，手腕不灵活也不允许出任何差错。

为什么要在如此艰苦的条件下锻炼？套用爷爷的话叫"功到自然成"。因为这样做能保证演员在任何不利的情况下都能发挥正常，只有这样练出来的才是真功夫。对于父亲教我的"一身四绝"，爷爷是这样对我说的："你父亲有脑子，很聪明，'一身四绝'的编排很巧妙，效果也很好，你要下功夫练好。"然后爷爷把自己演的孙悟空和我父亲塑造的孙悟空在表演上有何不同一一进行了展示。

货要卖于识家

爷爷还说："对待艺术不能有丝毫马虎，每次演出都要认真对待，要对得起看戏的观众。"爷爷又说："货要卖于识家。人参很小很贵，但放在萝卜堆里变成小萝卜了，不值钱了。因此货要卖于识家。"爷爷教戏非常严，不到火候不能拿出去，必须练到一定的质量才能见观众。把半成品卖给客人那是骗人，但如果是真货一定要卖给识家，不然变成人参卖萝卜价了，因此艺术要给懂行人看。

戏曲是高深艺术，观众是要培养的，要培养观众会看戏、看懂戏、看好戏。不要给包装忽悠了，不要误导观众。现在戏曲包装太过分，本末倒置，喧宾夺主，运用各种现代科技手段把戏曲的真功夫埋没了，忘了戏曲的根本，四功五法，唱、做、念、打，手、眼、身、法、步，全不讲究了。这是中国戏曲的灵魂，把灵魂丢了这戏还剩下什么？如此恶性循环，剧团生存就有问题，演出机会就会减少，演员练功也没劲，练了也无用武之地。因此要振兴戏曲，我们先要找回戏曲的灵魂，苦练真功夫，适度包装，使戏更好看，有真玩意儿给观众看，让观众看到中国戏曲的真货，培养观众鉴别真假货，这样真货才会更可贵，假货才会失去市场，毕竟萝卜再大也卖不出人参价。

省长代请假

爷爷对我们弟兄的培养是非常严格的，我们在杭州金沙港的"深山练武"实行的是封闭式教学，除了春节可以稍微休息几天外，一年三百六十五天完全是没有假期的，就这样日复一日、年复一年地练功，练功，再练功，不但天天练，还要加班加点地练功，爷爷美其名曰"加功进步"。

正常情况下，我们每天最少四遍功：早功、上午功、下午功、晚上功。每天六点起床，除了三餐就是不停地练功，练到晚上十点，听爷爷"训话"，"训话"时只要爷爷说一句"加功进步"，我们就还得继续练，练到半夜十二点才能休息。

每天上午和下午的练功中会各有一次休息机会，但这种所谓的"休息"其实是练习坐功。每次休息时，我们必须一边盘腿打坐，一边听爷爷讲课，爷爷管这种讲课叫"讲经说法"。他从前三皇讲到后五帝，从历史人物故事讲到前辈艺术家传奇故事，从生活讲到艺术，讲的内容可谓是包罗万象。我们听课时虽然手脚身体是放松的，但是大脑绷得比练功时更紧，因为只有用心听课才能学到知识，长进学问。虽然这种封闭式教学并不像正规的学校有文化课教学，但爷爷的"讲经说法"确实让我们受益匪浅，为后来的艺术人生打下了坚实的文化底蕴。

在我们学艺期间，唯一一次"偷得浮生半日闲"的休息还是省长帮忙请的假。那是1956年的国庆节，我们按照惯例一早起来扫地、练功。大约九点左右，时任浙江省省长沙文汉来请爷爷去参加国庆观礼。他见我们练功练得满身是汗，就问："你们每天这样练，星期六、星期日有休息吗？"我们说没有休息，一年三百六十五天，天天都练。省长就对爷爷说："盖老啊，今天是国庆节，全国人民都放假，就放他们一天假吧！"于是爷爷对我们说："好吧，既然省长代你们请假，今天又是我们国家大庆的日子，你们休息吧。"这样才允许我们休息，但是休息归休息，还是不许我们出大门一步。到爷爷下午观礼一回来，马上又叫我们继续练功，实际上只休息了半天。省长代我们请假也才休息了半天，可见爷爷对我们的训练是多么严格了。

"闲着练，忙着用"

　　爷爷每天洗完脸，都要静坐练会儿气功，然后再练一套他自己创作的组合拳。这套组合拳中包含了"武松打店"拉拳的招数、"恶虎村"走边的步法，还有其他戏中主要套路，基本上涵盖了爷爷代表作中高难度的招数和形体动作。整套拳既有优美的舞姿，又包含了手眼身法步、腰、腿、形体等的基础锻炼，套路设计既恰当又科学，这一套练好，什么戏都练了。我们几个也每天都跟着练，获益匪浅。

　　不过当时我们也有过疑惑，因为我们年轻，还在学习中，每天练是应该的，可是爷爷已经七十高龄，他练得比我们都卖力，我们实在有点想不通他干吗要自找苦吃。爷爷就经常教育我们说，一天不练自己知道，两天不练观众知道，这叫"闲着练，忙着用"。用通俗的话来说就是"闲暇时多加练习，到忙的时候才能用得上"。爷爷拿自己举例，解释了"闲着练，忙着用"的重要性。

　　1957 年春天，苏联红军元帅伏罗希洛夫访问中国，周恩来总理和贺龙元帅陪同他到杭州参观访问。这天，总理对伏罗希洛夫说："昨天您看了我们国家的一出江南文戏，您是元帅、武将，今天请您看一出我国老艺术家演出的武戏，您看好不好？"伏罗希洛夫很高兴地接受了总理的邀请。于是周总理亲自赶到爷爷居住的"燕南寄庐"，告诉爷爷，让他当晚演一出盖派名剧《恶虎村》。爷爷当然是非常兴奋，一口答应，马上去收拾行头。可是杭州主管文化的干部都心事重重的样子，因为他们非常担心爷爷会把戏给演砸了。在他们看来，当时爷爷已经七十高龄，而且这么重要的演出来得实在太突然了，事先根本就没有得到任何通知，爷爷当然也不可能提前准备，从通知到演出就几个小时时间，这能行吗？更何况《恶虎村》还是一出非常繁重的武戏。

　　当天晚上，周总理和贺龙元帅陪同伏罗希洛夫元帅，如约来到杭州人民大会堂观看爷爷演出的《恶虎村》，一直到演出结束，杭州主管文化的干部们才总算松了口气，因为这天的演出非常精彩，他们所担心的状况并没有出现。演出结束后，总理陪伏罗希洛夫元帅上台祝贺演出成功，总理把爷爷介绍给伏罗希洛夫元帅时说，盖老是我们戏剧界的老英雄。伏老握着我爷爷的手说："谢谢，谢谢！我已活过你这个岁数了（伏老比爷爷大六岁），我知道你这岁数（爷爷当时七十岁）演这场戏不容易。"

爷爷告诉我们，他之所以能演出成功，就是因为他始终信守"闲着练，忙着用"这个成功的秘诀。如果不是每天坚持、一年三百六十五天从不间断地练习，怎么可能做到说演就演呢？

"闲着练，忙着用"，说到底就是为了艺术而时刻准备着。有句话说得好，机会总是偏爱那些有准备的人，成功首先源于自己的努力，如果自己不努力，即使大好机会放在你面前，你又拿什么去抓住它呢？

"慢就是快"

中国著名的翻译家、教育家和文艺评论家傅雷先生，曾在他著名的《傅雷家书》中写道："盖叫天口述的《粉墨春秋》倒是解放以来谈艺术最好的书。人生—教育—伦理—艺术，再没结合更完美的了。从头至尾都有实例，绝不是枯燥的理论。"而对于爷爷盖叫天那种把理论和实践揉捏在一起、浑然天成的教育方式，体会最深的莫过于我们兄弟几个。

在跟爷爷学戏之前，我们其实也算是练过，应该说武功也还是有一定基础的。在上海，父亲张翼鹏不光教我们练基本功，还教过我们几出开蒙戏，我们几兄弟的自我感觉都还不错，本来想着到了爷爷那里只要学学他的代表作和拿手好戏，进修一下就可以了。谁知道到了杭州金沙港的"燕南寄庐"，爷爷每天让我们练的，除了扫地，就是一戳一站、一动一转、一走一看、一坐一观，要么就是走台步，我们都没想到，一切居然又要从头开始学起。刚开始大家还忍着，可是三个月练下来，连"走边"都没教过，更别提什么拳脚套路、动作组合了。大家终于耐不住了，就去跟爷爷说："我们想学戏。"爷爷皱着眉头看着我们说："在舞台上，站有站相、坐有坐相，你们一戳一站都没站好，怎么能学戏？"我们就抱怨说这也学得太慢了。爷爷见我们没理解，就耐心地告诉我们说："慢就是快。你们别嫌开始的时候慢，只有基础打扎实了，才能学什么都快。这就好比造房子，地基打扎实了，上边的房子造起来才会快，而且造多少层高都不会倒塌。学艺也一样，基础打好了，学戏就快了。"

"慢就是快"其实是一句充满哲理的名言，符合辩证法。但是对于当年少不更事的我们来说，想要理解这句话却并不容易。那时候我们嘴上唯唯诺诺地应承着，可是心里却完全不以为然。爷爷何等眼力，早就看出了我们的口是心非，于是他就用他那套极致的方法来"锤炼"我们。当然，"锤炼"是比较好听的说法，用难听的话来说，那基本上可以叫"折磨"。

为了培养我们的毅力，增强我们的意志力，有一段时间，爷爷故意不让我们吃饱饭，练功不许我们休息，每天只睡几个小时，搞得我们是天天又累又饿又困，几次三番想当"逃兵"。当时之所以能坚持下来，完全是因为父亲过世后，我们已经没有退路了，为了生存，为了养家糊口，不得不咬牙坚持了下来。坚持的时间长了，居然慢慢也就习惯了，也就不觉得苦了。等过了爷爷设的第一道关卡时，我们已经为今后的学习打下了扎实的基础。

爷爷总是对我们讲，从"一"开始，先把"一"学好，才能一生二、二生三、三生万物。所以他教我们动作，都是分解再分解，一个动作一个动作地教，动作准确了，练扎实了，然后再组装起来。这样的教法开始时感觉很慢很慢，但是到后期，等动作合成的时候，稍微一练马上就形成了完整的戏，而且每个动作都不会走样，又快又扎实。直到此时，我们才渐渐明白爷爷一直在说的"慢就是快"的真正含义："学艺不能急功好利，功夫不会一蹴而就。"傅雷在写给儿子傅聪的家书中提到，在学艺方面，他非常赞同我爷爷盖叫天提出的"慢就是快"的道理。

记得爷爷曾经说过："学艺想快不是错，可是心急吃不了热豆腐。要知道'慢就是快'是有玄机的，就拿骑自行车来说，要骑得快只要有力气，但要骑得慢就需要功夫；再比如太极拳，看上去又慢又柔，可是练到一定程度，再快再猛的拳也奈何不了太极拳。慢，不是让你凡事慢吞吞，而是要用心体会其中的神髓。"记得在爷爷的舞台艺术纪录片中有一段"园中练拳"，其中的招数很慢很简单，很快就可以学会，但是想要真正掌握这套拳的神髓，很难很难。我是学了几十年之后，才领悟到其中真谛的，用一句话概括，就叫"欲速则不达，功到自然成"。

爷爷所说的"慢就是快"，是指学艺不能贪快，要踏踏实实、一招一式地学。一方面，开蒙阶段一定要把基础打扎实，基本功练好后才能学戏，根基不打好，一切都筑在沙上，永远都爬不上去；另一方面，即使满师或者戏校毕业后，也要实践、学艺、再实践、再学艺，求名师、访高人，慢慢积累才能快速爆发，成为一名优秀的演员。倘若一开始就猛冲猛打，只求速成，那么势必会造成不踏实的坏毛病，到最后根基不牢，永远无法攀上艺术的巅峰。

与爷爷同台演"武松"

1957 年，爷爷盖叫天已是七十高龄，而我则刚满十七岁。

这年 8 月的某一天，爷爷把我们兄弟几个叫到跟前，表情严肃但语调亲切地对我们说道："几年来你们跟随我苦练三九三伏，如今深山练武须用在一朝了。你们要和我同台演出《一箭仇》。"这是爷爷为了让我们几个孙儿辈在艺术上得到进一步提高，深思熟虑之后作出的决定。听到爷爷的这个决定，我们几兄弟是个个摩拳擦掌、跃跃欲试，眼巴巴等着爷爷给我们分配角色。爷爷把他一生最喜欢的武松这个角色交给我来扮演；让我大哥饰演林冲、我二哥饰演卢俊义、四弟则担纲燕青一角；爷爷自己，则出演史文恭。

《一箭仇》又名《英雄义》，是一出比较引人注目的传统武生戏，据说这出戏最早是以武净行当应工勾脸，后由第一代的京剧武生大师俞菊笙（俞毛豹），也就是杨小楼的老师，把这戏改为武生俊扮。原来的史文恭，扮相为紫箭衣、紫扎巾，到了爷爷盖叫天手里，改为绣金燕的白箭衣、白扎巾、红彩裤，造型的改变使这个人物更鲜明、更俊美。由于这出戏表演难度比较高，一般武生即使年轻力壮也不容易演下来。当然，也有不少演员虽能演却不愿演，因为演这出戏实在太吃功夫，吃力不讨好。而爷爷对这出戏却情有独钟，他以严肃不苟的艺术态度，对这出戏不断进行润色加工，经过千锤百炼，使之成为盖派艺术的杰作之一，达到了极高的艺术造诣。

《一箭仇》讲的是梁山首领晁盖被曾头市教师史文恭一箭射死，梁山命卢俊义、林冲、武松、燕青等，前往曾头市报这一箭之仇。为了演好这出祖孙同台的《一箭仇》，已经七十高龄的爷爷不辞辛劳，每天亲自给我们讲戏、教戏。爷爷告诉我们，剧中的五个武生齐聚台上，既要演出五虎相遇的杀气，又要各展所长，演出每个人物的特点，比如"卢俊义"的沉着老练，"林冲"的大度气派，"燕青"则是小而灵巧，"武松"则应突出其狠、勇猛无敌、盖世英豪的英雄气概。

爷爷享有"江南活武松"的美称，他对武松这个人物是有着特殊感情的。当年著名武生前辈杨瑞亭、俞振庭演《一箭仇》时，都是爷爷演武松这个角色。以后爷爷演《一箭仇》时，是由我父亲张翼鹏扮演武松的。1954 年拍摄《盖叫天舞台艺术》，电影中的《一箭仇》则是由我三叔"小盖叫天"演武松。如今爷爷把这个重要的角色交给我这个第三代来演，说明爷爷对我寄予厚望，这令我感动的同时也备受鼓舞，干劲十足。

正式演出安排在上海长江剧场，是一场京昆合演。前面由上海戏曲学校昆曲班的华文漪、岳美缇、王芝泉等演出昆曲折子戏，压台大轴戏便是由七十高龄的爷爷带领一帮孙子出演的《一箭仇》。当时戏剧界对这出戏的评价是："盖老和一帮娃娃同台演出，是传帮带的楷模。"而这次的《一箭仇》也成为一时佳话。

演出那天，爷爷饰演的"史文恭"头戴扎巾，身着箭衣，脚蹬高靴，口挂胡须，"望庄"中的飞天七响，干净利落，演技无与伦比。而卢俊义、林冲、武松、燕青的对打，则更体现出爷爷对台上节奏变化"精、熟、准、妙"的处理手法，不但打得好看，而且打出了人物的内心感情，

1957 年，已七十岁高龄的盖叫天（左）携十七岁的张善麟（右）同台演出盖派代表作《一箭仇》，盖叫天饰史文恭，张善麟饰武松。

达到了"武戏文唱"的高超境界。特别是最后和武松的"义拳"一段，他老人家的闪、展、腾、挪，动作敏捷，姿势优美，真有神出鬼没之妙，结尾时爷爷还翻了一个"硬抢背"。演出结束，观众报以长时间的热烈掌声，赞曰："盖老这是返老还童了。"演出结束后，表演艺术家周信芳、俞振飞等上台表示祝贺，还特意鼓励我们兄弟要努力向爷爷学艺。

这次演武松是我一生中最难忘的演出，也是我艺术道路上的奠基石。然而正因为这是我第一次担当如此重要的角色，精神上高度紧张，以至于等到戏演完，我都不记得自己是怎么演下来的，这让我心里发虚，一直躲着不敢去见爷爷。要知道爷爷对我们的训练十分严格，忘记自己在演什么还了得？奶奶见我心神不宁，就过来安慰我说："你今天演得还不错，就是在台上太快了点，有些不顾及你爷爷。"听完奶奶这句话，我更不敢去见爷爷了，演出的时候不顾及爷爷，可不就是演得不好吗？然而万万没想到，爷爷却偏偏表扬了我，说我在台上发挥得很好，能抓住人物的特征，体现出武松的勇猛性格。然后他也指出了问题，让我今后在刻画武松这个人物时，不但要展示他的勇猛，同时也要注意艺术的造型美。爷爷鼓励我说："在舞台上不要有任何顾虑，就应当大胆发挥，要有决心和信心，争取下次演得更好。"能得到爷爷的赞赏，让我顿时感觉几年来每天起早贪黑、挥汗如雨刻苦训练的辛苦一下子都得到了补偿。

1957 年跟爷爷巡演

1957 年，爷爷带我们四弟兄和上海新民京剧团一起到江西、湖南、湖北等四省市巡回演出，从杭州出发途经上饶、南昌、九江、庐山、长沙、武汉等地。这次巡演的主打剧目除了全本《武松》外，还有《恶虎村》《一箭仇》等盖派名剧，除了正常演出外，还经常会给各剧种的同行们以及各地戏校讲课。

当时爷爷已经是古稀之年，虽然非常辛苦，但爷爷却老当益壮，以七十岁高龄演出全部《武松》《恶虎村》《一箭仇》等戏，让每场演出都呈现出极高的艺术水准，受到各省市观众和同仁们的一致欢迎。

在武汉演出时，武汉京剧团团长、著名京剧表演艺术家高盛麟全程陪同，无微不至地关心、照顾爷爷，每次爷爷演出他都坐在台下认真观摩学习。爷爷也非常欣赏高盛麟。爷爷告诉我们，高盛麟陪他演过好多戏，《金雁桥》中是爷爷的张任，高的张飞；《赵家楼》里是爷爷的华云龙，高的陈亮；《拿谢虎》中是爷爷的谢虎，高的黄天霸；《劈山救母》里是爷爷的沉香，高的二郎神。每出戏高盛麟都很认真地刻画人物，都演得非常好。

这次巡演给了我们一次跟随爷爷进行艺术实践的机会，我们在每出

《岳云锤震金蝉子》张善麟饰岳云。

戏中分别担任各种配角，如《武松》中我演卖艺人"打手"，在《一箭仇》中我则陪演"武松"一角。相对于得到演出实践，更重要的是我们每天都能近距离观摩爷爷的演出，体悟爷爷在舞台上千变万化的奥妙。举例来说，虽然演出剧目都相同，都是演武松、黄天霸、史文恭等人物，但爷爷在不同的省市、不同的剧场面对不同的观众时，每次都会在舞台上进行细小、细腻的变化。这种因地制宜随机应变的细腻变化，正是爷爷平时教导我们时所无法展示的精华，往往会让我们在瞬间茅塞顿开，悟出盖派刻画人物的创作灵魂。这样的机会实在是太难得了，我能够得到这样的机遇，是我这辈子最幸运的事。

《垓下之战》

　　1959 年庆祝中华人民共和国成立十周年，各大京剧院团都在赶排新戏向十周年大庆献礼，梅兰芳创排《穆桂英挂帅》，周信芳创排《海瑞上疏》，盖叫天创排《垓下之战》。

　　《垓下之战》这戏在当年也是大制作，从全国各团调来三十来个小武生扮演"子弟兵"。有宋宝罗、赵麟童、鲍毓春、刘云兰等名角加盟演出。宋宝罗饰韩信，赵麟童饰李左车，刘云兰饰虞姬，鲍毓春、陈幼亭饰虞子期。当年爷爷让我们四弟兄有幸参与了这出戏的排练，扮演"子弟兵"。倾听爷爷和专家们精辟分析霸王的人物性格和剧本的结构安排，好似每天在听讲座。白天时他们畅所欲言，对每个细节不放过，反复推敲，认真负责，对艺术精益求精的精神，让我们敬佩。比如爷爷在排这戏时，总是先说戏再教动作。我记得爷爷在谈到"霸王别姬"时，就虞姬死时为何非要拔霸王的剑自刎，给我们讲了一个霸王剑的故事。"霸王别姬"这个戏的内容是项羽被困垓下，四面楚歌，乃与虞姬饮酒作别，虞姬拔剑自刎。虞姬在与霸王饮酒时，为宽霸王之心，在酒席宴上为霸王舞剑；然后要拔霸王之剑自刎，被霸王发现，反复争夺，后被虞姬骗说："那旁有人。"在霸王不留意之时，夺霸王之剑自刎而死。这里有个问题，在饮酒舞剑时，虞姬舞的是双剑，虞姬若想自刎，早可舞完剑，用自己的双剑自刎，为什么还要夺霸王之剑呢？这里有个典故，据爷爷讲，霸王一生有得三宝之说，一得，"霸王枪"，霸王这杆与众不同的枪，在"十面埋伏"中，霸王用它与汉将战斗时，汉将不到一合之战就败下阵去；二得，一匹乌骓宝马，使霸王在战斗中好似虎入羊群；三得，宝剑，霸王在一山洞内发现闪闪金光，谁也不敢进，霸王闯进一看，原来是把"宝剑"，从此霸王在战场上用此宝剑削铁如泥，屡打胜仗。霸王酷爱此剑，与虞姬结亲时，把此剑供奉在上，以剑盟誓，不能同生也要同死，以示二人的忠贞爱情。因此，在虞姬自刎时定要用霸王腰中的这把宝剑。这说法很有道理，如果不是这理由，在霸王不肯给虞姬这把剑时，虞姬也可拿放在边上的起舞双剑自刎，所以虞姬夺霸王腰中剑在戏中具有重要性（现在演这戏的演员大多数都不深究这个原因，不去仔细地思考，而是一味地模仿老师，机械化表演。希望演员们今后在创作角色中，一定要读透剧本，多问几个为什么）。霸王见虞姬一死，到乌江时愧对江东父老，也是用这把宝剑自刎，霸王用这把宝剑见证他与虞姬的忠贞爱情。晚上爷爷还要训练我们这戏中的"八千子弟兵"的操练、布阵、交锋等，爷爷亲自一招一式地教我们，每天训练到深夜，辛苦之极。在这次排练中我们看到了爷爷创造的霸王装、霸王操、霸王枪、霸王战等，看到他创造了一个别具一格的新霸王，真是终身受益。

1959年重排时把《乌江恨》改名《垓下之战》，此剧名更贴切。爷爷是以霸王为主线，垓下之战是楚汉之争的最后一战，爷爷高明之处在于选择了楚汉之争的大战役作为切入点，这样能充分发挥爷爷的武戏才能，又能充分刻画霸王的"人称无双谱"的武艺高强。

虽然具有英勇无比、力拔山兮、勇敢正直等性格，但是楚霸王刚愎自用、骄傲轻敌，因而中了韩信之计。霸王兵败垓下，八千子弟兵阵亡，最后心爱的虞姬自刎而死，霸王单骑突出重围，来到乌江愧对江东父老，自刎乌江，反映了这出历史上的悲剧。爷爷在这出戏中大胆创新，敢于挑战自己，创造了一个改良的、全新的、与众不同的霸王形象。1959年国庆，在杭州人民大会堂由盖叫天主演《垓下之战》为国庆十周年献礼。那天人民大会堂灯火辉煌，五光十色，十分漂亮，浓浓的节日气氛，人们喜气洋洋簇拥着进入大会堂，争睹"活武松"演楚霸王，把大会堂挤得水泄不通，热闹非凡。1949年后从未见过盖叫天演楚霸王，观众将信将疑，都争相先睹为快。后台和前台一样热闹，演员之多前所未有，全团上下准备几个月就为这一天，个个摩拳擦掌，干劲十足。我们弟兄第一次和爷爷同台演出《垓下之战》，又紧张，又兴奋，相互打气鼓励。大会堂座无虚席，大幕徐徐拉开，把观众带入楚汉之争的环境中。第一场"金殿"，楚霸王项羽在［朝天子］的音乐曲牌声中上场，高大、魁梧、威武的帝王之相，活生生的楚霸王站立舞台中央。小王桂

217

盖叫天在"燕南寄庐"指导子弟兵排演《垓下之战》，左二为张善麟。

卿回忆他当年看盖老这场戏，第一场霸王上金殿这一回身亮相，真太美了，他称盖老是虎脖！

观众简直不敢相信，这是盖叫天吗？人们心目中盖叫天是个子不高、不太魁梧的武松形象，这霸王高大威猛，判若两人，一下就吸住了观众眼球。下一场楚霸王带领虞姬、十二个宫女、众大将、八千子弟兵出征。爷爷选用[将军令]的曲牌，子弟兵手持各种兵器，四人一排，我们四弟兄带头，领着一队一队威武出征。总共三十二人，分八个组，每两组穿一种色彩的服装，全新的服装，色彩漂亮之极，色分红、绿、黑、紫，每两组拿一种兵器，八个盾牌单刀、八杆长枪、八把辽刀、八面大旗，走出各种队形。满台是人，每组走两次，台上人潮不断，变化万千的队形，上上下下，五光十色，刀枪林立，令人眼花缭乱，好似千军万马，井然有序，威武雄壮，气势磅礴，浩浩荡荡地出征，好看之极。爷爷对这场大排队出征要求非常严格，在家先把我们训练过关后，我们再教会其他同仁，正式合成时，爷爷亲自检查每个人的气质、步法等，一个一个过堂，不许有滥竽充数的。这样严格排练后到舞台上才光彩夺目，满台生辉。台下观众炸窝叫好！然后霸王又在舞台中央的高点擂起战鼓，口唱唢呐二黄，擂鼓指挥着子弟兵用各种步法、各种队形表现了优美、威武、变化无穷的排兵布阵，各种兵器的对打交战；两组两组各持不同兵器对打，打出各样绝招，满台刀光剑影，使出各种武艺，表现出京剧特色毯子功技巧，精彩之极。这种气势非常壮观，观众一见耳目一新，全场响起雷鸣般的掌声。这场操练听爷爷讲，是从真实生活中来的。当年爷爷有一老师姓薛，早年参加过太平天国的义和团，他把在义和团排兵布阵的套路招数教给爷爷，爷爷把这真实生活中的操练化用在舞台上，把霸王带领八千子弟兵出征的雄威、英雄的磅礴气势、壮观的场面表现得淋漓尽致，震惊观众。这盖派特有的"霸王操"现在谈起仍被叫绝！

更绝的是操练完毕，霸王手持两个兵士抬上的又长又粗的霸王枪，这杆枪是爷爷亲自设计的，枪头和一般的不一样，用大铠拿的荷包枪为基础来改良，枪头用张飞的丈八矛的样子，可上边不分开的，加宽加厚，枪头比一般的长。枪杆又长又粗乌黑色，显得沉重，两个兵士表现被沉重的枪压得摇摇晃晃地抬上。然后霸王单手抓住枪尾轻轻一举就拿起，独舞一套"霸王枪舞"，显得霸王臂力过人。

整出戏几乎都是用单手舞蹈。这套枪舞，口唱曲牌［四门子］，是从田汉赞诗中"张家百八枪"化用出的绝招，又美又符合霸王人物，被世人称为盖派"霸王枪"。

最后又出奇的是"霸王战"，众所周知，霸王生平战斗"无一合之将"，就是说战场上敌将遇霸王无一合之战便败下阵，但是九里山这场楚汉大战役必须有大的武打场面，霸王又是明明打了败仗，但霸王又不能败，他也从未被任何人打败过，这就叫"无双谱"。这在舞台上如何表现？给爷爷出了难题。爷爷对我讲，这场战役必须表现霸王之勇，但处理上又要少而精地打。这场大开打有很多特色设计，汉兵和子弟兵对打、汉将与虞子期对打等，最后霸王上场，霸王主要突出与大将樊哙对打，当年樊哙在"鸿门宴"上保刘邦，吃生猪腿，那气势压人，连霸王也佩服，樊哙可不是一般人物，是一员猛将。爷爷设计霸王和樊哙见面，樊哙立即猛刺一枪，霸王用枪一带，樊哙就一个马失前蹄，樊哙又回头，霸王迎头一扎，樊哙接"蓬头"挡不住向后倒地坐下，显得霸王力大把樊哙压倒地下，再霸王过去，伸手一抓把樊哙靠旗扯下来，仅仅三下樊哙威风扫地，打哆嗦地败下。爷爷高明之处是武打表现人物，因人而异，不是武功展览。霸王一上阵，敌人就望风披靡，以敌人之怯来显霸王之勇。韩信用计把霸王引进深山，然后霸王追至山坡，敌人用滑车砸下，在下场门搭建高二米左右高坡滑下，霸王力挑滑车，爷爷用的是实体车。霸王挑下几个车后，又用鞭打下敌兵，从二米高串毛、翻扑等高难惊险技巧表现摔下山涧，最后又挑个假彩人摔下，惊呆观众。这场挑车武打，霸王在后山坡上挑车，前边始终在激烈地战斗，有层次感，画面美，武打精彩，很有特色。霸王再一手拿枪、一手拿鞭，耍鞭枪下场花，显得霸王威风凛凛的气势和视打仗如儿戏的自豪感。韩信把霸王引入九里山谷，十面埋伏，也显出韩信计谋之高。这样相互衬托对比，就能清楚表明霸王单凭个人之勇，少谋武断、骄傲自满，结果众叛亲离，再大的本事也终于失败，霸王乌江自刎。这场大战好看精彩，观众叫绝，符合人物的特殊武打被赞为盖派的"霸王战"。

　　那天演出全团上下都超常发挥，爷爷更是精神抖擞光彩亮丽，演出达到非常好的效果，以至影响全国。七十一岁高龄的盖叫天，以惊人的艺术、非凡的气势，成功地塑造了楚霸王，用心血赢得了观众的赞誉，领导及文艺界代表上台祝贺，爷爷高兴激动地说："我作为一个艺人向祖国十周年献上了一份自己的心意。"

二、雏鹰飞翔 羽翼渐丰

像爸爸那样学爷爷

我并非上海戏校学生出身，但爷爷盖叫天、父亲张翼鹏与俞老常有合作并友谊深厚，我一直视俞老为师长。

1957 年我十七岁，与几个胞兄弟，首次随祖父盖叫天同台演出于上海长江剧院，同一天演出的还有上海戏曲学校昆曲班的学生华文漪、张洵澎、蔡正仁、岳美缇、梁谷音等，我们的《一箭仇》为大轴。戏曲学校校长俞振飞和上海京剧院院长周信芳坐在台下，我们心情紧张、激动。那天《一箭仇》的角色，是祖父亲自分派的，他演史文恭，我大哥善椿的林冲，二哥善鸿的卢俊义，四弟善康的燕青，由我担任武松一角。我们都提着劲头各司其职，演出效果较好。七十高龄的祖父，硬抢背翻得干净利落，赢得台下阵阵掌声。这台戏除老祖父外，基本上都是羽毛未丰的娃娃，而台下，周、俞二位大师看得那么专注、那么认真，是对我们的支持与鼓励。演出结束时，周信芳与俞振飞二位上台来同我们一一握手，俞老紧紧握住我的手，亲切地对我说："武松是你爷爷最热衷的人物，以前都是你父亲来这活儿，你真像当年你爸爸，一定要好好向你爷爷学习，要像你爸爸那样学你爷爷的艺术，还要好好地消化。"临别时，俞老还再三叮嘱我："千万记住我的话。"

俞老教我要"好好向爷爷学习"，"像你爸爸那样学爷爷的艺术"，还要"好好地消化"。我理解他的教诲，就是要原汁原汤地学到盖叫天的艺术，并且要化用为自己的东西。

三十五年前，我在长江剧院与俞老道别以后，心想："俞老师真好！"后来我在上海的灵堂上面对俞老的遗容，向他做最后告别时，涌现在我心头的依然是一句："俞老师真好！"

离"燕南"闯江湖

1. 第一次主演

我在随父亲、随祖父学艺期间，虽然不时有上台演出的机会，但毕竟年纪还小，学的戏少而浅，根本谈不上舞台经验，属于"上不了台面的编外演员"，轮不到主演大戏，只能演演龙套、小小的配角。我庆幸的是，这一时期我耳濡目染，潜移默化，为有朝一日担当主演、成为"角儿"打下坚实的基础，做着充分的准备。

我第一次主演的剧目是《闹龙宫》，时在"燕南寄庐""深山修炼"五年之后。那是 1960 年 6 月，我已经参加杭州京剧团，正式成了专业演员。当月下旬，我随剧团下乡锻炼，先到富阳县城，然后乘船到太平公社边劳动、边演出。我第一次见到富春江美丽的江水，又见到严子陵钓鱼台的美景，这里的风光与我在"燕庐"所见的西湖山水、与大上海所感受的都市情调不一样，让我开阔了视野，开阔了胸襟。触景生情，我对未来的艺术道路充满了美好的憧憬，却对将要遇到的艰难困苦、坎坷风险一无所知。

剧团第一个演出点在灵桥公社的庙台，演出剧目是《除三害》《路遥知马力》《闹龙宫》《拾玉镯》《四杰村》。舞台很小，设施很差，对于以群戏、武戏为主的《闹龙宫》来说，要比其他剧目更难演。平时排练时，我这个主演和其他演员的对手戏相当默契，我的个人表演可以说游刃有余，但这天晚上我经受了一次严峻的考验。由于公社刚通电，电力不足，电压不稳，台上灯光很暗，且一会暗一会亮。我刚要试兵器，还来不及出场，灯忽然暗下来灭了。当地接待人员找来几个汽油灯挂在台口，演出继续进行。当时我从实际出发，不追求在正式剧场演出的整体理想效果，只担心开打、表演不能失手，不能让观众失望，千万不能演砸祖父、父亲辛辛苦苦创出的艺术精品——《闹龙宫》。昏暗明灭的灯光

222

盖叫天与周信芳、俞振飞三位戏曲大师在后台。

影响我的表演，我只能凭着感觉完成一招一式，总算发挥还正常，观众用掌声表达满意的心情。

我的第一次主演，没有长辈或师长压阵，完全是独当一面。灭灯暗灯的现实，让我看到了艺术道路上既有鲜花也有荆棘，既有顺利也有意外。面对意外，首先要冷静，不可乱了阵脚，然后正确应对化险为夷。这次意外我感受最深的是，感谢父亲，特别是爷爷对我长期严格的训练。要不是他们在传授《闹龙宫》时，对我进行近乎残酷的训练，我肯定不能安然渡过难关。

《闹龙宫》是祖父盖叫天早期创作的一出猴戏，我父亲张翼鹏在上海滩演连台本戏《西游记》时再度艺术加工。《闹龙宫》很难演，最见功夫、最有看点的是孙悟空挑选兵器时的表演。这中间要试要各种兵器，难度最大的是"巧要双鞭"。双鞭这兵器在京剧历史上都是武旦行要的，爷爷盖叫天经过改造、加工、变化，首创成武生行使用，并把它用在《闹龙宫》中。我父亲张翼鹏在原有的基础上进一步创新发展；我二叔张二鹏、三叔张剑鸣（小盖叫天）都演过《闹龙宫》，"要双鞭"都下了很深的功夫。《杨小楼传》一书中写道："梨园界称张家的'鞭'、牛家的'圈'（指老艺人牛松山的乾坤圈），两种兵器必须向张、牛二家学习，人家有绝招。牛松山先生会得多，杨小楼的'夜奔'、盖叫天的'乾坤圈'都是向牛松山先生学的。"

"巧要双鞭"的套路是一人"独舞"，还有高难度的出手，抛鞭、顶鞭、脚顶鞭，鞭与鞭之间的各种顶法，难度非常之大。听爷爷讲他从创作、苦练到舞台上使用，经过十个年头。我从小在上海学这套"双鞭"，是父亲张翼鹏亲自传教，他教得很仔细，讲解得非常清楚。抛鞭是什么份儿、手腕要双鞭的劲头在哪儿、顶鞭时要注意什么、一整套舞鞭怎么一气呵成、怎么舞得美、如何表现猴子舞双鞭……我学练"双鞭"不知摔断多少对鞭子，头部、脸上不知被打肿多少次，也想过放弃，不学这张家绝招了，但还是被这"双鞭"的魅力迷住，咬咬牙挺过来了。

我到爷爷家练"双鞭"就更苦了。爷爷规定我每天要十遍，每一遍要十次，这就是一百次。要双鞭不能掉，掉了就不算。十次算一遍，如要到第十次掉了，前九次都不算，这非常之难。还叫我在太阳下要双鞭，特别是抛鞭、顶鞭阳光刺眼看不清时，也不能出差错。还有大冬天手冻僵时突然叫我练双鞭，手腕不灵活也不能出一点差错。就这样磨炼我，用爷爷的话讲"百炼成仙"，这样练出的功，今后在任何情况下都能发挥正常。

我第一次登台主演《闹龙宫》，虽然汽油灯亮度不足，但演出没有偷工减料，还能一如既往地发挥，才真正体会爷爷对我的磨炼太重要了。时至今日，第一场主演时的激动和兴奋、喜悦和遗憾，还有全过程，都早已淡漠了，唯独五年封闭式的"深山修炼"点点滴滴记忆犹新。如果说我的一生是在艺术的海洋中驾驭抵达彼岸的帆船，那么第一次主演只是第一个目的地，而"燕南寄庐"则是起锚的港口。

不久以后，我到上海天蟾舞台演出《闹龙宫》，作为盖派第三代传人，较好地展现了盖派艺术风貌，观众叫好。除了我家传的厚实功底，观众们主要还是敬仰我爷爷盖叫天和崇拜我父亲张翼鹏。记得在南京演出《闹龙宫》，四大名旦之一的荀慧生大师专程来看戏，看后讲："他身上确实有盖叫天的玩意儿。"大师的赞扬，对我这年轻后辈鼓励非常大。我算了一下，从我开始学戏到正式上台演出，这套双鞭我整整练了八年，真是应了"台上一分钟，台下十年功"。

2. 搭班如投胎

离开爷爷家后，我参加了杭州京剧团实践演出。当年剧团有八大主演，我只是个在培养的青年演员，平时只参加每星期的日场演出，实践机会并不多。好在这期间，我给二叔张二鹏配戏演了很多角色，也学到了很多。比如《三打祝家庄》"石秀探庄"的戏路就是当年爷爷盛年时的招数，很多别致的造型全是盖派的用棍绝招，是爷爷和父亲当年演出的戏路，获益良多。但遗憾的是实践机会实在太少，年轻人么，总是想着应该出去闯闯。

1961年，我离开了杭州京剧团，苏州京剧团对我提出了加盟的邀请，不过他们也提出一个条件，就是要我先演三天"打炮戏"，看演出情况再签合同定工资。于是我就在苏州开明剧院演出第一场打炮戏《闹龙宫》和《闹天宫》。苏州开明剧院是专门演京剧的剧场，当年盖叫天、张翼鹏、马连良、梅兰芳、周信芳等大角儿都在这剧院演出过，观众眼光很高，不好演。那年我才二十一岁，初出茅庐也不懂这个码头的水深水浅，就凭着初生牛犊不怕虎的一股劲儿，在第一天晚上用我们家门戏《闹龙宫》和《闹天宫》打炮。这出戏孙悟空又唱又打，有表演又有出手，出手还特别多，用行内话说叫"唱死天王累死猴"，在《闹龙宫》中有"巧耍双鞭"，《闹天宫》中又有"一身四绝"，都是家门的绝招，难度极大。

苏州的观众非常熟悉我们张家的看家戏，这场戏又关系到我的加盟和工资评定问题，演出现场内行多、领导多，观众更多，都要看看张家第三代的水准。我的家人亲戚好友都为我担着心捏着汗，我自己反而没怎么紧张。毕竟在父亲和爷爷多年严格的教导和训练下，我的技巧掌握和心理素质都非常好，整场演出所有高难度的出手全部完美完成，演出圆满完成。最后苏州京剧团决定给予我优厚待遇，从此我以挑梁武生的身份和苏州京剧团的同仁们合作演出了大量的剧目。

当时苏州京剧团分两个队巡演，我以主演身份到处跑码头演出。这个分队是指着我唱戏叫座卖钱的，每天要唱一出大武戏，《武松》《闹龙宫》《闹天宫》《三盗芭蕉扇》(胡芝凤的铁扇公主)等等，不但都是叫座的卖钱戏，还要天天换戏码。在不断演出的过程中，把学的、没演过的戏都演了，没戏演时甚至"专锅"现学现卖，边学习边实践边提高。在这个阶段，我跑遍江苏、安徽等大小码头，演出了无数的剧目，家门戏、猴戏和其他武生戏，如《龙凤呈祥》前赵云、后周瑜归天，《战马超》《巴骆和》等等，都得到实践，大大提高了舞台经验和艺术质量，也扩大了知名度，让年轻力壮体力充沛的我大感痛快。

在苏州京剧团期间，我还看了学了我三叔"小盖叫天"很多戏，如《九纹龙史进》《八大锤》等，还陪他演出了各种角色，如《恶虎村》中他的黄天霸、我的李武等，真是获益匪浅。

1962年合同到期，我离开苏州京剧团后跑去参加河南省京剧团，人家同样要看艺术评工资和留用问题。我准备用《大闹天宫》作为打炮戏，一个完全没想过的问题却突然出现了。当年我爷爷只到过河南一次，而且还是在开封演出，郑州的观众压根就没见过"盖派"。在江、浙、沪一带演戏，剧团都有剧务专人排戏，主演只要演好自己角色就可以。可是

《闹龙宫》张善麟扮孙悟空耍双鞭。

河南京剧团同仁们对盖派《大闹天宫》却完全陌生，根本无从排起，我不能只顾自己演，还要给别人说戏、教戏，非常吃力。爷爷以前常对我们说："搭班如投胎。"这次我算是体会到这句话的含义了。好在这是一种挑战，更是一种锻炼，通过说戏、排戏，以及和生疏的对手演员配合应变，考虑如何把表演效果发挥到最佳，使我的应变能力、说戏排戏能力大幅提高，让我学习到太多的知识，有了长足的进步，真是应了"人挪活、树挪死"这句老话。

在我细致认真的指导排练下，我和剧团同仁配合默契，在郑州人民剧场演出的打炮戏《大闹天宫》取得了巨大成功，并获得了豫剧大师常香玉的好评。最后河南省领导决定留我在河南发展，并把我的工资评定为老文艺"八级"，享受高工资待遇的同时，还增加烟票、油票、糖票、布票等补贴。就这样，我扎根河南，把盖派艺术演遍河南大小城市，让河南观众了解并欣赏了盖派艺术。

3. 参加全国京剧现代戏汇演

1964 年，我团接到上级任务，要参加在北京举行的"全国京剧现代戏汇演"，从传统戏马上改演现代戏，时间短、任务重，而且省领导指示一定要参加。为此，我们团立马赶排进京参演的现代戏剧目。剧本选定为三个从地方剧种改编的现代京剧，第一个是表现军民鱼水情的《掩护》，第二个是表现农村妇女形象的《好媳妇》，第三个是表现农村大队大公无私好会计的《红管家》。这三个现代京剧小戏都符合汇演精神，关键问题在于如何运用京剧的四功五法来表现现代人物。剧团由业务团长高嘉麟挂帅，成立三个小戏创作组。当时我参加的是《掩护》小组编排，还担当此戏中八路军小李的 B 角，设计一场在日本兵追捕下八路军小李骑马赶送情报的舞蹈。当时大家都没经验，高团长要求既要展现京剧特色，又要融入现代骑马舞，大家费尽了脑汁反复设计，推翻好多方案，最后决定在传统盖派马趟子中化用结合现代舞蹈的马舞元素，形成八路军送情报的"京剧现代马舞"。这个设计终于得以通过，大家高兴之余，马上加班加点紧锣密鼓进行排练，准备进京汇演。

《闹天宫》张善麟饰孙悟空，一身四绝剧照。

第一次首都演出

1964年八一建军节是我难忘的日子，这天是我第一次站在北京的舞台上，在北京军事博物馆为解放军作慰问演出。那天的演出是和全国各省兄弟京剧团同台庆贺，我们团的节目是这次"全国京剧现代戏汇演"中体现军民鱼水情的《掩护》，领导选定由我演八路军小李的角色，我非常高兴，演出也非常成功，得到领导表扬。记得那天演出后，部队首长安排了好多小方桌，就在军事博物馆内请我们全体演职员吃宵夜，宵夜非常丰盛，每个小方桌都坐着一位解放军和我们演员一起吃饭聊天，共同庆祝建军节，在现实中演绎着真正的军爱民、民拥军的军民鱼水情景象。

在参加"全国京剧现代戏汇演"期间，我在北京住了将近两个月，除了自己团的演出外，每天就是看全国各省市兄弟剧团创作的京剧现代戏，有幸观摩了中国京剧团李少春先生演《红灯记》中的李玉和，以及马连良、裘盛戎、赵燕侠等前辈演出的《杜鹃山》等，再加上每天学习、讨论、交流，收获非常大。

1964年张善麟、王水仙代表河南省京剧团参加北京京剧现代戏会演，参演剧目《掩护》。

关于古老的京剧如何演现代剧、如何演工农兵，这是一个全新的课题，各个剧团都没经验，因此这次在北京大家都在做着各种尝试。大多数是"话剧加唱"的形式，也有用传统程式演工农兵的，音乐上的创新也很多，比如接电话用京剧传统［风入松］牌子，不说话就表现了。通过观摩学习交流，最后大家都达成了共识，一致认为这次汇演中运用京剧程式表现人物形象较好的剧目是北京团的《芦荡火种》、中国京剧团的《红灯记》、山东团的《奇袭白虎团》、唐山团的《节振国》、上海团的《智取威虎山》、云南团的《黛诺》、淄博团的《红嫂》等。

这次北京汇演还有一个意想不到的收获，就是在人民大会堂见到了毛主席、周总理。毛主席这次只接见了部分京剧团，我们河南省京剧团是个老革命剧团，当年是跟着部队打游击出身，因此有幸和全国几个有影响的大团一起受到毛主席、周恩来总理等中央领导接见并合影。

这次北京汇演后，基本明确了"京剧应如何表现现代人物"、"怎么正确运用京剧传统程式"等问题，在京剧现代戏创作上少走了很多弯路。我们团这次参加演出的三个小戏中就有《好媳妇》《红管家》两折被长春电影制片厂选中，拍摄成现代京剧电影。而就在长春电影制片厂拍摄这两个小戏电影时，他们又选中了我团的剧本《传枪记》，要我团继两个小戏后马上拍摄《传枪记》的彩色电影。

《传 枪 记》

《传枪记》是 1965 年根据所云平、王景中（执笔）的豫剧《传家宝》改编，讲述老一代民兵向年轻人传枪的故事。在长春电影制片厂拍摄《好媳妇》《红管家》的过程中，我团业务团长高嘉麟先生得到了《传家宝》剧本。当时全国在号召全民皆兵，文艺创作中有很多民兵抓特务的题材，如《南海长城》等。而《传枪记》的视角比较独特，它通过青年女民兵小缨的成长，歌颂了胸怀祖国、放眼世界、时刻警惕敌人的核心思想，更突出了毛泽东思想的传承。这个核心思想使该剧本的起点高，被长春电影制品厂的领导一眼看中，马上拍板决定拍摄彩色电影。

高嘉麟是一位非常有激情又敢于担当的优秀干部和多才多艺导演。《传枪记》从发现原剧本到改编成京剧本，再立于舞台到拍成电影等一系列工作都是由他一手操办。在接到拍电影的任务后，高团长马上组织创作班子，由他和我两人负责舞台导演和排练，另有音乐鼓师、唱腔设计两人，再加上四个主演，一共八个人组成了"传枪剧组"核心创作团队。

创作团队成立后的第一个任务，是去河南留庄民兵营体验生活。留庄武装民兵营在抗战时期曾经立下大功，把日本侵略者打得晕头转向。我们到那儿后跟当地民兵一起住窑洞，一起吃饭训练，每天一起出早操、练刺杀、打靶，一起跌打滚扑，亲身体验着民兵生活的点点滴滴。

体验生活后，我们的第二个任务是要把这出戏先排立起来，因为这出戏是由豫剧本改成京剧的，并没有京剧的舞台表演形式，怎样才能符合京剧唱、做、念、舞的规律，还要有可看性，难度还是很大的。于是我们每天关在长影"小白楼"里苦思冥想，高团长是话剧文工团出身，热爱京剧但并不熟悉。不过在创作过程中他的想法很多，我俩之间相互谈自己的看法，大家畅所欲言，最后统一思想。根据京剧规律分了四个人物的行当，小缨往京剧小花旦行当靠，老爷爷这人物往花脸行当靠，玉成（哥哥）往武生行当靠，小缨母亲往老旦行当靠。

人物基调虽然定了，可是在小缨这个主角的人选上却出了问题。当时我团小花旦欠缺，经过仔细研究，决定借北京京剧院张君秋先生的女儿张学敏来演这个角色。高团长为此亲自到北京，费了很大功夫把张学敏借调来我团参加电影拍摄。由于张学敏的加盟，使得排练进展很顺利，也大大增加了该剧的可看性。

在创作中我们避免现代戏"话剧加唱"的呆板形式，充分运用传统戏曲载歌载舞的手法，创作了很多新的戏曲程式舞蹈，例如戏中的托砖舞、锄头当枪舞。以毛主席诗词《七绝·为女民兵题照》"飒爽英姿五尺枪，曙光初照演兵场。中华儿女多奇志，不爱红装爱武装"，编出一组边唱边舞的步枪舞，还有玉成的打靶舞等等。当时唐山京剧团创作的《节振国》也同时在长影厂拍摄，我们两个剧组有空就互相观摩，我和徐

《传枪记》剧组合影，后排左五为张善麟。

荣奎先生经常聊天。徐老先生是一位艺术上有独创和特色的艺术家，和他交流使我得到了很多启发。在剧组全体同仁共同努力下，在很短的时间内就把京剧《传枪记》立在了舞台上。在长影进行响排，长影领导和摄制组有关人员都来审查，看后大家都非常满意，认为看到了一出崭新的载歌载舞京剧现代民兵题材戏。与此同时，他们也提出很多宝贵建议，使我们获得了继续加工提高的空间。

经过反复修改加工，再加上服、导、化、乐全部到位，配乐彩排后《传枪记》终于立在舞台上，正式在内部进行了首演并一炮打响。电影导演在反复看了多次舞台演出后，进行分镜头创作，最后变成电影版本。在电影版本中，电影导演决定加一场全民皆兵大练武的戏，这下我可犯难了，没有思想准备也没有这么多的演员。经过讨论，最后剧组决定由我去吉林省艺术学校借学生参加演出。

1965年艺校学生已经不上传统戏的把子课了，学校非常欢迎我去上现代戏步枪课，就这样我每天从长影厂赶去艺校给几十个男女学生上课。当时这批学生从没拿过半自动步枪，我从头教他们怎么拿枪、怎么突刺训练，边上课边排练最后一场"全民皆兵舞"，经过一段时间的艰苦训练，我带着全体学生去长影厂进行拍摄，结果非常顺利，学员们的动作都完成得非常漂亮。

审片时领导和专家看了都非常满意，一致认为《传枪记》非但思想性好，在艺术上处理得也很好，特别赞赏这出京剧现代戏走出传统又运用传统，创造了新的艺术手段来表现京剧现代戏，创造了京剧史上从未有过的"半自动步枪舞"，创造了京剧现代戏新程式。电影《传枪记》审片通过后，吉林省委领导接见我们并表扬我们创作了一出好戏。

不久之后，广州又邀请《传枪记》去参加广州中南局现代戏会演，我们被安排在广州会演第一轮演出。因为此剧已拍成电影，剧本思想性、艺术性都好，在广州第一轮演出一炮而红，会演的会刊和广州报刊好评如潮，剧组受到广东省书记陶铸同志接见，并获得会演"优秀剧目奖"。

广州会演结束后，河南省领导通知我去上海戏剧学院戏曲导演进修班学习，据说这是上海戏剧学院为全国特办的、专门培养戏曲导演的一个班，每个省只有一个名额，我非常荣幸赶上由大师级话剧导演亲授的末班车，由吴仞之、朱端钧、章琴等名家为我们讲课。学员来自全国各地，老师们布置任务要我们互相交流，我就在班里排了《传枪记》，获得了导师们的好评。后来上海戏曲学校京剧班又邀请我去导演此剧，反响很大。

后来，《传枪记》电影在杭州放映，爷爷盖叫天听说是我排的，特地去西湖电影院看了。爷爷眼睛真厉害，一眼就看出我设计的舞蹈是从他《垓下之战》的大操中化出来的，直夸我"真聪明"。

上海戏剧学院进修导演

1965 年，河南省特别选送我到上海戏剧学院深造戏曲导演。

我们这个班和戏剧学院应届本科生不同，同学都是各省各团各个剧种有实践经验的骨干人员，都带工资上学。同学们来自全国各地，据说

上海戏剧学院建校二十年，第六届戏曲导演进修班演出《传枪记》第一场，小缨来自江苏省京剧团，妈妈来自宁夏京剧二团，哥哥为河南省京剧团演员张善麟。摄于 1965 年 12 月 1 日。

上海戏剧学院第六届戏曲导演班合影，后排右三为张善麟。

每省只有一位名额，学员年龄参差不齐，最大的四十几岁，那年我才二十五岁，是全班年龄最小的几个人之一。

我们这班学生很受学院重视，配备了最好的老师主教，由学院副院长、大导演吴仞之主教。班主任由赵丹前妻张茜老师担任，她非常爱护我们，记得第一天全班集中时，她就对我们说："你们都是来自全国各地的宝贝，我们学院非常重视你们这个戏曲导演班，希望你们努力学习！"

在上海戏剧学院学习待遇非常好，吃、住等都很舒适，给我们上课的都是大腕级人物，有大导演朱端钧，当时正在排《海港》的章琴老师，还有很多老教授、老导演，每晚还可以到上海各剧院观摩学习各剧种的演出，开阔眼界。我从来不敢想象有朝一日我会上大学，所以特别珍惜这次的学习机会，可以用"如饥似渴"这四个字来概括。我们这个班的同学都是来自各个剧团最前线的骨干，回剧团都是要直接当顶梁柱的，学不到东西、拿不出玩意又怎么对得起剧团和领导的培养，大家压力之大可想而知。也因此，所有人都像海绵一样疯狂吸收各种知识，包括西方各流派的导演风格等等，什么都玩命学。上戏的老师都非常喜欢我们，他们一致认为我们这个班是全院学习最勤奋的集体。

我除了上课学习之外，还要当方传芸老师的助教，负责早上给话剧导演班的本科学生教"身训"。方传芸老师是昆曲"传字辈"的名师，是上海戏剧学院特聘的教授，专给本科班上身训课。方老师和我父亲张翼鹏有深交，曾经向我父亲学过新盖派代表作《雅观楼》一剧。当他知道我得到父亲、祖父的亲传后，就叫我做他身训课的助教，教本科班如何运用戏曲刀法。1965年已是大演现代戏的年代，不准教传统戏了，于是我就用《大刀进行曲》的音乐编了一套单刀组合，我把盖派的刀法化用在这套组合中，方老师看了非常满意。

这个阶段我虽然辛苦，但非常高兴，很有点成为小老师的成就感，毕竟全班只有我一人能担当如此重任。恰逢上海戏剧学院校庆，要每个班级都出节目，我们班选定我来排《传枪记》一折参加校庆晚会。除了导演外，我还兼演剧中"玉成"一角，小缨则由我班江苏省京剧院的吴美玲扮演，老爷爷一角由我班宁夏京剧团花脸演员担当，妈妈一角是我班广西京剧团的老旦演员担当。来自五湖四海，全国各地京剧演员就这样糅合在一起。因为我们都是有实践经验的演员，自排自演个个称职。校庆演出我们班非常露脸，获得了一致好评。后来我又应上海戏曲学校之邀，给京剧班学生排了《传枪记》，这届学生毕业后分配在上海京剧院的有两位好演员——王健英、吴二嫒。

在这次进修学习中还有一课是到外地各剧团的实践排戏课，有老教授老导演带领我们到江西赣剧院实习，排《红石钟声》一剧。这是一次难得的直接跟着老师排大戏全过程的学习机会，实习期间老师又选我当"技导"，协助教授导演排戏。我很努力协助老师排练，《红石钟声》演出后效果很好，赣剧院领导也很满意。回到上海戏剧学院后，我得到学院领导表扬，当时上戏领导很器重我，年轻又有家门传承的深厚功底，又有丰富的实践经验，他们准备把我留在上海。非常遗憾的是，当时正值1967年的"文革"潮涌期，因为各种原因我们这个班匆匆解散，同学们只能从哪里来回哪里去，各自回到各自的剧团。大家怀着依依不舍的心情，结束了在上海戏剧学院的学习生活。

蹉跎的十二年

"文化大革命"结束后，1979年我爷爷盖叫天被平反落实政策，因为浙江需要正宗的盖派艺术继承人，我被从河南调回浙江杭州京剧团担任主演兼导演。剧团领导非常重视盖派艺术，我到杭州市京剧团后，先后排演了《武松》《恶虎村》《大闹天宫》，以及连台本戏《七侠五义》等诸多盖派剧目，这段时间可以说是让我这个盖派传人真正有了用武之地。

可惜好景不长，1981年遵照上级指示，浙江京剧团兼并了杭州京剧团，这本来是整合浙江京剧界的一件好事，遗憾的是不知道出于什么原因，当时的浙江京剧院对合并进来的人员并未做出合理安排，而是不负责任地"乱点鸳鸯谱"，我被分配到浙江昆剧团担任老师兼导演。

我爷爷盖叫天作为盖派创始人，和三个继承父业的儿子张翼鹏、张二鹏、张剑鸣（小盖叫天）被誉为"一门四杰"，第三代传人张善麟、张善康、张善元也都子承父业，自小与京剧结下不解之缘，都在为光大盖派艺术而奋斗不已。我是八岁开始学戏，因父亲英年早逝，十五岁就投靠爷爷，在他的耳提面命亲自教导下，打下了扎实的童子功，之后又和爷爷同台演戏，可以说受到过爷爷系统全面的培养。出道后在河南京剧团也有着不俗的表现，回浙江后一门心思想要传承发扬盖派艺术，却因为莫名其妙的原因在年富力强时告别舞台，失去了在舞台上再攀艺术高峰的机会，我想这件事对于任何一个演员来说都是不可接受的，对我同样造成了巨大打击，我精神上受到的伤害是难以估算的。我虽然服从了

1980 年张善麟、王水仙夫妇在杭州东坡剧院演出《恶虎村》，王水仙饰武妻，与表演艺术家张二鹏合影。

张善麟（右）和梅葆玖（中）、梅葆玥（左）合影。

组织安排，但在思想上是有保留的，在昆剧团的十二年中，我投诉、上访、呼吁从未停止过，可是却一直无济于事。盖派嫡传子弟却多年不能问津盖派戏，以至于正宗盖派戏在浙江常年无声无息，其实这不仅仅是我个人的损失，更是整个浙江京剧界的损失。

在昆剧团的十二年对我来说就是蹉跎的十二年。当然，这里说的"蹉跎"是指在京剧表演艺术上，是指我精神上的痛苦和无奈，但对于在昆剧团的教学和导演等本职工作，我并没有因为思想上想不通而有所松懈。秉持"盖派艺术决不能在我们这一代夭亡"的坚定信念，我另辟蹊径，把盖派艺术的传承方式由学戏、演戏转为研究、教学。这十二年里，我和其他昆剧老师一起培养出林为林、翁国生等"秀字辈"艺术明星，也导演过一些昆剧好戏。

1993年，我应北京戏校之邀，到北京传授盖派艺术，并举办了盖派教学专场演出，让盖派艺术在北京一炮打响，专场演出反响极大，可谓"不鸣则已，一鸣惊人"。本来扎根于浙江的盖派艺术，却在浙江沉寂多年，反而在京城引起轰动，真是"墙内开花墙外香"，总算是让我多年来发扬光大盖派艺术的愿望得以实现。

张善麟（左）和厉慧良（右）合影。

三、锲而不舍 传承盖派

导演昆曲《伏波将军》

《伏波将军》这出戏是我在浙江昆剧团和王媛导演合作的一出昆剧文武大戏，获得了浙江省戏剧节导演奖。该剧以伏波将军"大丈夫应死边塞以马革裹尸"的豪言壮语作为主题贯穿，其中第八场是通过武戏来体现这个核心思想的重场戏。

第八场的主要内容是：野心家梁松夺走了伏波将军马援的兵权后，派给老将军五百老弱残兵，命他攻打西山绝路，有意让马援前去送死。老将军为了国家大局，不顾个人安危，在敌人重重包围中，在敌众我寡的恶劣形势下奋勇杀敌，直到壮烈牺牲，体现出浓烈的爱国主义精神和悲情色彩。

本着盖派艺术以塑造人物为中心，讲究"形情并重"的原则，我在执导《伏》剧时，为第八场构思了三个大层次的武戏。

在第一层次中，我抓住老将军"马上称威风"的"马上"二字，为了表现老将军虽然腿病复发，但一骑上战马就如虎添翼、以一当十的威猛，我借用了体育撑竿跳加以变化，设计了伏波老将手执大刀跃马飞驰而上的动作。与此同时，对敌兵我运用传统和现代的各种翻、摔、跌、扑等高难度技巧表现其死状，以此来衬托老将军奋勇杀敌的英勇气概。老将军手拈银须背刀撑地的威武亮相是借用了"关老爷"的亮相，之后他环视敌兵尸首豪爽大笑时，全台灯光灭，用追光、脚光打出老将军的立体形象，强调老将军老当益壮的造型美，制造出第八场的第一个小高潮。之后战鼓起，舞台光大亮，当又一波敌兵蜂拥而上时，第二层次的武打场面开启。

241

第二层次武打表现老将军以花甲之年与敌兵厮杀良久，在敌兵的轮番进攻下终于败阵。这段戏的难点是既要表现老将军的英勇顽强，又要表现老将军的寡不敌众和力不从心，在处理上我运用了传统的"飞叉"、"掉毛"、"倒扎虎"、"变身抢背"等动作，表现老将军战马受伤，马失前蹄，招架不住直至跌下马背等惊险场面。

为了突出宁死不屈的爱国主义精神，我在这段戏中加入了一个"马夫拼死营救老将军，最后壮烈牺牲"的小单元，塑造了老将军手下一个士兵的典型形象。对于这段拼死营救的情节，我着重在"拼"字上做文章，运用了短打武生的"卧地错步"来躲过敌人的尖枪，经过几次三番的拼死营救，终于掩护老将军脱险后，我在马夫的处理上异峰突起，运用短打武生勇猛、火炽、快速、真实的打法，好似打乒乓的近台快攻；又用传统的各种技巧，如在敌兵的乱枪中一连串的快速旋转腿、一连串直线条的大翻身等表现马夫英勇杀敌；最后马夫英勇阵亡时，则用"前扑三百六十度变身僵尸"来突出马夫的为国捐躯，给观众留下深刻形象，制造了该场的第二个小高潮。

第三层次是实现老将军"大丈夫马革裹尸"豪言壮语的重点高潮戏。老将军失马带伤败退而上，我在处理上运用了海派的表演方法，连打带唱，甩胡子走各种"蹉步"来表现老将军身负重伤的悲壮情景。老将军的战马因身中数箭力竭而死，我运用了拉马、抚马、埋马、哭马等大段细致的表演来烘托老将军对战马的感情。最后敌人一拥而上意欲活捉老将军时，我借鉴了电影里"肉搏战"的手法，又化用了武术逼真打法，表现老将军与敌血战到底的决心。老将军以身殉国时，我要求演员用"旋子三百六十度搅柱僵尸"等技巧，让老将军战死沙场的悲壮形象在观众心中留下更为深刻的印象，再次强烈突现"马革裹尸"的主题思想。

1985年进京汇报演出，在中国剧协召开的座谈会上，《伏波将军》的武打技巧处理得到同行、专家们的首肯，他们认为该剧武打精炼、紧凑，很有新意，围绕着人物性格的发展较好地处理、运用了盖派艺术的"武戏文演"的法则。

我为越剧排戏

1. 给王志萍排《海明珠》

1983 年，我在浙江昆剧团任导演时，团里派我和王媛、周雪雯三人给浙江省舟山越剧团排神话剧《海明珠》。这是一出反映海岛渔民生活的神话剧，由当时的青年演员王志萍扮演"海囡"一角。

我针对王志萍条件非常好、文武功基础都很扎实的个人情况，结合神话剧的特点，为她设计了很多能够把她的文武才华发挥到极致的戏份，极大扩展了她的发挥空间。在我精心安排、严格认真的调教和排练下，她有着突飞猛进的提高。

这出戏后来被选为浙江省戏剧节的参演节目，在杭州演出时，省里领导、专家、观众突然发现了一位来自海岛的扮相好、嗓子好、武功好的全面型新人，这个新人就是之前一直默默无名的青年演员王志萍。

在 1985 年浙江省戏剧节上，神话剧《海明珠》一炮而红，王志萍更是显露了她的艺术才华，不但斩获浙江省青年演员一等奖，而且被评为省十佳青年演员，在浙江省引起轰动，得到非常高的评价。之后她又去上海演出，被王派创始人王文娟老师看中收为门下，同年正式拜王文娟为师。1986 年她参加江、浙、沪越剧青年演员电视大奖赛，演出《春香传》折子戏及《红楼梦·葬花》获一等奖。同年她在全国越剧中青年演员广播大奖赛中获演唱奖；调入上海越剧院，继承、发扬王派艺术，演出了大量的王派代表剧目，得到上海观众以及全国越剧迷的好评。之后王志萍更是获得了第二十五届中国戏剧"梅花奖"，成为如今王派的领军人物，优秀传人。

可以说一出《海明珠》改变了王志萍的人生。

2. 女子越剧武打的新探索

《陆文龙》是绍兴小百花越剧团为吴凤花量身打造的范派特色戏，吴凤花凭借该剧斩获"梅花奖"。我被该剧邀请为导演之一，与童薇薇、邢时苗二位导演组成导演组。在排练中，我根据女子越剧的特点进行了新的探索，既保留了其剧种风格，又作了突破性尝试，在演出中得到观众、同仁们的认可，这里谈谈我排练所获得的感受。

（1）武打要有"情"

戏曲表演艺术是以体验入乎其内，以表现出乎其外。我爷爷创造的盖派艺术尤其注重以情带打，也称"武戏文唱"，无论他的哪部代表作，都离不开人物的环境和感情。在这个指导思想下，我们导演组统一构思，既要发挥陆文龙在战场上的双枪勇猛无敌，又要刻画出他的内心世界。具体在武打处理上，我全部武打设计始终围绕一个"情"字——陆文龙、金兀术与琼芳三人交织在父子情、父女情、恋人情的复杂关系中。这段戏中，我们采用了四个贯穿着"情"字的武打层次。

一、金兀术酷爱陆文龙，不忍下手，两人相峙良久，金步步相逼要他回心转意。陆文龙心情非常矛盾，兀术对他既有养育之恩，又是杀父仇人，双重的矛盾交织在一起展开了激烈的斗争，既是兵刃的交锋又是不可缓解的思想交锋。金兀术恨文龙回宋营的决心，他忍不住杀气腾腾欲举双斧砍杀文龙，在"呀"的大喝声中，断绝了父子之情向文龙无情欲杀；文龙不忍心对其养父施展致命的回杀，只是躲避、招架。文龙的恋人琼芳在中间阻挡父王的砍杀，极力设法保护文龙，琼芳的感情与政治立场处于极其矛盾之中。根据这三人的内心感情形成三人武打，区别于老的武打三股当。

二、金兀术使出全身武艺，双斧无情地向陆文龙砍杀，此时文龙已无法招架，在忍无可忍的情况下被迫从招架转为对抗，你来我往，二人厮杀一团。琼芳看到这情况，内心十分焦急，在难解难分的金、陆二人中既要阻挡父王，又要劝阻文龙，琼芳清楚地知道文龙双枪的厉害，父王不是对手。这时三人武打关系变化了，处理上也变化了。节奏在往上推，感情纠葛不断激化。陆文龙的武艺压倒了金兀术，并把他打倒在地，双枪直逼兀术的喉咙，在琼芳苦苦哀求之下，文龙还是放了兀术并对其跪拜，谢他十六年的养育之恩，了断情缘，从此后两人恩断义绝。

三、金兀术虽被放跑，但军师哈米蚩不肯罢休，带领众金兵继续包围陆文龙。文龙空手对众兵，不能取胜，琼芳帮文龙阻拦金兵，将双枪投于文龙，文龙获得兵刀如虎添翼，一阵厮杀转败为胜。趁文龙不备，军师命金兵乱箭齐发，琼芳为救文龙以自身掩护而中箭身亡，文龙悲痛欲绝，更加强了他回宋报仇的决心。

四、文龙为报恋人琼芳之仇，大开杀戒，把金兵杀得片甲不留，遍地尸体，武打高潮达到顶点。

以上四个层次的武打处理完全是崭新的、以情创新的武打形式。

（2）舞蹈化的武打

武打在戏曲中一般都是干戈飞舞、跌打翻滚，技巧难度较高，没有扎实的功底是难以达到的。越剧以女性为主，又以婉转悦耳的曲调打动人心，如何把激烈的武打与女子越剧的风格相统一，这是个新课题。

新编历史剧《陆文龙》决不能按老的传统模式来"新戏老排"，必须加以突破。老传统的打法三股当、四股当打完一套亮一个相，显得陈旧落套。在与导演之一的邢时苗同志共同研究后，我决定采用舞蹈与戏曲相结合的手法，大胆吸取舞蹈中的技巧，优美的舞姿充实到戏曲的武打中，达到较好的效果。例如金兀术和陆文龙在双斧、双枪的对打时，琼芳用舞蹈式的滚翻从中阻拦，抱住金兀术的腿，求父王不要杀她的心上人。这里又用了传统戏曲的来回跪搓求父王和陆文龙停手，被金甩开，琼芳此时用了戏曲的倒扎虎，跌倒在地。这里就把舞蹈的技巧和戏曲的技巧糅在一起。接着陆文龙用双枪抱起琼芳，一个舞蹈大旋转，即舞蹈中的双人舞，表现了这对恋人此时此刻相互保护、难舍难分的恋情。紧接着金兀术从背后用双斧欲砍文龙，陆文龙下腰用双枪挡住双斧，在武打中采用了三人舞的造型亮相，显得十分优美，与女子越剧的风格又很和谐。这仅仅是个例子，在陆文龙的武打中采用了不少舞蹈动作，结合戏曲的神韵融为一体，为女子越剧开创了一条新路。

（3）音乐化的武打

绝大多数剧种武戏均以打击乐为主，打完用［四击头］来结束。京、昆剧也是如此。然而越剧不同，如果配上高昂强烈的打击乐似乎很不协调，因此我们采用音乐来取代打击乐，加强舞蹈性，与越剧风格又较统一。但用音乐来取代打击乐又出现一个棘手的问题，就是打击乐节奏比弦乐伴奏更为鲜明。为解决这个问题，经过仔细考虑，着重挖掘人物内在的情绪，要求人物的感情与音乐节奏、武打动作相统一，带着感情打。例如在第一层次中，金兀术用双斧猛砍文龙，文龙用双枪招架住，琼芳此时猛扑过去抱住兀术的腿，三人一个造型。此时武打的音乐未停，三人的动作在停顿，但内心情绪未停。这停顿似亮相又不是亮相，琼芳哀求地喊："父王、父王！"

在第二层次中，陆文龙以招架转为对抗，琼芳在中间以身相挡，拦住二人手上的兵器，一个停顿，然后一边哀求父王一边求文龙，这处理也是音乐未停，演员外化停顿，但情未停。在武打发展到高潮时，用弦乐气氛不够时，我们又采用"排鼓"替代大锣，同样达到渲染战鼓连天的作战气氛。总之，在出现音乐节奏与武打节奏不一致时，尽量用内心的情绪心理节奏去和外形节奏求统一，是音乐和武打气氛相吻合，这在女子越剧中又是个新起点。

以上这三点，是我们在女子越剧武打中的一些探索。

绍兴小百花在越剧改革中另辟蹊径，不但保留了越剧的传统，而且推出了像《风尘英烈》(陈飞主演)和《陆文龙》这样以武打为主的剧目，给人耳目一新的感觉。舞台实践证明成效显著，获得观众的认可和赞誉，吴凤花凭借此剧获得"梅花奖"。我作为该剧的导演之一，运用盖派武打"要打出感情"的创作法同样在该剧中获得大家的认可，获得浙江省戏剧节导演一等奖，我感到由衷的喜悦。

首次进京传艺

1993 年，北京戏曲学校的孙毓敏校长邀请我去北京传授盖派艺术。当时我的内心是很矛盾的，这种矛盾源自当时复杂而失落的现实情况。

为了继承、发扬盖派艺术，我好不容易从河南省京剧团调回杭州市京剧团，然而却恰逢杭州市京剧团和浙江省京剧团因为市场原因搞合并，当时杭州市领导告诉我会被调到省京剧团，可是实际上在合并时并没有让我进省团。浙江省文化厅安排我去浙江省昆剧团任导演兼老师，培养昆曲"秀字辈"学生林为林、翁国生等。孙校长邀请我去北京戏校教京剧班学生盖派艺术时，我还是浙江昆剧团的人。京剧世家出身唱了一辈子京剧，最后变成昆剧导演，这叫什么事。说实话当时我是有意见的，心情郁闷，情绪也很低落。

孙毓敏校长到杭州出差遇见我，看出我状态不好，特地到我家来给我做了大量的思想工作，当时我的思想拧在上级领导让我搞昆曲不让我搞京剧了，我去北京教京剧是名不正言不顺，所以我很不愿去。我和孙校长当年是河南省京剧团的同事，她很了解我的艺术，她了解我的心中疙瘩，她不厌其烦、苦口婆心地劝导我，她对我说："你是名家后代，又是京剧世家，还是盖派传人，不管有任何原因，你有责任把你们家的流派传承下去。"就这样，我被她对京剧事业、对盖派艺术的赤诚之心打动了，最终同意去北京传艺。

到北京戏校后，我感觉很温暖，上至校领导，下至各位专家、教师都对我很好，去之前我还有思想顾虑，因为过去总说南北不合，流派之间也有不同认识，但没想到这次去北京教学却一切都非常顺利。却不知在这一切的背后，孙校长事先已经做了大量细致的工作，包括给党员开会，要求党员要带头做好团结工作，还专门给北派武生老专家开会要团结南派的武生后人等。是她在幕后默默付出和无私支持，才让我能一心扑在艺术上，使我在北京的工作能够顺利展开并取得良好的成果。

到学校看了学生的条件和基本功后，我准备教给学生的剧目是盖派特色戏《劈山救母》，我把这出戏的情节、人物都向孙校长进行了介绍，当年我爷爷演出的全剧角色很多，场次也很多，里面的盖派特色很美，这戏的走边、耍斧、舞绸带、与二郎的把子对打等都很有盖派特色，很适合学生学习盖派打基础。孙校长听了很满意，只是提出原剧场次多、人物多，能不能改成短小精悍的折子戏，紧凑又有可看性。她知道我在上海戏剧学院学过导演，鼓励我说："你是导演，应该能改好。"为此我下了很大功夫，根据孙校长的意见进行了反复修改，把原来十几场的

1993年首次进京传艺，在北京人民剧场举办盖派教学专场演出。后排从左至右：刘厚生、王金璐、吴祖光、袁世海、张善麟、李紫贵、齐致翔、孙毓敏。

戏紧缩成五场戏，又删掉一些过场戏，最终浓缩出一折保留盖派经典段落、二十分钟左右的精彩折子戏。比如头场沉香拿云帚"走边"就是盖派特点鲜明的舞蹈亮相，还能突出沉香的武艺，让学生的腿功、毯子功、把子功等基本功都可以展现出来。第二场边唱［喜迁莺］曲牌边舞斧子，这是盖派的独门功夫，后边绸带舞变化无穷更有特色。

北戏学生费洋跟我学这出戏，第一次修改后在北京戏校彩排，孙毓敏校长等校领导和老专家们看了费洋同学的演出后都非常满意，一致反映戏紧凑又富有盖派特色，很好看。此后学校又请我教了几折戏，校方决定在人民剧场举办"盖派教学专场"，让我压大轴演出《狮子楼》。当时请来很多北京戏曲界名人、专家观看，来宾中有袁世海、张云溪、王金璐、郭汉城、刘厚生、李紫贵、吴祖光等。

盖派艺术在时隔三十二年后，在爷爷1961年曾演出过的北京人民剧场再现，当晚的演出得到首都人民和专家的欢迎。演出结束后，孙校长精心安排，趁热打铁，就在人民剧场休息室开了专家座谈会，畅谈盖派艺术，专家们热烈发言。张云溪先生第一个发言，他说："今天看盖派艺术专场演出，只见舞台上技艺优美，一派生机勃勃，好像久违重逢似的，所以观众反应异常的热烈。北京戏校这些低年级学生居然在四个月时间内将极为生疏的盖派艺术演出到今天的水平，太不容易了。《劈山救母》这出戏如果没有盖老当年的精心创作，今天舞台上很可能就没有这传世之作。"

李紫贵导演讲："善麟有他爷爷的艺术，今天的《劈山救母》是老盖的，也有他父亲改动的地方。我看今后京海合流，京剧还会出现新的局面。"

王金璐先生说："北京戏校请来善麟传授盖派艺术，说明没有门户之见。我们就应该让各个流派一齐开花，各派的学生一起培养。可喜的是一个月前我看了费洋的《劈山救母》，这次再看成熟多了，进步很大，这就说明实践的重要。"

袁世海先生说："北京的老师很多，戏校的校长从外地请来教师就是因为外地还隐藏着一个流派，就是盖派。我跟善麟的老人们都很熟悉。今天善麟同志确实保持了盖老的遗风，从《劈山救母》中可看到，盖派艺术就是一举一动都是一幅完美的画面，优美的雕塑，从不乱打一气，往那一亮就行了。而且每一锣都有明确的交代，很有章法，从来不乱，这才是盖派艺术的特色。"

郭汉城先生道："看了这些孩子的表演，看得出他们很刻苦、很认真，我非常赞成北京戏校办的这件事，京剧表演艺术是非常丰富的，没有继承，发展就没有基础。北京戏校请来张善麟传授盖派艺术是非常重要的事情。我们不仅要继承发扬盖派艺术，更要发扬盖老的'活到老，学到老'的精神。"

座谈会上，专家们也赞扬了孙校长有魄力，称她邀请我去北京教学的做法是为了振兴京剧事业而摒弃门户之见，使盖派艺术得以重现首都舞台，可谓功德无量！

此后，我又把《劈山救母》这出戏传授给北戏学生詹磊、魏学雷，以

张善麟与著名剧评家郭汉城。

及中国戏曲学院附中的徐莹、郭士铭，上海戏校的陈麟、郝帅等，反响很大。该戏还获得过"新苗杯"等奖项。1995年，我又把这出戏传授到台湾"复兴剧校"，还带领台湾学生赴北京参加海峡两岸"五戏校蓝岛杯"大奖赛演出，并获得二等奖。

台湾媒体报道"台湾也有了第四代小盖派"，而我也总算可以告慰爷爷当年创作这出戏的艰辛了。

上海邀请演出《狮子楼》

1993年底从北京回杭州后，我又应邀赴上海演出《狮子楼》。记得当时是在上海中国大戏院，上海京剧院邀请各地流派演出，有天津京剧团马少良、吉林的王继珠、湖南京剧团的陈少云、江西省京剧团的王全喜，还有我——浙江昆剧团的张善麟。

那次演出前有个小插曲，第一天的演出中国大戏院爆满，我们几个

张善麟《武松》剧照。

外团流派演员全梁上霸，每人一出流派代表作，因此剧场门口人山人海。看到宣传栏张贴着"浙江昆剧团张善麟演出盖派《狮子楼》"，有观众就到前台向剧场提意见说："谁不知道张善麟家是京剧世家，祖父盖叫天、父亲张翼鹏都是上海滩赫赫有名的京剧大家，你们怎么在宣传栏上写浙江昆剧团演员，写错了吧？"当时说得中国大戏院的负责人哑口无言。实际上真是冤枉了他们，我当时的工作单位就是浙江昆剧团。其实类似的事情在我北京传艺时也多次发生过，特别是著名戏曲理论家张庚先生接见我时很严肃地问我："你们祖一辈、父一辈都是京剧世家，你为什么去演昆剧？"我当时也哭笑不得，向张庚老师解释说，我是演京剧、演家门盖派戏，不是演昆剧，只是我的工作单位分配在昆剧团。这样张庚先生才明白，他说："你回浙江还是应该回京剧团。"

　　这次在上海的演出得到同仁、专家、观众的一致好评，获得很大的成功。上海观众对盖派艺术特别厚爱，很多人看完演出都说："正宗！正宗！总算看见正宗的盖派了。"1994 年浙江京昆剧院合并，我被调回浙江省京剧团，总算可以名正言顺地演京剧了。

"你应该叫小小盖叫天"

1994 年年初，我接到演出任务，要我演盖派名剧《狮子楼》，演出剧目还有《四郎探母》等几折小戏，要求组成一台晚会。演出不是在大剧场，而是在浙江宾馆内，当时只知道是给首长演出。

那天演到武松挨了四十大板后上场，往常总有蓬头彩效果，这次我出场时台下却鸦雀无声，一片漆黑，什么也看不清。好在我有心理准备，没有受到环境影响，演得非常投入，发挥也非常好，之后的表演到位、武打默契，总算是圆满完成任务。

最后谢幕时由省委书记陪同首长上台，首长非常热情地笑着握住我的手说："你非常年轻、非常英俊，你应该叫小小盖叫天。"然后首长又接见其他演员，集体合影。那晚他非常高兴，还兴致勃勃地拉起胡琴给我团演员伴奏清唱。首长在临走时又回头拉着我，我俩又单独合影。我"小小盖叫天"的绰号就是这样传出去的。

我非常激动，非常感谢首长对我的鼓励，我知道他对我的爱护是出于对我祖父盖叫天和盖派艺术的喜爱。

纪念盖叫天诞辰 106 周年专场演出

1994 年在我提议下，拨乱反正爷爷盖叫天平反后，浙江省第一次举办"纪念盖叫天先生诞辰 106 周年"的盖派艺术演出，也是我的专场演出。我把北京戏校 1993 年我教过的学生请来参演，我演双出。这是一台久违的第三代、第四代合演的正宗盖派名剧。第一出我先演《狮子楼》，第二出是我学生的《劈山救母》，第三出是学生的《武松打店》，最后压大轴是我的《恶虎村》。那天演出，浙江省舞台上再现盖派艺术，专场演出效果非常好，浙江观众见到第四代小盖派演小沉香、小武松，非

张善麟与美术大师刘海粟合影。

美术大师刘海粟题词：发扬盖派艺术。

原文化部副部长高占祥题词：
盖派艺术后继有人。

"纪念盖叫天先生诞辰 106 周年盖派艺术
专场演出"说明书，领衔主演张善麟。

常热情；省市领导和各地专家都来了，热闹非凡，反响极大。演出后召开了盖派艺术研讨会，各地专家研讨热烈，上海的何慢、龚义江、北京的李紫贵，浙江的史行、沈祖安、王复民，金华的彭兆启等热情发言，大赞盖派艺术；文化部常务副部长高占祥题字"盖派艺术后继有人"。

特别是百岁老人刘海粟大师在华东医院的电话录音令人感动。刘海粟与我爷爷盖叫天、父亲张翼鹏先生都很熟，开研讨会时他正在上海华东医院住院，就电话讲了一些话，他的话里充满了对盖派艺术、对戏曲艺术的深厚感情。

刘海粟大师说："几十年前，我就是盖叫天的观众，就看过他自编自演的连台本戏，看过他演的武松、黄天霸、任堂惠，盖叫天唱戏的条件并不是很理想的，他身材不魁梧，嗓音也不亮，当年和他同时代的、同辈的演员，天赋条件比他好的很多，武功比他结棍的也不少，但是到后来，武生这一行中有几个能赶上他呢？要说超过他的恐怕到现在也还难找。盖叫天从小学戏，长大了演戏，是自己奋斗过来的，他没有背景，也没有后台，也没有像现在这样能够宣传自己的噱头，但是他终究成为一代宗师，真正的大师，他是靠自己努力，在舞台上和人家'别苗头'过来的，'别苗头'是一句上海土话，我从前对盖叫天说：'张老板你是真在艺术上别苗头别出来的，你为了成名，就在艺术上要和别人不一样，要与众不同，所以你下了功夫，你成功了。'盖叫天对我说：'我没想到那么多，我起先为了混饭吃要混出个名堂来，就得动脑子，要和人家在台上不一样。'艺术大师盖叫天是在艺术上别苗头自成一家的，他的长子张翼鹏可惜去世得早了，他实际上已经是位了不起的艺术家，也称得上艺术大师了，他和李万春打对台，在艺术上别苗头，终于都成功了。可惜我们现在唱戏的，很少肯在艺术上下功夫，不在舞台上别苗头，专门在台下别苗头，把时间和精力都耗费在别的地方，专门在台下用心计，别苗头，结果在台上就没苗头。现在我讲戏曲危机，都感叹今不如昔，但是有的喊得很响的人只知道在台底下和人别苗头，争风吃醋，观众不喜欢看你的戏，因为你没有苗头，大家都不来看戏，戏曲就越没有苗头了。希望继承发扬盖叫天的传统，尽心尽力在戏台上别苗头。"

上海京剧院副院长孔小石发言说："我觉得对盖老的研究还很不足。希望我们的同行们能够深度研究盖叫天的艺术。要整理出、研究出他创作的法则。盖叫天是有法则的，包括他的追求、他的理想。我们一般都把盖叫天大师定位为'武戏文唱'，盖老对此不满意。盖派艺术仅仅定位在'武戏文唱'确实是不够的，是不深的。如何将这些艺术大师以现在的观点来重新定位，这是很重要的。这样的话，可以用他的创作法则去创造更多更新的剧目，来丰富我们的京剧剧目。现在的青年演员特别需要一本教科书，这本教科书上就讲盖老创始人物的方法，从他的理论上、从他的很多回忆中我们感到，他首先是和斯坦尼一样，是从分析人物入手的，也是从小品入手的，完成了最后的成品。盖老曾经讲过一句叫'断而不断，连而不连'，他的身段是断而不断、连而不连，这句话很有学问，他把我们整个身段组合的规范、组合的规律都说出来了。而这种东西正好对我们今天的青年演员特别重要。现在我们青年演员学外壳的太多，用心演戏的太少，他找不到这些依据。就像盖老总说的一句话：'要有灵魂。'我们应该花大力气把盖叫天的艺术总结出来，真正地传给后辈。"

上海著名戏曲评论家龚义江说："纪念盖叫天主要是学习盖叫天，应从三方面来学习：第一，盖老的创作精神。盖老在京剧的武生艺术当中有过很多的创造，大大丰富了京剧的武生艺术，无论是在剧目、表演、身段、造型、服装、锣经、武打、把子以及表演理论都有他的革新和创造。就拿这次演出的四个戏来说，《恶虎村》是被称为京剧武戏典范的，不仅成功地塑造了一个性格非常复杂而内心矛盾重重的从绿林走向臣仆道路的黄天霸形象，而且在表现形式上也有许多独特的创造。其中'鹰展翅'这个身段已经成为京剧的传统程式了，为许多现代武生所采用。《劈山救母》是盖老早年的创造，从这个戏中我们可以看到他当年的创作思想，他认为要提高表演艺术，不能老停留在传统的框架里，要有突破。为此他自编自演了《劈山救母》。他的重点在塑造沉香这个人物，表现他为了救母亲跟强大的对手二郎神争斗，他屡败屡战，不屈不挠，最后以神斧击败二郎神，斧劈华山救出了他的母亲。要如何在舞台上表现他练斧的过程呢？为了这个，他苦苦思索不得其解，偶然有一次他看见盖夫人在祭神，点黄表纸，这个一烧起来，烟灰就随风飘无了，这下就触动了他的灵感，他加以提炼、升华就化成了一段美丽的黄绸舞。这个黄绸舞今天看来不足为奇，但试想在 20 世纪 30 年代第一次把这样的舞蹈搬到舞台上来是多么不容易的事。……在解放以后，曾在《盖叫天的舞台艺术》中留下了他的这段表演。盖老在晚年就不再演这出戏了，他传授给了善麟，今天又由善麟传授给了北京戏校的同学。这个戏当年最初在上海申江大舞台演出，开幕式的演出，盖老演沉香，白牡丹就是荀慧生演三圣母，马连良演刘彦昌，郑法祥演孙悟空，贾宝山演雷震子，以这样一个阵容演出这样一个崭新面貌的新戏，当然是受到观众的热烈欢迎，由此说明要继承但更要创新。盖老如果没有创新的要求，即使看到了黄表纸在面前焚化，也不会触动他的灵感，如果他没有深厚的传统基础，即使有了灵感，也创造不出来这样新颖的表现形式，所以我们必须正确对待继承和创新的辩证关系。第二，盖老为艺术奉献的精神。盖老常说行动坐卧别离这个，这个是什么？这个就是艺术。他又说演员要迷戏，不但要迷，而且要痴迷。艺术是他的生命，甚至于比生命更重要，他一生当中我们大家都知道他屡次断肢断腿，但是丝毫也没影响他对艺术的信念。这是一种什么精神呢？作为一个真正的艺术家，为艺术的献身宁死不悔。第三，盖老的有所为有所不为的精神。大家都知道盖老曾经拒绝过当时清廷招他去做贡奉，这在别人是求之不得的，但他拒绝了。他又拒绝参加满清皇帝溥仪的婚礼堂会，当时全国只有两个人不参加，北方的余叔岩，南方的盖叫天，即使对方把白花花的大洋钱堆在他桌上，他也不动心，尽管他当时每天都要上当铺。盖老可贵啊，就在于他宁可受难，他也不为所动，表现了作为一个戏曲艺人的民族正气和不可奴颜婢膝的骨气。艺人这两个字在他心目中是很珍贵的，所以他在自己的墓碑上刻着'艺人盖叫天之墓'。"

北京著名戏曲导演李紫贵说："盖叫天先生在京剧短打武生表演艺术方面，开创了短打武生的新纪元。京剧的长靠武生是以杨小楼为代表，短打武生就以盖叫天为代表。他的经验是整个舞台艺术的宝贵财富，非常了不起。过去武生特点都宣传'勇猛武生'，盖老当时上面写的是'威而不猛'。武生只要打得火爆、热闹，观众叫好那就不错了，这'威而不猛'就难了。没有充实的内心，你就做不到'威而不猛'。盖派艺术不仅限于武生，他的理论可以指导戏曲创造的各个方面。'学到老'是盖派艺术的灵魂。他这精神首先传给他三位公子。张翼鹏同志是非常有创造性的，继承了家传，又有他自己创造的，盖老不演的几个戏就可看出，《雅观楼》《四平山》等这些戏，既看到盖老的东西，又有张翼鹏自己的创造，形成了新的盖派。张二鹏、张剑鸣同志也是一样，他们三位都很好地继承了父亲的艺术事业。现在传到第三代张善麟同志，我们看了演出，看到了盖老艺术的再现。善麟在传授第四代方面做了不少工作，希望在传授盖派艺术时不仅是教会几个戏、几个身段，而且要把'学到老'的精神也灌输给下一代，这样能使盖派艺术永远地发展下去。"

首次赴台传艺

1995 年，我应台湾"复兴剧校"之邀第一次赴台传授盖派艺术。到达台北"中正机场"时，按惯例旅客的行李箱都要打开检查，但是在听说我是来台湾讲学的大陆国剧一级演员后，检查人员马上放行，让我感受到台湾同胞的友好和对艺术家的尊重。

"复兴剧校"大门口竖着几个大的京剧脸谱，里边京剧锣鼓和京胡伴奏声是那么熟悉，让人倍感亲切，就像回到自己剧团的排练厅一样。不过在之后的半年教学过程中，随着与当地师生的深入接触和交流，这种熟悉和亲切中又带着生疏和不同。

第一个感觉是学生素质参差不齐，有高、有矮、有胖、有瘦，有的甚至根本就不是唱戏的料，因为形象问题造成戏校里女老生、女花脸特别多，这在大陆是根本不可能发生的事情。造成这种局面是因为台湾京剧人才少，生源奇缺，戏校并不是招考，而是只要有人报名想学就直接录取，可以说拉到篮子里就是菜，根本不考核。而且台湾教育部门每年对学校有着名额补贴，一旦今年招不满，明年补贴就会减少，所以对于学校来说，他们更在意的是学生人数而不是素质。还有，台湾戏校毕业

1995 年 9 月张善麟赴台湾，在"复兴剧校"传授盖派艺术，与学生合影。

1995 年，张善麟在台湾"复兴剧校"传授《武松打店》。

是不包分配的，学生今后是否唱戏学校并不负责。按照校方的说法，哪怕将来不唱戏，这些学过戏的学生也会成为京剧的忠实观众和爱好者，从这个角度来说，学校等于承担了普及和推广京剧的任务。我觉得这种做法可以理解，毕竟大家的具体情况不同，只是这样招生的成才率实在太低。不过有一点必须注意，台湾戏校的学生都是完全自愿来学习的，他们都是把学戏当成未来的饭碗，因此每个人学习起来都很刻苦很用功，就没有一个人是在混日子的。

在"复兴剧校"的练功房，我看到他们的小女孩在练"跷功"，就是在脚上绑上木头小脚，是 1949 年前京剧花旦、武旦必练的一种基本功，是戏曲表现古代妇女三寸金莲的一种传统表演手段，包括武打戏如《泗州城》的水母娘娘、《武松打店》的孙二娘等都要踩跷表演，没有深厚功夫是演不成的。大陆在 1949 年后提倡男女平等，认为小脚是宣传封建时代对女性的迫害，因此京剧舞台上就取消了踩跷表演，如今更加没人练了，基本上已经很难再看见"跷功"。在台湾居然看见这些小女孩在练，真是很难得，她们绑着木头小脚要在长条板凳上站半小时，然后再走台步，先慢后快走圆场，把脚都练肿了，由此也可以见识这些学生的刻苦程度。

"复兴剧校"的硬件设备很好，教学也很规范，每个学生学的戏都要彩排，彩排都要录像，成为学生的业务档案，在毕业前要总结这孩子学了多少出戏，如果不给彩排，说明这出戏没学完。如果学生在校几年只学会一两个戏，学生家长是会投诉校长的，在台湾校长怕家长。我在台湾教学时也是入乡随俗，按照校方的要求进行普遍培养，每个学生都教，至于能不能学出来，这个就看学生自己了。

台湾的演员级别制度和大陆也有不同之处，台湾演员虽然同样分为一、二、三级，但台湾演员不实行终身制，而是要进行定期考核来决定级别。每位一级演员规定每年要挂牌演出多少场，这个挂牌必须是你挂牌压大轴的演出，而且每场要达到一定的上座率。如果一级演员达不到规定的上座率，说明你演戏的质量不高，号召力不够，那么今年的一级明年就未必是一级，可能会降成二级。

台湾的教职人员都很负责，很多老师怕堵车会很早就到学校，宁可坐在车里打瞌睡也不会迟到，他们的分工也很明确而且专业，就拿学校的服装管理人员来说，彩排前我习惯性地要告诉他这个角色应该穿什么服装，没等我说完他马上回答说："不用讲，我是干这行的，这戏穿什么我师父都教过，我都知道，除非你们改革了。"我就感觉他们很专业、很敬业。

我在台教学非常认真负责，得到了校方的肯定。我教的《劈山救母》被选中参加北京海峡两岸五戏校大奖赛会演，在北京和中戏、上戏、北戏、天津戏校等著名戏校同台竞技，以台湾"复兴戏校"的生源能够在五戏校比赛中获得二等奖实属不易，对此台湾校方非常满意，我也得到了表扬。

第二次赴京传艺

中国戏曲学院附中（以下简称中国戏校）在落实中宣部丁关根部长"请好老师，培养新一代人才"的指示时，广请名师，于 1996 年 3 月邀请我赴北京传授盖派艺术。

3 月 15 日，在北京工人俱乐部参加"两校"（中国戏校、北京戏校）"双休日少儿京剧百场演出"开幕式时，中国戏校校长把我介绍给丁关根部长。丁部长高兴地握住我的手说："好，希望你把盖派艺术传下去。"我表示坚决做到。

在中国戏校讲课原定两个月，校方见我教学内容丰富，效果明显，主动提出再延长两个月。虽然那里生活条件较差，和学生一起住在宿舍，饮食不习惯，而且家中照顾不到，但当我看到好学上进的莘莘学子，想到弘扬盖派艺术"要从娃娃抓起"，就把苦累扔在一旁，一如既往地尽心执教。

那是在 5 月底，我教课的九五班两个小武生彩排《劈山救母》，全校师生观看后一致好评，决定把这出戏作为教学保留剧目，并选为赴武汉的演出剧目和当年 9 月在上海举行的"全国少儿京剧专业组大奖赛"参赛剧目。这时，武春生校长约我谈话，希望我延长教学时间，再教一出盖派戏。他提出为我举办盖派艺术专场演出，还点名要我演《恶虎村》。因为《恶虎村》既是杨（小楼）派代表作，又是盖（叫天）派的代表作，都是难度很大、特色鲜明的武生戏。但"北杨南盖"中，北京观众没见过盖派《恶虎村》，当然无法比较。我虽然觉得在北京舞台上演一出盖派《恶虎村》很有必要，但想到时间太紧，让生手来配戏，万一演砸了，我个人的声誉事小，给盖派艺术抹黑，在观众心目中留下不良印象，那就无法弥补了。武校长见我犹豫不决，便极力担保配戏演员不成问题，排戏时间充分保证。他还开门见山地说："你今年已经五十六岁了，如果这次你不演，你一走，再过几年来北京，都差不多要六十岁了，那时也许你演不动了！不如趁现在年富力强，再办个专场，让北京的观众和中青年武生看看盖派艺术的风貌。"他的话有道理，我便当场和他拍板。

在中国戏校讲课的四个月中，我教授了两出盖派代表剧目《劈山救母》和《七雄聚义》。在举办盖派专场的消息传开后，1993 年我传授过盖派艺术并举办过专场演出的北京戏校上门提出要联合举办，更让我没想到的是中国戏剧家协会也要参加主办。最后三家达成协议：由中国剧协、中国戏校和北京戏校联合举办"盖（叫天）派艺术专场演出"，时间定于1996 年 6 月 29 日，地点是北京工人俱乐部。演出剧目有我的女学生中国戏校徐莹（九岁）的《劈山救母》、我的学生北京戏校费洋（十七岁）的《七雄聚义》。当时北京戏校领导提出给费洋同学教一出戏，我就想教他《七雄聚义》。这出戏爷爷只演过一次，而且没有留下完整的资料，而这出戏拍成的电影也只播出过三段精华，"文革"中一切资料全部丢失，连剧本也没有留下。好在我小时候曾经听爷爷讲过这戏的表演设想，虽然时间久远且传承不全，但是我根据爷爷当年曾经讲过的设想，再下了很大的功夫重新做了整理和改编，在保留爷爷电影上三段精华的同时，把人物和剧情重新安排贯串，最后复原成为一出短小精悍、可看性很强的经典折子戏，并教给了费洋同学，搬上了北京舞台。这次专场演出的大轴戏是我领衔主演、中国戏校师生配演的《恶虎村》。当晚演出时，1993年在北京戏校跟我学过盖派戏、正好来北京办事的英国留学生玛雅亚（饰孙二娘）、嘎法（饰武松）助兴演出了《武松打店》，虽然只有短短的十分钟，却让观众感受到盖派艺术的魅力超越国界，令人自豪。

北京戏校校长、梅兰芳金奖获得者孙毓敏主持专场演出，与张善麟合影。

张善麟（右）向国家京剧院学生田磊传授《七雄聚义》。

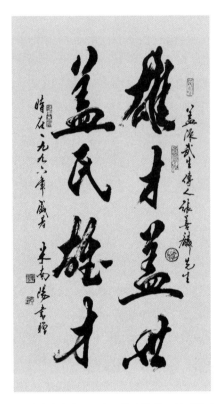

著名书法家米南阳题字：雄才盖世，盖氏雄才。

专场演出很成功，反响之大、评价之高超过我的预料。观看演出的北京的专家领导、中青年武生和京剧迷，有的是第一次欣赏盖派戏，有的看过1993年北京戏校举办的盖派教学专场演出，一致赞赏我们师生的演出是"一次高水平的演出"。小徐莹被行家赞誉为"京剧界希望之星"，费洋的演出比三年前专场演出的《劈山教母》"显然上了一个档次"，艺术上趋向成熟。我示范演出的《恶虎村》所展示的"纯盖派艺术"，让北京观众大开眼界，"可称短打武生的典范"。

第二次盖派专场演出的成功，引起北京新闻界的热情关注，《北京日报》《北京晚报》《戏剧电影报》《中国演员报》《中国戏曲学院院刊》等报刊纷纷报道；北京电视台录像播映，中央人民广播电台文艺部在演出前进行专题采访，北京广播电台邀请我去直播室做了两次节目，主要话题是：盖派的艺术特色；被行家称为"北杨南盖"的杨（小楼）派和盖派的区别；南方的老师教授北方的学生会遇到什么困难？我在回答主持人的提问后，还和听众通过热线电话进行交谈。回到杭州后，浙江电台《卫广假日版》的《会见名流》栏目约我在 8 月 4 日向听众谈谈盖派艺术，谈谈北京之行，谈谈教学和专场演出。《浙江广播电视报》登载了题为《盖派传人谈盖派艺术》的短文。

1993 年的盖派教学专场演出结束后，北京戏校联系中国剧协召开了座谈会。这次专场演出按惯例应由中国戏校、北京戏校联合召开座谈会，没想到中国剧协主动提出由他们独家出资召开"盖派艺术座谈会"。据说这样的事情极少见，说明中国剧协非常重视盖派艺术。座谈会上，专家和同行除了畅谈盖派艺术外，还对我 1993 年以来继承和传播盖派艺术所做的工作，给予中肯而又高度的评价。他们在发言中说我"干了两件大事好事：一是培养了人才，二是培养了观众"。具体地说，我在北京、台湾培养出第四代盖派小传人，在杭州、上海、北京、台北接连演出赢得观众赞赏的盖派戏。有的与会者激动地说，一位南方戏曲演员"三年中两次进京传艺，两次举办盖派艺术专场，这在北京是没有先例的"。专家们认为两次专场演出不同的剧目，不仅让北京的中青年武生（包括戏校学生）更多地了解盖派艺术，学到更多的技艺，而且进一步证实了"盖派艺术要活在舞台上"，为人们更深入地研究盖派艺术提供了有力的论据。专家们希望我继续努力，在通过艺术教学传播盖派艺术的同时，要善于总结，多写些盖派艺术的理论文章，这不仅是提高自己艺术造诣的需要，也是弘扬盖派艺术的需要。座谈会前后，在京的一些戏剧专家、艺术家为"专场演出"题字、作画，使我深受感动，更增强了承上启下、弘扬盖派艺术的决心和信心。

第二次赴台传艺

1996 年我再次赴台湾国光剧团，向国光大武生刘稀荣传授盖派《夜巡》、向马宝山传授《七雄聚义》。开始，我要教《夜巡》这出戏时，国光团的业务领导都不知道有这出戏，唯有李万春先生的胞弟、在台京剧界前辈李桐春先生知道后说："这出戏好，现今很少人会，是出好戏，也是武生必学的基础戏。"经过了四个月的传授，举办了教学专场，团领导、专家等验收后，一致好评，反响很大，赞扬这两出短小精悍的盖派武戏非常精彩。

第二次赴台期间，除了传授盖派经典剧目，又受台湾"政治大学"的邀请去讲课。收到邀请时我感到很意外，因为在我的印象中，台湾"政治大学"是座很有名的大学，这是所专出政治人物的名校，又不搞艺术，怎么会请我去讲"盖派艺术"呢？后来我才知道，原来学校开设有很多兴趣课，京剧课就是其中之一，学校中有专门的京剧票友社，我是受学校京剧票友社之邀，来讲盖派艺术。

11月6日的早上，国光京剧团的主演、有"台湾第一武生"之称的朱陆豪先生和其他几位学生陪我去"政治大学"。学校举行了热烈的欢迎仪式，我一看京剧社都是年轻学生，朝气蓬勃，感到非常高兴。

台湾"政治大学"坐落在台北的南边，风景秀丽，校园很大，很漂亮，设施好。我被带到二楼一间很大很干净的舞蹈训练房，学生们脱鞋席地而坐听我讲课。开讲之前，他们先向我介绍了京剧社的情况，他们很迷恋京剧，称京剧为国剧。

京剧社的大学生们非常热爱国剧，活动频繁，每星期都有活动，经常彩排演出，逢大的节假日还为学校演出。给我的感觉，他们很专业，信息也特别灵通，对盖派艺术，包括我们家属的情况都非常了解。让我意外的是同学们还特地向我介绍一位名叫"张翼鹏"的女学生，她居然和我父亲的名字一模一样。由于他们对盖派艺术事先做了功课，我开讲很容易进入状态。我先介绍盖派艺术的创始人、我爷爷盖叫天艰苦的学艺生活，盖叫天艺名的由来，他如何闯江湖、闯上海滩，断腿的故事，"活到老，学到老"的座右铭，"活武松"的故事，等等。我讲得精彩，他们听得认真、津津有味，台上台下相互呼应。同学们争先恐后地提问，我也有问必答，气氛好极了。他们问到盖派艺术的特点是什么？我讲盖派的特点之一——"武戏文唱"。一边表演一边解释，为他们现场示范了最能代表

张善麟（左）指导台湾客家戏学生。

"武戏文唱"、爷爷盖叫天的代表作《一箭仇》中"望庄"一折。用"髯口"表演来刻画史文恭这个人物在当时规定情境中复杂的心情，也就是评论家所讲的"盖叫天的胡子会跳舞"，同学们看得出神，惊奇万分。之后，他们又提了诸如盖叫天演猴戏，创造楚霸王、与杨小楼的霸王扮相如何不一样，等等很多问题，提问很专业，很有水准。我一一给予讲解。

同学们又问到我父亲张翼鹏。他们听说1948年我父亲在台湾演出时很受观众欢迎，还知道是在台北"西门町"那边的剧场演出。后来我还专门到"西门町"找到当年我父亲演出的剧场拍照留念。"西门町"是一条非常热闹的大街，剧场的地点非常好，人口流动非常大，是演戏的最佳地点。我父亲在那儿演出半年之久，上座非常好，演了几本《西游记》，又演出很多传统老戏，还演出关羽戏，台湾老百姓很信奉关老爷，因此一贴关老爷戏就客满。

同学们对我们家很感兴趣,接着又问起我的情况,知道我在北京教学、专场演出的盛况,也希望我在台北演出。一上午时间过得很快,看得出他们还想听,后来他们的负责人讲下次再请我来讲,同学们才肯罢休让我休息,最后大家合影留念。

一上午连续讲了几小时,可我一点也不感觉累,和年轻大学生交流始终保持兴奋状态。学校向我赠送校旗留念。活动结束后,同学们依依不舍地送我们上车时对我讲:"在台湾从来没听过、见过这么好的盖派艺术。"我深感欣慰。

把盖派艺术留在上海

1997年应上海戏校王梦云校长之邀,赴上海传授盖派艺术,我刚结束第二次赴台传艺回来,接到邀请后,马不停蹄地又赶到上海戏校。主要给九二届京剧班和九五届京剧班的学生传授盖派艺术,当时有上海、福建两个班的学生。学生有陈麟、李影、刘大可、李亮、田磊、郝帅等。传授的盖派剧目有《劈山救母》《夜巡》《神州擂》,连续教了三个学期。由于学生们从未接触过盖派艺术,我就从盖派的一招一式,从基础教起。学生学得认真,我教得严格,把盖派的特色分析给他们。学生不理解时,我亲自做示范。要求先从模仿开始,把"形"先把握住;练扎实后,再讲人物的内心,使他们练熟后能表现出盖派的"神"。第一学期教的《夜巡》全是棍的舞蹈和各种棍子的招数。学生一个学期苦练,老师也作为陪练,天天打磨,反复地纠正,他们才慢慢有点掌握盖派艺术的规律。第一学期结束,学校安排了彩排汇报。学生们经过踏实的训练学习,成绩大幅度提高,得到了校领导好评,说是有点"盖派的味道"了。第二学期又教另一出盖派的折子戏《神州擂》,这一折全是空手对打,包括拉拳、手串子等等,各种盖派的空手套路,要求打得精彩火爆!也是盖派的基础身训,经过一学期的精雕细琢,彩排汇报演出时,领导和专

《恶虎村》张善麟饰黄天霸。

家看到了学生们的进步！评论他们走上正轨的盖派路子。第三出学的是盖派经典折子戏《劈山救母》，也是盖派特色孩儿戏，用神斧舞蹈，通过前两出折子戏打基础，学习《劈山救母》时，学生们已基本掌握了盖派韵味，彩排汇报后校领导和专家一致赞扬，说是上海戏校也有了"小盖派"。

如今，我教的这些学生都已成才，如上海京剧院的陈麟、郝帅等，国家京剧院的田磊等，已然都成了全国国有京剧院的当家武生。特别是在 2011 年上海举办的"纪念盖叫天逝世四十周年'南英北杰'"演出中，他们都参加主演了《白水滩》《三岔口》《武松》《七雄聚义》《恶虎村》等盖派经典剧目。"南方英雄、北方豪杰"都来习演盖派、传承盖派、发扬盖派。中央电视台录制并转播演出后，反应很好，影响很大。

2013 年，由上海戏剧学院附属戏曲学校成立了"盖叫天艺术研究室"，同年为纪念盖叫天诞辰 125 周年，在上海逸夫舞台举行了"盖派表演艺术展演"活动，并整理出版《盖叫天谈艺录》。这次展演活动我以七十三岁高龄，演出了我父亲张翼鹏的新盖派代表作《雅观楼》。2015 年，受上海京剧院邀请，把张家基础戏《乾元山》传授给我的入室弟子郭士铭。他是上海戏剧学院京剧本科毕业生，学习非常刻苦，在我的严格要求下，足足苦练一年多才敢让他上台演出这折戏。最终得到了专家和观众的一致认可和好评。这就叫功夫不负有心人，我由衷地为他感到高兴，传统艺术最终还是需要传承和发展。之后我又参加"文化部2017年名家传戏工程"，主教上海京剧院优秀武生王玺龙、陈麟《恶虎村》《七雄聚义》两出盖派剧目，继续在上海为传承盖派艺术做工作。2018年由上海戏剧学院附属戏曲学校主办"全国盖派艺术培训班"，再次邀请我赴上海传授盖派艺术。这次培训班，报名踊跃，聚集了全国各大国有京剧团的当家武生前来深造提高，我从一堂"盖派艺术特色讲座"开课，接下来的几个阶段，传授了《武松打店》和《恶虎村》两出盖派名剧。我虽年事已高，但当学生们达不到要求时，经常也免不了亲自讲解示范，同学们能够理解到盖派真谛时，我觉得一切的付出、辛苦都是值得的。有关盖派部分的戏传授完毕，接下去由我总抓《武松打店》《恶虎村》两出戏的呈现，在上海逸夫舞台汇报演出。之后，上海戏剧学院邀请了全国专家开了研讨会，领导、专家肯定了教学成果，文化部基金会、专家们对"全国盖派艺术培训班"的教学，审核通过，并给学生们颁发了结业证书。各位当家武生回到各自院团后，现学现演，丰富了院团的演出剧目，盖派艺术能在全国各地开花结果，我感到甚是欣慰。

纪念盖叫天诞辰110周年盖派专场

1998年，我刚从上海戏曲学校传艺回杭州，就得到了浙江省举办"纪念盖叫天诞辰110周年"专场晚会演出的通知，在经过几次三番的研讨策划后，有关领导一致决定，本次"盖派专场"的几出盖派经典片段，全部由我们张家子弟担当主演。其中《武松打店》由我外甥——上海京剧院的张帆饰演"武松"；《一箭仇》由我小弟张善元饰演"史文恭"；《白水滩》由我四弟张善康饰演"穆玉玑"；《雅观楼》由我饰演"李存孝"；由我二叔张二鹏担任专场演出的艺术指导。

这场演出地点定在原"杭州大世界"（即现在的"东坡大戏院"），这祝贺上海戏剧学院成立"盖叫天艺术研究室"揭牌演出，七十三岁的张善麟出演《雅观楼》，饰李孝存。

张善麟与台湾名演员戴绮霞合影，当年她在上海曾与张善麟的父辈同班演出，是著名演员关肃霜的老师。

271

里几十年来一直是京剧剧场，广大京剧戏迷观众们对这里非常熟悉。当专场演出开始售票时，观众的反应热烈，使得剧场早早就挂起了客满的牌子，可以说是一票难求。全国各地的领导、专家、行内名家以及中国剧协代表也都纷至沓来济济一堂。北京的李紫贵就带着学生一起来杭观摩，上海来的有小高雪樵等专家，浙江本省的有宋保罗、赵麟童、朱云鹏等，以及整理《粉墨春秋》的专家龚义江等，都兴致盎然地赶来观摩这台张家子弟兵的"盖派专场"演出。

演出那天我们都发挥得相当出色，演出效果非常好，观众掌声雷动、激动万分。有位老方丈，是我祖父和父亲当年的忠实观众，看完演出后感慨地说："张家的威风又回来了！"

在演出结束后的盖派艺术研讨会上，领导专家一致赞扬演出成功！李紫贵不但要了我的《雅观楼》演出录像，还专门拍了我的盖派《八大锤》片段录像，准备带回北京给他学生学习了解真正的盖派特色。

这台专场演出带来了很大的反响，当地报纸、杂志纷纷刊登文章进行报道，《中国戏剧》和其他有关杂志也详细报道了演出盛况。朱云鹏还专门写了《父子雅观楼》一文，刊登在《中国戏剧》上。

"南英北杰"

2010年应上海京剧院邀请，筹备"南英北杰——纪念盖叫天逝世四十周年"盖派艺术大型专场演出，准备在上海天蟾逸夫舞台演出三台盖派经典代表剧目。这次纪念演出我受邀担任策划、总导演、主教老师、主演等多重角色，全程参与确定演出形式、演出剧目等诸多事宜。接到这个任务后，我深感责任重大，对于当时已经七十一岁高龄的我来说，更是一次巨大的挑战。我心中默默地告诉自己，只许成功不许失败，必须圆满完成这次艰巨任务，为弘扬盖派艺术尽自己最大的力量。

爷爷一生塑造了许多性格迥异、生动形象、深入人心的舞台人物形象，想要在三天的演出时段里囊括诸多具有盖派艺术特色的代表性人物和剧目是不现实的，如何优中选优让我着实动了一番脑筋，想了各种方案，最后决定以一台大戏加两台折子戏的形式，尽可能多地呈现盖派艺术之精髓，尽量把爷爷所塑造的经典人物和剧目在这三台演出中展现给大家。

确定了演出形式，接下来就是定剧目和演员，三天的演出需要多位优秀的武生演员。在和上海京剧院商议后，决定招集全国各大院团精英武生参加，南方英雄、北方豪杰，都来学演盖派，全国各大院团的优秀武生纷纷积极响应，大家都为能参加这次纪念演出、学到盖派艺术精髓而感到幸运和荣幸。一时之间在全国精英武生中掀起了一股"学习盖派、纪念盖派"的热潮。

1. 盖派名剧全本《武松》，三十年后重现上海滩

纪念演出的大戏，我首先想到的就是全本《武松》。爷爷当年被美誉为"活武松"，他塑造的"武松"形象太过深入人心，已成绝响，所以第一天的打炮戏必须是全本《武松》。

宣传一出，不论是梨园行内还是广大观众，都开始翘首以盼。可是全本《武松》在上海已经绝迹近三十年，而且原来的全本《武松》从《打虎》开始到《血溅鸳鸯楼》止，全剧三个多小时，场次多，时间长，当年爷爷演出时经常会分上下本演出，但如今，演上下本是不太可能的，我必须对原剧进行重新编排，缩短全剧时间，使之在更符合现代观众观剧心理节奏的同时，又要体现出盖派真正的精髓，其中难度可想而知。

经过苦思冥想，我运用在上海戏剧学院的所学所用，以导演思维把全剧脉络重新梳理，深思熟虑，慎重删减，在加强全剧节奏性、可看性上下功夫，大胆改良。终于在原剧不伤筋动骨的基础上，既保留住了盖派艺术的精华部分，又使全剧节奏紧凑，控制在了两小时左右。让老戏也与时俱进，赶上新时代的节奏。

在开场部分，我把原本拖慢节奏的八个猎户巡虎的片段删除，改为由景阳冈公差紧急敲锣上场，告诫众百姓景阳冈出了猛虎拦路伤人之告示，紧接着主演"武松"上场，过景阳冈打虎。这样加快了剧情节奏，同时直奔主题，让主演武松尽早出场，满足了观众心理，一下子就抓住观众。演出后无论内行、外行都赞扬这个改编的全本《武松》头开得好。

再比如在原剧中，王婆用毒药害武大，武大服毒乃至疼痛而死的表演都是明场处理，我感到这样的表演又拖沓又重复，大段的时间只为了交代毒药如何发作，而且场面太过惊悚，舞台也处理不干净。我果断决定这段戏全部改为暗场处理，观众既看得明白，又净化了舞台，达到很好的效果。

还有在《狮子楼》一折中，我爷爷的演出处理是武松抓住西门庆，快速地一刀杀死西门庆后结束。而在我继承的过程中，在爷爷的表演基础上加了一个动作，就是西门庆挨了一刀后，挣扎着向武松作最后的反扑，这里西门庆用一个高难度的前扑变硬吊毛，而武松则用刀乘势拦腰怒砍西门庆，西门庆倒地后，武松把刀插在西门庆腰上亮相露怒颜，让观众有一种解气的感觉。著名剧评家龚义江先生曾经赞扬说，这个动作加得好！所以这次演出，我便将我改良过的版本传承给了青年一代武生。

通过我的努力，在大家的大力支持下，全本《武松》终于在绝迹三十年后，以崭新的面貌于上海逸夫舞台惊艳亮相，而且节奏更加紧凑，可看性更强。演出结束后，观众、专家、行内同僚都反响热烈。改编后的《武松》一剧，既继承了盖派艺术传统，又有所发展。新版《武松》符合新时代文艺创作的要求，称得上是一部与时俱进的经典之作。

2. 古稀之年编、导、演，演绎经典老、中、青

"南英北杰"纪念演出的第二天和第三天，是"盖派经典折子戏专场"，在我精挑细选并与上海京剧院商议后决定，第二天的演出剧目定为《白水滩》《三岔口》《一箭仇》；第三天则是《劈山救母》《七雄聚义》《恶虎村》。这些剧目都是富有盖派特色的经典剧目。有箭衣髯口戏、短打戏，有娃娃生戏等，色彩缤纷，非常有代表性，每出戏的风格不同、人物不同，使用的兵器不同，"舞"起来好看至极，开打时，都有着盖派所特有的招数和套路。

参演人员主要有我们张家后人——我、我小弟张善元、我外甥张帆，会同来自北京国家京剧院的徐莹、田磊、王璐，北京职业艺术学院张晓波，上海京剧院奚中璐、王玺龙、陈麟、郝帅、郭士铭，福建京剧院李哲等十几位老中青武生演员习演。这十几位精英武生，除了我小弟张善

《飞云浦》张善麟饰武松（左）。

元外，全部剧目需要我一招一式、手把手地传授。戏曲需要一对一口传心授来传承，特别是武戏，光说理论是不行的，盖派更是不同于其他武生戏，同样一出武生戏，盖派武戏有自己风格，有自己的独到之处，必须要我亲自调教才能有盖派韵味。

除了当"教头"之外，我还亲自参与了三台戏中的两台演出，全本《武松》中的"醉打蒋门神"和"血溅鸳鸯楼"二折重头戏。以及《恶虎村》的"劝架"、"行路"、"进庄"、"趟马"、"回店"和"烧庄"的演出。在演出《武松》"醉打蒋门神"一折时，既要展示出盖派"武戏文唱"时塑造人物的表演功力，又要把控住人物形象和个性，武松要表现得醉而不醉，醉态中展示出人物造型美，而不能演成烂醉的醉鬼形象。而"血溅鸳鸯楼"有一段是展示盖派武艺"耍刀"套路绝招的。我爷爷拍电影《武松》时，由于影片时长原因，剪辑时被剪掉许多，故而连接不上，耍的刀法也不全。趁着这次演出，我把这套盖派刀法完整地展示出来并保留了下来。京剧同仁们在看到这套完整的盖派刀法后，激动地对我说：你立了一大功，让我们学习了完整版的盖派舞刀绝招。

"血溅鸳鸯楼"中我有一个"抢背"动作，在排练时院领导和同仁们都为我捏把汗，劝我改个动作不要翻了，毕竟我已经七十一岁。我就对他们说起这个"抢背"幕后的故事，当年周恩来总理为了外事活动请我爷爷盖叫天演出《武松打店》，可总理知道这折戏中有一处和孙二娘对打时要翻"抢背"，当时我爷爷也已经七十高龄，为了保护爷爷身体，总理建议爷爷不要翻了。我爷爷就跟总理讲："请总理放心，我可以翻，为了剧情需要，不损武松形象也必须翻！"最后在爷爷的坚持下，在正式为外宾演出时，爷爷一丝不苟地翻了这个盖派"抢背"，圆满完成任务，得到周总理的高度赞扬。我对院领导和同仁们说，我不但要继承爷爷的艺术，更要继承爷爷对艺术认真负责的精神！这个"抢背"我必须翻。演出当天，我发挥得很好，圆满地完成演出，也震惊了观众和同行，获得满堂喝彩！观众称赞道："七十一岁还能翻抢背，这是有童子功啊，真不容易！"

这次"南英北杰"的纪念演出中，舞台两边各有一个大框，框内是大书法家吴湖帆的题字："英名盖世三岔口，杰作惊天十字坡。"这两个大

纪念盖叫天逝世四十周年"南英北杰"盖派经典剧目习演媒体见面会，张善麟居中。

框是在我的特别要求下才竖起来的，之所以坚持这么做是有原因的。

20 世纪 30 年代，爷爷在上海天蟾舞台演出时，宾朋好友都送花篮祝贺，唯独吴湖帆大师用了两匹布亲自写了大幅对联祝贺："英名盖世三岔口，杰作惊天十字坡！"大师用两匹大条幅布题上墨宝，从舞台顶端挂下直至地面，这两大条幅挂在台口两边，观众一进场眼睛一亮，首先欣赏到吴湖帆大师的书法艺术！对联的内容又与演出非常贴切，头两个字"英""杰"加起来是我爷爷的名字，尾字"三岔口"和"十字坡"又是我爷爷的两出代表作，无论书法还是创意都令人拍案叫绝。当年这样创新的剧场设计和我爷爷的盖派艺术相映生辉，碰撞出了书法艺术和戏曲艺术的光彩火花，轰动上海滩。后来毛泽东主席在杭州看到这副对联时，也是大加赞赏。所以这次我提出用吴大师的对联，按照当年的布置挂在舞台两侧，同时又请书法大家欧阳中石先生题"南英北杰"四个大字横放在台框上侧中央，形成了完整的一副对联加横批，舞台顿时气势恢宏、光彩夺目，为纪念活动增色不少，观众看了也是大加称赞。

最后一天，请来的北方武生专家都上台和我们合影并送上锦旗，上题"盖派艺术，武生之魂！"这次纪念演出中央电视台全程录像并在全国播出，反响热烈。

演出过程中，面对观众阵阵热烈的喝彩和掌声，我感慨万千。与有些京剧流派日渐式微的窘境相比，京剧武戏流派的生存现状更不容乐观。要成为京剧武戏艺术家，首先要有天赋、有悟性；其次，要特别能吃苦，武戏演员比文戏演员吃的苦更多，而且练功、演出都有风险，艺术生命也较短。这也是京剧发展历史上经常会有"几大须生"、"几大名旦"，却没有"几大武生"的真正原因。当然也有其他客观原因，就拿戏剧编剧来说，他们往往更注重剧情的思想性、唱词的优美，却很少顾及武戏的编排，所以台上的表演都要靠武戏演员自己琢磨，没有一定功力根本编不好。而且武戏的开打需要多人配合，对配角甚至龙套的武技水平要求也很高，盖派艺术的传承真可谓是任重道远啊！

三天的纪念演出圆满成功，这次演出我虽然付出很多，也很辛苦，但感觉就一个字"值"！

　　2015年12月30日，上海京剧院"建院六十周年系列演出·大师之脉"盖派《武松》，张善麟压大轴出演《血溅鸳鸯楼》饰武松（右），七十五岁翻抢背震撼全场。这是他告别舞台的演出。

《血溅鸳鸯楼》张善麟饰武松。

《粉墨春秋》，舞蹈和戏曲的完美结合

　　《粉墨春秋》是根据京剧武生泰斗盖叫天自传改编的同名舞剧，反映了传统戏曲一个旧戏班的兴衰和三个武生在生死爱恨中成长的故事。这部作品的问世虽然源于京剧武生泰斗盖叫天的传奇，但又超越了具象人物所表现的梨园界的生活往事，而且用舞蹈来诠释旧戏班中的故事，表现戏曲手眼身法步等艺术元素，这是前所未有的。

　　舞剧《粉墨春秋》的成功来之不易。我和总编导邢时苗是艺友，20世纪80年代末我们一起搞创作，有一次他在我家看到盖叫天口述版自传《粉墨春秋》，书中记录了我爷爷一生的学艺演艺过程，以及旧戏班走南闯北的艰难艺人生活。邢时苗导演看了此书激动万分，立志要排一出舞剧《粉墨春秋》，来表现艺人的生活和旧戏班的兴衰。当时我认为他的想法很好，但实际操作很难，一个舞蹈团要排一个戏曲题材的作品谈何容易。事实上也确实如此，他四处联系却始终没有舞蹈团肯接这个戏，一等就是十几年，一直到独具慧眼的山西艺术职业学院华晋舞剧团决定排演这部戏，这才圆了我和邢导的梦想。

1. 创作团队阵容强大

　　一部舞台剧的成功，离不开强大的创作团队，《粉墨春秋》更是如此。编剧李碧华女士，张国荣主演的电影《霸王别姬》就出自她的作品；导演邢时苗是中国"突出贡献舞蹈家"荣誉获得者，曾经连续八届担任中央电视台春节联欢晚会舞蹈总监；作曲方鸣曾是2008年北京残奥会开幕式音乐总设计和主题歌的曲作者；舞美设计高广健任国家大剧院舞美总监、中国舞台美术学会副会长，曾经和张艺谋多次合作；灯光设计沙晓岚任中国舞台美术学会灯光艺术委员会主任，中宣部"四个一批"科技人才专家，曾担任2008北京奥运会开、闭幕和残奥会开、闭幕式灯光总设计；服装设计王秋平是上海歌舞团首席服装与化装造型设计，曾与李安、张艺谋、陈凯歌、吴子牛等诸多国内外著名导演合作；执行导演周利亚、韩真等，都是业内赫赫有名的专业人士，获得过"文华大奖"、"文华导演奖"、"文华大奖特别奖"等重大奖项。他们有的非常熟悉梨园界的生活，有的不但精通舞蹈也热爱戏曲，特别是邢导尤其喜欢盖派武戏。而我，则有幸成为《粉墨春秋》一剧的戏曲指导。

2. 敬业精神

2011 年 3 月，上海京剧院举办纪念盖叫天逝世四十周年"南英北杰"专场演出，我领衔主演全本《武松》和《一箭仇》《恶虎村》等三台盖派经典武戏。邢时苗导演和舞剧团王菁华团长为了让演员感受京剧和盖派武戏的魅力，亲自带领创作班子和主演来观摩学习，寻找创作灵感。

上海演出完毕后，我在 4 月应邀前往深圳为深圳剧团排戏。其间邢导带领主创、主演又风尘仆仆赶到深圳来学习京剧的戏曲艺术元素。我白天给深圳剧团排戏，晚上教舞剧团各种戏曲招数。当时邢导亲自上阵，主演黄豆豆、王迪、任中杰和两位女编导周利亚、韩真也跟随学习。他们虽然从未学过戏曲表演元素和各种兵器舞法，但却是真学真练，踏踏实实地学枪花、弹髯口、耍猴棍等，在学习中不怕苦不怕累，把头打肿、嘴打破，流血流汗不流泪。连续多天一招一式地学，还一丝不苟地集体学习髯口的基本技巧，这种认真学习的精神感动了深圳当地剧团的演员们，他们说："这么大牌的舞蹈家学戏曲这么专一、执着、刻苦，我们要向他们学习。"

3. 没有规矩，不成方圆

传统戏曲非常讲究规范，有句话叫做"宁可穿破不可穿错"，很多清规戒律是不能越雷池一步的。在舞剧《粉墨春秋》的创作过程中，我认为同样需要把握住戏曲的规范，什么人物穿什么颜色的服装，怎么穿，拿什么兵器，等等，这些在戏曲舞台上不能出错的玩意儿，在舞剧中体现的时候同样不能出轨，不能乱发挥，不能破坏原则，这也是我作为戏曲指导的职责。怎么做才能既不违反戏曲原则，又能让舞剧的特色充分地发挥，这是个难题。好在舞剧《粉墨春秋》很好地解决了这个问题，它既是戏曲的，又是舞蹈的，是舞蹈化的戏曲。比如剧中的"髯口舞"，在传统戏曲中，髯口舞是戴黑色的三绺胡须，但这次舞剧戴的是红色的。

《粉墨春秋》主创合影，后排：任中杰（左一）、黄豆豆（左二）、张善麟（中）、王迪（右二）、邢时苗（右一），前排：韩真（左）、周丽亚（右）。

红色胡须叫"扎"，在戏曲中是花脸窦尔敦这种性格的人物戴的。但舞剧为了呈现舞蹈的色彩美，第一场又只是表现晨练基本功，不涉及人物，因此选择了大红色的三绺胡须，体现了舞蹈的色彩美。"髯口舞"是此幕戏的一大亮点，开排舞剧《粉墨春秋》的第一段舞蹈就是髯口舞。"髯口"是戏曲演员用胡子来表现人物的绝招，难度极大，我祖父盖叫天创造性地运用髯口"掸、甩、挑、弹、推"等各种技巧来刻画人物，被公认为"盖叫天的髯口会跳舞"。这次用在舞剧中，我在盖派的髯口舞上融入了舞蹈技巧，巧妙地安排集体展示"髯口功"，也就是髯口集体舞（戏曲舞台上都是个人舞髯口），这样的化合使戏曲髯口功更完美，更漂亮，更有气势，更有可看性，更体现了"髯口会跳舞"，是戏曲髯口功和舞蹈群舞的完美结合。舞蹈专家称这是"舞蹈化的髯口舞"，京剧专家认为这是"戏曲髯口舞蹈化"了。双方专家都叫好！让观众看得眼花缭乱，美极了。

在我的要求下，山西华晋舞剧团全体演员苦练戏曲的基本功，大家穿厚底靴、扎大靠跑圆场、耍大枪花、练髯口功。男集体练跷功，女集体练水袖功，还一起练武打，等等，每天练得热火朝天。为了学好舞剧《粉墨春秋》所需要的戏曲技巧，一个舞蹈团变成了一个像模像样的戏曲团。由于邢时苗导演以身作则，再加上主创人员和舞剧团上下的真诚合作，该戏进入排练场后非常顺利，初排第一场就达成了良好的效果，让上级领导和全体演职人员眼前一亮，从中看出了新意，看出了亮点，看到了该剧成功的希望。之后，整部舞剧创作出二十五个独立成章而又相互关联的独舞、双人舞、三人舞、群舞等表演，让人赞不绝口。戏中戏的"探山"、"杀四门"、"挑滑车"、"金猴群舞"、"猴王舞棍"等中国古典戏曲艺术的经典片段，也都由舞蹈演员本人来体现，完成得很到位。

4. 精益求精，实至名归

在全剧组人员的共同努力下，在大家对艺术的执着追求中，在几百场的演出实践中反复修改、反复加工，《粉墨春秋》先后在北京保利剧院、国家大剧院、上海大剧院演出，可以说是走遍大江南北，走到了世界各地。该剧在全国各地的演出得到了观众和专家的一致好评，一致认为这是一出别出心裁的、形式新颖的中国国粹式舞剧。专家还特别称赞舞蹈演员，在戏中戏时不用戏曲演员替身，全由舞蹈演员自己完成：身披大靠，头戴金盔，脚蹬厚底，手舞大枪，全是硬功夫，来不得半点虚假，这是非常了不得的，值得提倡。这出舞剧将舞蹈的阴柔美和戏曲武生的阳刚美相结合，迸发出刚柔并济的优美舞姿，令人敬佩。舞蹈演员也通过学演戏曲，体会到国粹艺术的精华，由衷地发出"向中国戏曲致敬"的声音。

在澳大利亚演出时，当地侨胞和各国友人都说《粉墨春秋》有别于其他舞剧，在其中看到了京剧元素，甚至还有外国友人喜欢的"美猴王"，外国友人称赞说这才是"中国舞剧"。2013 年在山东举办的中国艺术节上，该剧一炮打响，轰动艺术节，一举获得"文华大奖"和六个单项奖。这些年来，《粉墨春秋》不但拿到了国内各项大奖，而且还被邀请参加国内外重大活动的演出，这是全体演职人员共同努力取得的成绩。

这是一出梨园的至美舞蹈，又是一出舞蹈的纯真梨园。舞蹈界看着新鲜，戏曲界看着别致。评论家认为：舞剧《粉墨春秋》是当代舞蹈艺术家，为京剧武生树起的一尊有韵无字的丰碑。而我，通过《粉墨春秋》一剧，把中国的京剧元素、把爷爷的盖派艺术融入到了舞蹈之中，成功地把中国传统戏曲拓展到了其他艺术领域，我感到由衷的欣慰。

第四章

菊坛留芳　盖韵流长

有口皆碑赞盖派

盖叫天先生的创造与传人，已然建构起风格鲜明的流派旗帜，凡出身于这方旗帜之下的武生演员，武学造诣必具盖派扎实深厚的基础，一身上下，举手投足，浸满了盖派艺术丰润的精油；然则，他们只能演出盖派嫡传精心保留的剧目，才算得"盖派武生"的定义，是否忽略了盖派艺术，已然成为培育武苗壮成长的广袤沃土，得以孕育出青翠苍郁、华盖亭亭的大片森林呢？

2011 年 12 月，张善麟荣获"中国京剧终身成就奖"。

代代相继　生生不息

汹涌奔腾的火

——看张善麟演出的盖派《狮子楼》

曾经多次看到过京剧《狮子楼》，盖老的演出也看过不下十余次，深为盖老的精湛的艺术所折服，但真正看出些道道儿来，要算这次在杭州看了张善麟在"盖派艺术专场"中演出的《狮子楼》。这戏很短，首尾不过二十余分钟，没有、也不可能有较多的笔墨为演员提供刻画人物、展示人物内心的机会，但演出却从一开始就扣紧人们的心弦，让你屏息凝神，目不暇接，浸润在演员的表演与气氛中。武松在场内传出衙役责打四十大板的吆喝之后出场，不是一般的亮相，而是走出了一个双目圆睁、满面怨愤的猛虎，一个企图依靠"王法"获得公道的幻想破灭者突然出现在人们面前，这意想不到的结果使他一时不知所措，因此有点木然，略一思索，三把两把将手中的状纸扯得粉碎，回身向上场门一个大掷袖，因是武松，他不会屈服，就此罢休，人们看到一股复仇的怒火正在他胸中燃起。人说"带戏上场"，这个出场的确不同凡响，没有一句话，却把人物的来处、心境，与行将往何处发展，都按照人物性格的逻辑表现出来了，而且给人以震慑心魂的力量。

在向花街柳巷去寻找西门庆的路上，他的双眼始终充满怒火，如果出场是情中带怨，那么现在已是愤中带急了，敞开的褶子，撒开的大步，表现了武松找不到西门庆的心急如焚之情。从小厮口中得知西门庆在狮子楼，这股烈火反而给压了一压，人有了下落，该如何对付？武松不是莽撞汉子，他胆大心细，有个思索过程。士兵误会了，以为他胆怯了，用话激他："西门庆难道比景阳冈猛虎还厉害不成？！"武松闻言，一甩罗帽，两眼如电光似的一闪，锣鼓停了，全场寂静，空气为之凝结，似乎落地一根针也听得见。片刻，只见武松缓缓解开褶子，两手抓住衣襟，刷地一抖，褶子从身上如同刀削瓜皮一样脱了下来，从土兵手中接过钢刀——武松下了杀人心了！

这戏人物情绪的起点很高，到得知西门庆下落时，人物情绪已达相当的强度，不能一味听任发展，需要一个缓冲，但剧情却需要更强烈的节奏。采取什么形式才能取得剧情与表演二者之间矛盾的统一？这里出现一个欲擒故纵、寓静于动的绝妙处理——静场。外形一切静止，带来更猛烈的效果。可是这一切如果没有那功夫独特、洒脱而又刚劲有力的脱褶动作，显示人物毅然地决断和内在的汹涌的复仇之火，这静场的效果怕也是无法完美达到的。狮子楼上仇人相见分外眼红，争斗也达到白热化程度。二人相持，通过反弹如箭的简短对话之后，双方展开一场生死决斗，快如流星的"夺刀"，虽快但干净，手眼身法步丝毫不乱，最后武松将西门庆反身掐住脖子，一刀向咽喉抹去。盖老的演法是戏到此结束，但张善麟的演出再加上两个动作：武松手一松，西门庆翻身仰面倒地，武松当胸一刀砍下，紧接着，抛刀、换把，将雪亮的钢刀向地上的西门庆猛力戳去，直插地上，这两个动作加得好，非此不足以倾泻人物（也是观众）满积的愤恨之气！

整个演出表演的是人物从怨到恨到怒的蓄积与发展过程，那股复仇之火，如同蜿蜒的地火，在地下汹涌奔突，最终迸发喷薄而出。二十几分钟内不给人片刻的喘息。由此使人不能不为盖派艺术的精炼、深邃和浓烈的魅力所倾倒。张善麟不愧是乃祖教导，演出的是真正嫡传的盖派，但令人更鲜明感受的，不是一招一式，而是盖派活的武松形象。

龚义江

张善麟饰武松。

289

第三代雄鹰在展翅飞翔

一代戏曲大师盖叫天的第三代嫡传张善麟近几年在北京、上海、杭州和东阳等地演出了盖派剧目，他的专场演出获得广大观众的热烈欢迎。在戏曲不景气的情况下，张善麟毅然决然挑起弘扬盖派艺术的重担，并且深孚众望，这不能不使人感到兴奋和欣慰。

我有幸观摩了张善麟的演出，我想专就他的《恶虎村》演出谈谈感受。

盖派特色之一就是"精、气、神"。体现"精、气、神"的主要手段便是"眼神"，盖老生前常告诫青年演员："别让灵魂跑了。""灵魂跑了，精气神全完。"什么是人物的灵魂？盖老说："往内说就是人物的内心，往外说就是人物的眼神。"盖老这些说法可以用作衡量张善麟的舞台表演是否真正具有盖派特色的一个重要标准。扮演《恶虎村》中的黄天霸，眼神运用的难度尤高，因为黄天霸是个所谓"双重人格"的人物，把"仁义礼智信"作为做人处事的信条，但在紧要关头，却把这信条抛在九霄云外，显露出与其奉行的信条不相容的性格和行径，从而表明他是一个十分残忍的凶汉。可一当他亲手杀死义兄义嫂之后，又会如王梁所批判和讽刺的那样，"猫哭老鼠假慈悲"，流洒几滴后悔的泪珠。演员扮演盖派《恶虎村》中的黄天霸，如果不能用眼神体现这个人物的"双重人格"，用盖老的话来说便是："全完！"我之所以想就《恶虎村》来谈谈看张善麟表演的感受，因为我欣喜地发现，他在运用眼神来刻画黄天霸的复杂性格上，确能达到盖老生前的要求。张善麟把黄天霸未入"恶虎村"前的全盘思量和决策（如"苦苦哀求"）、入村后的用心辨察，和两位义兄对话时的或狡猾或凶残的表情，以及最后按捺不住油然而起的杀机等，不同层次、不同内容的心理状态，一一通过眼神表达出来了，可谓难能可贵。

盖叫天曾称《恶虎村》是一出既能"打外"又能"打内"重头戏。盖老所谓"打外"是指表演能拢住观众，"打内"是指演出能博得同行的赞赏。的确，当年每逢盖叫天演出《恶虎村》，连大幕两侧也挤满了探首观摩

《恶虎村》张善麟饰黄天霸。

的同行。造成这种观摩盛况的原因之一，就是盖老在《恶虎村》中的"走边"极富艺术吸引力，而且，"走边"的形式结构又是那么巧妙，那么变化莫测，以至有的同行在多次观摩后也难于窥其玄奥。故而戏曲界有不少人称盖老在《恶虎村》的"走边"是"戏曲舞蹈的一个标本"。我这次看张善麟"走边"，同样得到了如盖老"走边"所给予的愉悦感和满足感。张善麟走时，不论举手投足，招式功架，抑或闪展腾挪，纵跳翻飞，都酷似乃祖，四面生风，八方闪光。

评解张善麟的《恶虎村》"走边"，不能不提到"走边"中的"鹰展翅"。这个姿势有情有景，精美绝伦，无怪乎人们称"鹰展翅"是盖派特色的一个象征和代表。它早已广泛流传，戏曲界乃至舞蹈界都有人喜欢借鉴和采用。但我总感到那种依样画葫芦的"鹰展翅"无法与盖老的"鹰展翅"同日而语，因为这种模拟并不能传盖老"鹰展翅"的神和美。但观看张善麟的"鹰展翅"，说这才是真正传盖老"鹰展翅"的神与美，殊不为过。当张善麟做"鹰展翅"时，他完全不像有的人仿照的那样，上身俯下去的姿势简直像在鞠躬，哪有一点雄鹰展翅的味道，也不像有的人做时过于用力，硬把上身平俯在平抬起的单腿上，以至像叠积木那样，机械呆板，无艺术美感可言。张善麟不然，他一俯上身，平抬单腿和举展双膀，这三者不先不后，同时到位，严丝合缝，无懈可击，而且尺寸严密，浑然天成，从而真正做到了像雄鹰展翅欲飞的样子。还须指出的是，张善麟俯上身以合同时平抬单腿的下身时，确如当年盖叫天向我指教过的：这里头也有一个"寓阴阳于六合之中"的道理，即上身和下身并不合在同一条垂直线上，而是上身向一边稍许侧倾，向身后伸出的双手，其高度也不是在一条水平线上，而是一手稍高于另一手，正是在这种细枝末节的区别之中，包含了盖派的辩正而又统一的身段运行法则，才使得这个"鹰展翅"来得更为活泛，更有生气。张善麟做"鹰展翅"之所以传神，更重要的还在于眼神的运用，即张善麟像当年他爷爷做同一姿势那样，两眼系向与俯身相反的方向（上方）斜视，这种眼神的指向与身子的俯向相反的身段运作，既分外突出了眼神——剧中人的灵魂，又描绘了黄天霸用眼光透过树林枝杈，看看天色如何，再星夜奔恶虎村的神情。正因为张善麟做"鹰展翅"能像盖老那样来体现人物的气概和心情，才真正做到在展示"鹰展翅"之美的同时贴切地配合上黄天霸此刻念的台词："看那云遮半月……"才不致误入真的去模仿老鹰展翅这一歧途。

彭兆启

父子《雅观楼》，盖派韵味长

《雅观楼》盖叫天盖老生前不演，但是，不能说不是盖派戏。

《雅观楼》有"南、北"两派之分，虽均唱昆曲，但行当、扮相、使用之兵刃均有不同之处。"北派"为"武小生"行应工，戴"额子"前扇、虎头盔，穿箭衣，扎绦子、大带……舞"混唐槊"，乃已故著名表演艺术家茹富兰先生之代表剧目。"南派"《雅观楼》为盖老的长子——已故表演艺术家张翼鹏先生（张善麟之父）根据盖派艺术的创作法则创作的。他的这出戏，在不断的艺术实践中，得到内外行的首肯，创演于上海，别具风格。就是这出观赏性更强的"南派"《雅观楼》，曾风靡一时。

谈到《雅观楼》，必然要缅怀张翼鹏先生的细心创作。在人物塑形方面，剧中人李存孝是个青少年，抓住这个特点，在化妆时却有别于武生的抹彩：两眉之间不抹红彩（英雄纤）而以水纱低扎于额头，中间别一个旦角用的"银泡子"。这么一扮，李存孝的"稚气"就呈现出来了；"十三太保"的身份也通过这个"银泡子"显示出来了。在穿戴方面，亦有不同，"南派"去掉头上戴的"额子前扇"，只戴"虎头盔"，身上仍穿箭衣、大带，但增加了一件特制的"虎皮甲"，前爪搭在两肩上，后爪搭围于腰间。这样一改扮相，就把李存孝出身于放牧生活的习俗特点勾勒了出来。张翼鹏以武生行当演《雅观楼》，加强了该剧的唱、做、舞、打和"混唐槊"、"笔砚抓"的交替"出手"。这五方面浑然一体，加强了技术难度，深化了人物的表现力度，更具观赏性、艺术性。有一点需要说明："北派"《雅观楼》中的李存孝，兵刃只使用"混唐槊"。"笔砚抓"，这是张翼鹏首创的。这一长一短的兵刃（道具）要舞起来，由于长短、轻重不同，兵刃还要"出手"飞舞，实在吃功。没有深厚的艺术造诣是不敢演唱这出"南派"《雅观楼》的。在充分利用"道具"方面，也是别具匠心的。在京剧《芦花荡》中，张飞是腰插"令旗"上场"走边"的。这面"令旗"只是"道具"而已。而插在李存孝腰间的这面"令旗"是与戏中有关联的。戏中，李存孝布阵遣将时，口唱曲子，手舞令旗，要舞"出手"，边唱边舞，曲技交融，是表现剧情不可缺少的艺术处理。难怪有人说：张飞插的是"死"令旗，李存孝插的是"活"令旗。"混堂槊"、"笔砚抓"这两样兵刃，是李存孝独有的，传统戏中尚未见过其他角色使用过。由于借鉴少，这就需要张翼鹏创造出新的"出手"套路。半个世纪前，笔者在上海看过张翼鹏先生主演的《雅观楼》，惊险而稳当的"出手"、精彩叫绝的剧场氛围深深地刻印在脑海中。五十个年头过去了，不久前又见到了翼鹏先生的儿子——张善麟演出他父亲传授的"南派"《雅观楼》，令人思绪万千激动不已！

张善麟自幼得天独厚，随祖父盖叫天大师苦练基本功，又在其父的严教及二叔张二鹏的指导下学戏成长，可谓家学渊源，功底扎实。这次他演出的《雅观楼》，在唱、念、做、打、舞各方面有其父张翼鹏先生的风格。由于"血缘"关系，一开口声腔音调就很像其父、祖辈的唱念。值得一提的是，年届花甲的张善麟，边唱曲牌，边走身段，没有空白，一气呵成，可见其功底深。只有长期坚持"拉戏"锻炼，才有如此的耐力！下没下过功夫，是骗不了人的。在挥舞"令旗"、"混唐槊"、"笔砚抓"及生擒孟觉海时"开打"、"出手"……达到了即惊险又保险的艺术效果。尤其是在快节奏的"开打"、"出手"亮相时，均以原节奏的锣鼓[四击头]稳稳亮住，显示了功底，博得了满堂喝彩声。可以说，张善麟比较圆满地继承了"南派"《雅观楼》。

寄语于张善麟同志：盖老及翼鹏先生生前重视观察生活，从香烟缭绕、袅袅上升中创造出别具一格的"云手"、"山膀"和"拧麻花"的正反转身；从日落黄昏、飞鸟归林的景色中创造出适用于夜行"走边"时的"鹰展翅"。翼鹏先生演出的《挑滑车》与众不同：当高宠坐在高台上唱[黄龙滚]曲牌时，场上不空，添加宋将败于辽将，兀术战败岳飞的"开打"，将高宠违令出战的心态交代得更清楚了些。还有，翼鹏先生擅演"猴戏"，素有"南派美猴王"之雅称，他接演的孙悟空，不同于"北派"的勾脸，而是揉脸，接近生活中的猴脸，服装也是别出心裁的。他演《水帘洞》不以"佛教"僧衣打扮，而穿"道教"服饰。因为孙悟空师父须菩提是道教仙尊，孙悟空五行山下经唐僧救出，收为徒弟后才皈依佛门，改穿僧衣。综上可见，盖派艺术是非常讲究"戏情戏理"、"武戏文唱"的。这是盖派艺术的精髓，应继承发展！

善麟近年来应邀赴北京、上海、台湾等地的戏曲学校传授盖派艺术，培养了新生力量，使盖派艺术后继有人，成绩不小。希望再接再厉，在继承发展盖派艺术的道路上继续前进！

朱云鹏

《雅观楼》张善麟七十三岁饰李存孝。 295

盖派有传人

　　为纪念京剧表演艺术大师盖叫天诞辰 106 周年，最近在杭州由盖叫天的孙儿、张翼鹏之子张善麟，举行了一场别开生面"盖派艺术专场演出"。

　　这场演出，由张善麟领衔，主演盖派的名作《狮子楼》和被视为"武戏典范"的《恶虎村》；由张善麟的学生，青年演员翁国生演盖派早期作品《劈山救母》；张善麟更小的学生，年仅十六岁的秦伟和年仅十五岁的孟蕊则合演盖派代表作《武松打店》，小秦伟演武松，小女孩武旦孟蕊演孙二娘，充分显示了盖派艺术第三代和第四代传人连续发展的生命力，也显示了京剧艺术在"低谷"中发展的顽强性。

　　张善麟的特点，是继承和发扬了盖派表演艺术"武戏文唱"的风格。

　　只要看张善麟这天演出《狮子楼》的一个出场，就可以清楚地看出他的"武戏文唱"中的特色。他演的武松在这场戏中出场，是因为亲兄武大郎被恶霸西门庆杀害，向官府状告西门庆，希望官府为他申冤。不料官府已被西门庆收买，不但不为他申冤，反而责打武松四十大板，逐出公堂。这时只听后台（公堂）人声喧哗，在一声"哄下堂去！"舞台上"乱锤"中，武松随他的伙伴"士兵"出场，只见武松头戴罗帽，身穿青褶，手中拿着状纸，两眼向前直射愤怒的火焰，浑身微微颤抖，行走了几步，又怒气冲冲地往回走，要返回公堂去与官府辩理。"士兵"一见，赶紧上前阻拦，连连摇手，暗示官府无可理喻。武松这才稍微冷静，站住之后，一提衣襟，以弓步、斜身几个受伤而不失英雄气概的优美身段，在刚才被打过的臀部微微抚摸。把一个刚强而不任性、勇而不猛的武松在此时此地遭遇、心态、神情刻画得栩栩如生。如果是相反的演法，在"乱锤"声中，出场一个"吊毛"，站在台口亮相直哆嗦，在被打的臀部一阵乱摸，也许会因武技高超，表演火爆而获得一阵掌声，但武松的形象，也就在掌声中消失了。

张善麟（左）和弟弟张善康（右）在《真假美猴王》中。

《三盗芭蕉扇》张善麟饰孙悟空。

因为张善麟遵循了盖叫天"武戏文唱"的表演风格，所以，在某些方面有盖叫天在舞台上的再现感。所以，有一次，中央领导在看了张善麟的演出，上台祝贺演出成功时，鼓励他说："你非常年轻、非常英俊，你应该叫小小盖叫天。"使张善麟和同台演出的演职人员受到很大的鼓舞。

小秦伟和小孟蕊演的《武松打店》，虽然还很稚嫩，但是演得都很认真。武松站在桌上将孙二娘向上一拎，孙二娘顺势一跃而上，毫无音响，身轻如燕，显得他俩轻功不凡。武松斜卧，以拳撑头，似睡非睡，保持了盖老的优美造型。武松在桌上用脚探测孙二娘，孙二娘"下腰"躲过，翻身一个"扑虎"，又躲到一边学了一声猫叫，武松故作姿态，说了一声："猫儿扑鼠，随它去吧！"那种稚气中故作威严的神态，很容易使人联想盖叫天和他的搭档阎少泉的幼年时代，引起了满场一阵欢笑。

翁国生演的《劈山救母》，临场发挥得很好，他把娴熟的武打技术和刻画人物结合得很紧，把沉香为救母而历尽艰险，百折不回，最后取得胜利的精神，揭示得很充分。"炼斧"一节，来了个腾空360度转体，赢得了满堂喝彩。

可是这个动作是盖老当年没有的。盖老当年没有的动作现在可不可以有？

对于这个问题，张善麟说得好。他说，只要是塑造人物形象需要的，就可以有。盖老生前对自己创造的盖派艺术是不断革新的，张善麟的父亲张翼鹏的表演艺术，就曾被称为"新盖派"，所以盖派艺术不是一成不变的，是随着时代的发展而发展的。

何　慢

（原载《新民晚报·夜光杯》1994年7月6日版）

"小小盖叫天"张善麟

国家一级演员、浙江省京剧团当家武生、盖叫天艺术研究会会长张善麟，是一代武生宗师盖叫天的第三个孙子，盖派主要传承者之一。

2008 年是盖叫天诞辰 120 周年，京剧界举办纪念活动，请张善麟演盖派的代表剧码，再现盖叫天当年风采。

1. 爷爷严厉"打戏"授艺

1940 年，张善麟出生于上海，是张翼鹏的第三个男孩，那时张翼鹏正在上海自编、自导、自演连台本戏《西游记》（连演八年，创造了演出场次最高纪录）。张家又添一个"金童"，举家大喜。

"天有不测风云，人有旦夕祸福"，张翼鹏因昔日演出劳累过度，积劳成疾，突发高血压症和肾亏。庸医误诊，只治高血压而不治肾炎，导致张翼鹏尿中毒，自发病起仅二十多天时间就撒手西归。留下九个子女，谁来抚养、栽培？盖叫天毅然挑起这副担子，把善椿、善鸿、善麟、善康、善元五个孩子接到身边，像当年教三个儿子张翼鹏、张二鹏、张剑鸣（艺名"小盖叫天"）那样，手把手传授基本功和盖派的许多代表剧码：《武松》《恶虎村》《一箭仇》《三岔口》《白水滩》《洗浮山》《劈山救母》《闹天宫》《闹龙宫》等。

盖叫天在杭州岳坟附近的金沙港建造了一座宅院，起名"燕南寄庐"。不外出演出时，就把五个孙子带到那里，在院子里，教他们练功。每日清晨六时，盖叫天就把孙子们叫醒，开始练"早功"，练到中午十二时才吃"早点"。休息一会儿，接着"上午工"，练到下午三时才能吃"午饭"。随后午睡一小时，再起床"上晚工"，经常练到深更半夜才睡觉。苦不苦？盖叫天意味深长地对孙子们说："我小时候边学戏边演出，夜戏演完，马上跟随戏班赶路，到另一处住宿。夜里赶路，累得喘不过气来，一边走路，一边竟睡着了……那才叫苦呢！你们不吃苦练功、学习，将来怎么能成角呢？"

盖叫天向孙子们授艺，非常严格，非常到位。张善麟对笔者说："每次我们练功时，爷爷手里总是拿着小木棍。在寒冷的冬天，我们手指稍不伸直，爷爷就用棍子打手；跑圆场跑慢了，他就打腿……老人家虽心疼，但他决不手软，为的是让我们成才。爷爷说，我打你们，这叫'打戏'，又叫'搭戏'，小棍和手一搭，你们就记住了。"盖叫天教戏如此"残酷无情"，让张善麟受不了，他曾偷偷哭过，甚至想打退堂鼓。但他想到"玉不琢，不成器"这句名言，想到父亲由苦练而成才，成为大演员，也就不再退缩了。

张善麟练得卖力时，盖叫天就夸奖他："有劲！"有时松劲，他就骂一句："傻小子，饭吃了没有？"

这一打一教，使张善麟渐渐明白了：表演的动作，既要有力度，还要飘逸，同时注意造型美，唱腔吐字要准确，音质圆润。

"梅花香自苦寒来。"张善麟随父亲、祖父学戏，九岁就与父亲同台演出，扮娃娃生。十四岁时主演《三盗芭蕉扇》。在《真假美猴王》一剧中，父亲张翼鹏饰演真猴王，张善麟饰演假猴王，在菊坛传为美谈。

2. 伟人鼓励　铭记终生

盖叫天是大名鼎鼎的京剧表演艺术家，与杨小楼齐名，有"南盖北杨"之誉。周恩来总理、浙江省省长沙文汉和梅兰芳、周信芳、马师曾、红线女（粤剧代表人物）等戏剧大师都来到"燕南寄庐"，登门探访或拜望盖叫天。

1957年3月，一天下午，天下着蒙蒙细雨。突然有人敲门。张善麟跑去开门，一看，不觉眼前一亮，脱口说道："呀，这不是周总理吗？"这次，周总理陪同苏维埃主席团主席伏罗希洛夫访问杭州，挤出时间，专门探访盖叫天。言谈间，并要张善麟将盖派艺术好好继承下来。

他是个有志气的演员，学习祖父盖派和父亲"新盖派"艺术兼而有之，融会贯通，形成了自己独特的盖派艺术风格。他既擅演《狮子楼》《武松打店》《恶虎村》《一箭仇》《三岔口》《白水滩》等盖叫天的代表作，又擅长《雅观楼》《乾元山》《四平山》《八大锤》《锤震金蝉子》《北湖州》和猴戏等张翼鹏自己改编的代表作，可谓"两面开花、全面发展"，又有自己的玩意，在继承的基础上有了发展。

1994年，中央领导考察杭州。一天夜里，忙里偷闲，在国宝馆小剧场观看浙江省文化厅举办的京剧演出。那天，张善麟演了《武松·狮子楼》一折。演毕，领导走上台去，与演员们一一握手，祝贺他们演出成功，并合影留念。离开前，他又与张善麟单独合影，拉着张善麟的手说："你非常年轻，非常英俊。应该叫'小小盖叫天'！"

3. 走南闯北　弘扬盖派

张善麟像他祖父、父亲张翼鹏的性格，敢想敢干，敢于闯荡世界。1960 年，他对祖父说："我已经长大成人，要出去闯一闯，见见世面，开开眼界。"盖叫天满口答应，说："放鸟出笼，是时候了。"

之前，张善麟陪盖叫天到湖南长沙、江西南昌、庐山、湖北武汉等地演出，任重要角色，进行了一次"闯世界预演"。自 1960 年起，他一人独自在杭州、南京、上海、北京和安徽、河南等省市，与当地京剧院团搭班，担任主要演员之一。1961 年，荀慧生在南京时，专门观看了张善麟演出的《闹龙宫》，称赞说："他身上确实有盖叫天的玩意！"

1963 年春，河南京剧团团长向张善麟发去红底烫金的请柬，邀他加盟。张欣然前往，一去就是十六年。

他在中原大地演出了许多盖派代表剧码，受到当地观众热捧："盖叫天又回来了！"原来，20 世纪 30 年代，盖叫天曾在河南演出，给老戏迷留下了深刻的印象："盖叫天是活武松！"1964 年，提倡大演现代剧，上海戏剧学院开办导演培训班，分配给每个省一个名额。河南将唯一的导演名额给了张善麟。张不负使命，学成归来。他巧妙地运用盖派艺术中以"形"传"情"的技巧，较好地解决了现代京剧戏曲化的问题。1965 年，他执导的京剧现代戏《传枪记》，被长春电影制片厂拍摄成彩色戏曲片，这是中国为数不多的戏曲彩色影片。

1965 年 7 月，中南局举办现代戏汇演。张善麟导演的剧码《传枪记》，与著名歌唱家李谷一献演的花鼓戏排在首轮，双双获得汇演大奖。

盖叫天把杭州比作盖派戏的"试验基地"，试验成功再搬到上海滩，搬到京华。张善麟沿着爷爷走过的路，1957 年在上海与爷爷合演《一箭仇》(饰重要角色武松)，此后搬到京剧发源地北京演出。张善麟会单独挂牌演《武松·狮子楼》等盖派看家戏。

20 世纪 90 年代，是张善麟的"黄金时代"。他应邀在中国戏剧学院、北京戏校、上海戏剧学院、上海戏校和台湾复兴戏校、国光戏校任教，培养了获得"央视"举办的"全国京剧青年演员大奖赛"金奖的北京京剧院詹磊和中国京剧院著名女武生徐莹等一批优秀武生演员。"央视"戏剧频道经常播映的招牌戏《三岔口》剧中的青年武生魏学雷，也是张善麟的弟子。他培养的台湾少年演员张中泰，1996年在"海峡两岸全国少年京剧比赛"中荣获二等奖，专家说："台湾孩子能得二等奖，已经很不简单了！"在北京任教两年，他教出了一些"盖派传人"。1993年和1996年，他与众弟子举办过两次"盖派专场演出"。张善麟所演的《狮子楼》《恶虎村》等剧码，获得专家、同行的一致好评。时任文化部副部长的高占祥欣然挥毫，题词："盖派艺术，后继有人。"在座谈会上，一代京剧名家袁世海、张云溪（盖叫天弟子）、王金璐和著名剧作家、中国京剧院导演李紫贵等都给予高度的评价："张善麟身上有盖叫天的艺术，有张翼鹏出手的绝技，是'纯盖派'！""他保持了盖叫天的遗风，真了不起！""他是小小盖叫天，当之无愧！"吴祖光写诗赞曰："海内存知己，天涯若比邻。交情历三辈，绝艺亘千春。"浙江电视台专门拍摄了张善麟专题片《盖派传人张善麟》。

张善麟一专多能。他曾为浙江昆剧团导演过《雷州盗》《青虹剑》《伏波将军》《乾元山》《劈山救母》《八大锤》等一系列优秀剧码；培养了"舟山小百花"越剧演员王志萍（今上海越剧院当家旦角，曾拍摄新版《红楼梦》等戏曲片）。

4. 夫唱妇随　同台献艺

张善麟的夫人王水仙是武旦演员。王的舅父鲍毓春是著名武生，曾在中国京剧院、上海京剧院当演员。鲍、张两家是世交，王水仙童年时常随舅父到张翼鹏家玩。鲍的夫人刘云兰是著名武旦，与张美娟同台合作多年。王水仙向舅母刘云兰学戏，得到真传，武功了得！1959年，举行国庆十周年庆祝演出，盖叫天排演《垓下之战》。此剧中，张善麟演楚霸王（盖叫天饰）的子弟兵，王水仙演女兵。两个年轻人同台，由相知而相恋，两情相悦，志趣相投。1960年，两人合演《武松打店》（王水仙饰演孙二娘）；此后又合演《三盗芭蕉扇》（王水仙饰演铁扇公主）等剧码，成为最佳搭档。1967年，两人结婚。

张善麟与王水仙同为杭州京剧团主要演员。在《武松打店》一剧中，武松举桌掷向被踢倒在地的孙二娘，孙二娘迅即用双脚踢开；武松用匕

《武松打店》张善麟饰武松（右）、王水仙饰孙二娘（左）。

首斩向落地的孙二娘，刀紧靠耳边。两个最惊险的绝技动作，一般武旦害怕身体受伤，脑袋中彩，不敢演。王水仙艺高胆大，当仁不让，每次都由她扮演孙二娘，与张善麟合作。在房中摸黑对打，同样翻、扑、滚、跳，两人开打，旗鼓相当。有人对王水仙开玩笑说："你是孙二娘专业户！别人不敢演，你却抢着上！"晚年王水仙到杭州艺校任武旦教师。

　　张善麟与王水仙琴瑟和鸣，婚后互相支持，和谐到老。退休后，张善麟仍常外出教戏，王水仙在家操持，成为"贤内助"。他俩生一子一女，张善麟准备培养孙子成为第五代盖派传人。张善麟对笔者说："我们第三代有兄弟姐妹九人，其他第四代生的都是女孩，唯有我儿子生了一个男孩，是张家的独苗！我要将他培养成第五代盖派传人，让盖派艺术永驻青春，代代传下去！"

金宝山

我看"'盖派'经典剧目"展演的时代意义

2011 年 3 月 4 日到 6 日,笔者承盖派武生第三代嫡传张善麟老师的殷勤邀请,撇下台北繁重的工作任务,一人搭机直飞上海,专程欣赏这台纪念盖派创始者盖叫天先生逝世四十周年的剧目展演活动。多年前,笔者与张善麟老师相识于台北,启发我对盖派表演艺术的好奇,从而透过理论研析,产生景仰之情。然而,纯由文字理论的体会,终不及亲眼目睹来得真切;这三天的演出,让我真正见识到了盖派武戏的精华与高度,对张善麟老师多年来以家学传承为己任的耿耿之心更是感佩不已。

三场精彩的演出,不但满足了观众们观赏的热情,更刺激了关心京剧艺术发展的观众们心中潜藏着的疑问,如何才能将精美的盖派艺术普世传习,成为京剧舞台上最珍贵的表演资源呢?

传习者首重流派剧目的传承,这三场演出,就全面性展示了盖派武戏的经典之作。三天剧目的安排,蕴含主办单位上海京剧院的深远用心,挑选最具代表性的剧目,包括全本《武松》(内含《武松与潘金莲》《狮子楼》《十字坡》《快活林》《蒋门神》《飞云浦》《鸳鸯楼》等折子戏);武生折子戏《白水滩》《三岔口》《一箭仇》《劈山救母》《七雄聚义》《恶虎村》等经典剧目。对于京剧流派艺术的保存与发扬,上海京剧院的领导者可谓慧眼独具,厥功至伟。

特别在首演场中,一口气将全本《武松》高度浓缩性的演出,不但大饱观众眼福,更开武生表演新局,将"武松"这个充满传奇色彩的小说人物,刻画成鲜活的京剧人物,兼具武打戏的精彩与情节性的完整。

透过这些折子戏的传习,展现了盖派表演艺术的精神与技术的精妙,这份传习的功劳,首推盖派家族的家学根基。笔者自结识张善麟老师后,即从张老师身上感受到这股强烈的使命感与传授绝艺的茹苦心血,数十年如一日的教学演练,终于在这三天的演出中,证明盖派经典剧艺的传承大任已透曙光。十数年来,他不断地寻觅良材,亲自带领他们勤

"盖叫天艺术研究会"成立，全体理事合影，二排左四为张善麟。

学苦练，方见此成效。此次汇演，聚集全国南北十位老中青三代武生演员，组成一支庞大的盖派武生团队，成员包括盖派张善麟、张善元、张帆等三位嫡传后人；奚中路、张晓波、田磊等青壮辈著名武生；李哲、徐莹、陈麟、王玺龙、郭洋、郝帅等新生代武生新秀。他们分别来自北京、上海、湖北、福建等地，横跨东北西南，纵贯五代传艺，致令盖派武戏蔚为大观。最令人惊诧者在于，武生良才一如春笋齐发，美不胜收。武生演员向来养成不易，武艺卓绝者，如无嗓音作表之功，扮相气质之秀，多归入武行下手；即便三者俱全，如缺乏丰富的演出训练，也难成气候；再者，已成名家者，如无追求精益求精的坚毅志向，中途转行求去者亦属常闻。

而此场盖派武戏的展演，显示大陆武生行当的荣景可期，颇令观众们感到无限的欣喜与高度的期待。

从师资、剧目到传人，一条盖派传习的康庄大道，已然建构；一出出盖派经典剧目，熠耀灿辉，历历在目。典范在前，传人在后，此刻之盖派艺术，又将面临新局。

从剧目的发展来看，盖叫天先生毕生精研出系列的代表作品，是否仅是一方固守的疆域，后人无能超越，亦无从扩大？从经典的概念出发，"经典"的崇隆地位，是永远的标杆，后学者当恭谨仰视，学习模仿是接触经典唯一的道路。

然仅视盖派武戏为"经典"，盖派艺术的舞台生命，将无法以常新的面貌，灵活展现于当世，对于学习者与广大的观众群，也都将成为一道难以跨越的高门槛。

盖叫天先生的创造与传人，已然建构起风格鲜明的流派旗帜，凡出身于这方旗帜之下的武生演员，武学造诣必具盖派扎实深厚的基础，一身上下，举手投足，浸满了盖派艺术丰润的精油；然则，他们只能演出盖派嫡传精心保留的剧目，才算得"盖派武生"的定义，是否忽略了盖派艺术，已然成为培育武生茁壮成长的广袤沃土，得以孕育出青翠苍郁、华盖亭亭的大片森林呢？

为盖派艺术长远发展之计着想，首先，应寻觅京剧编导人才，针对

张善麟传授盖派《八大锤》。

盖派表演特色，为这些盖派传人们，塑造盖派戏剧人物形象，精心打造精良剧目，维持盖派的表演风格与特点。戏目虽非出自盖叫天先生本人的创造，但所有的新编剧，从内至外，都具备盖派艺术的精髓，盖派艺术自能无限扩张，自由流灌奔腾于京剧、各个剧种、舞蹈、武术等表演艺术之大江洪流中。

其次，对于盖派武生传人而言，传统盖派的经典剧目，是必要的基础条件；从此出发，透过源源不断的盖派风格新编戏，演员们不但维系了盖派艺术的精蕴，更能建立个人的表演成就，出众人之上，扬一己之名，传盖派之声，以戏养人，以人扬派，如此盖派艺术焉能被人冷漠以对？

其三，盖派当代新剧目的安排，也须循序渐进，先从目前的折子戏入手，针对可补强者进行情节与人物的充实，例如，此次会演全本之《武松》，集中呈现盖派武松戏的精华，固然用意甚佳，然受限于时间，情节跳跃，多数一表而过，颇有仓促之感，如能舒展成为两晚的剧目，分为《武松》上、下篇，针对情节疏漏处补强，深度地刻画人物，相信演出结果将更精彩感人。

其四，若能正视盖派新编戏的产生，编导过程须以"保护文物"般严谨的态度面对，不能任意篡改原本优点。最后，回归京剧人对流派艺术的价值认知。流派艺术长期以来讲究师承，模仿是重要的手段，也几乎成为唯一的价值。一般的文戏表演，流派几乎等同于流派创始者的个人思想、气质与艺术方法；但对盖派的武戏而言，固然上述问题都存在，可是武术的学习，较能跳出抽象的思考，化为技术的养分，进行分解重建，也较易超越文戏流派传习的人文抽象问题。

因此，盖派进行创编当代剧目的可行度便可提高，更可视为盖派艺术可资大力开发的"文化财"。

典范，是固定的；进化，是流动的。面对固定或流动的态度与做法，应当是此时盖派艺术必须深思与慎行的时代课题。

刘慧芬

让盖派艺术活在舞台上

——盖派艺术座谈会摘记

最近，中国戏曲学院附中从杭州请来了张善麟执教盖派艺术，中国戏剧家协会又同中国戏曲学院附中、北京市戏曲学校联合举办了"盖派艺术专场演出"。为此，我们在这里召开盖派艺术座谈会。张善麟是盖叫天先生的嫡孙，张翼鹏先生之子，是盖派艺术的第三代嫡传。张善麟传播盖派艺术注重两件事，一个是传艺，一个是演出，流派艺术不能没有传人，不能失去观众，否则流派艺术何谈流传。张善麟抓的这两件事是抓到了点子上。盖叫天先生生前在京剧武生艺术上有独特的创造，他的艺术在戏剧界有着广泛的影响。弘扬民族优秀文化，研究、推广盖派艺术是一个重要的课题。在座的各位对盖派艺术都十分熟悉并有研究，请各位到这里开一个小型的座谈会，探讨一下盖派艺术的独到之处，也可以对当前如何继承、发展盖派艺术发表一下自己的见解。

李紫贵（戏曲导演艺术家）：南方的流派跟北京的流派各自的重点不同，现在我们谈流派主要从唱腔方面区别比较多，尤其是北方，一谈流派总讲是唱腔，当然，念、做、打等也会谈一点，但重点是唱腔。也就是说北方主要是用唱腔来区别流派，其着重点是在听觉艺术上。南方的流派与北方恰恰相反，重点是在视觉艺术上，比如麒派的唱、念也还是有抒发感情方面的独特东西，但重点是麒派的做。盖派的重点是武。南方旦角也是以表演为主的，唱没有北方那么讲究。当然也讲究唱，但重点是搁在视觉艺术上。

北方无论是练基本功也好，练形体也好，讲究四平八稳，讲究对称。这是我们传统艺术的一个基本要求。尽管我们的亮相也讲究"子午式"、"阴阳式"，不是完全的平摆，而是斜一点，但斜一点也不离对称。盖派则是突破了这一点。不是完全对称，把几何的东西加进去了，也讲

309

究平衡，看起来一边重，一边轻，但是有平衡美。这是盖派对京剧艺术的一个发展。盖叫天的几张霸王的照片，有一张是坐着的，那就是我们要求的"坐如钟，站如松，卧如弓"中的"坐如钟"：再看站着的那几幅，就与众不同，北方的"站如松"是取松树树干的笔挺雄姿，这是京剧的传统，北方的京剧就是宗传统的。而盖老的"站如松"是取松树于险劲中而岿然不动的英姿，其造型如黄山的迎客松、蟠龙松等。如果说前者所体现的是一种静态的壮美，后者则体现出一种峭拔之美，是一种蕴动态于静态之中的生动之美。盖老的这种造型特点是一种创造，也是对京剧传统的丰富。

盖老的动作如果照相，无论从哪个角度看都是美的，这也是他自己对自己的一个要求。另外，上一个玩意儿如何过渡到下一个玩意儿，这中间的过渡非常舒服，连一个转身都不是随便转的。这一点他的大儿子张翼鹏继承得更多。比如《雅观楼》见班方腊时"俺今日耀武扬威……"这一整套的舞混唐槊，韵律感极强，有俯有仰，有曲有伸，有重有轻，有刚有柔，疏密相间，疾徐有致，穿插变幻，美不胜收。最后"仓"，抬左腿，抱槊站定，亮相。这一整套动作，其连贯和流畅就好像把一颗颗美丽的珠子串成了一串，竟毫无一般武生表演中的通病：一骨节儿、一骨节儿的感觉。又像一篇精彩的散文一样，清新明快，段落分明。

我非常赞赏北京戏校校长孙毓敏把善麟请来教盖派戏，这次中国戏曲学院附中的武春生校长也请善麟来教盖派艺术，我非常同意，因为南北的京剧艺术需要交流，需要互相吸收各自的特点，京海杂交，可能出现新的品种。想一想若把南方的视觉为主的特点和北方的以听觉为主的特点糅合起来，多么完整啊！我原来想盖派艺术最好是高年级的学生来学，能够保得住。而低年级的学生太小，思维达不到，教了也白教。现在想这个问题也不尽然，在这个问题上我有一些新的认识。因为，我看到一些高年级的学生由于功底不够，学了也拿不过去。我想低年级的学生若就从基本功训练开始，给以严格要求，还是很有意义的。这次我看善麟教的费洋、徐莹几个小孩都还是不错的。

盖老发展的一些东西过去谈得比较少，研究得也少。我们过去的传

《武松打虎》盖叫天饰武松。

统都讲究四平八稳，尤其是北京这两个戏校，对这一点更是严格的要
求。只要是我们这两个戏校培养的学生到南方去都承认：规矩严谨。我
的武戏老师也是北方的叫朱德芳，他就对我说，我教你就是规矩，就是
横平竖直。学派头，将来你出去以后爱学谁就学谁。老师的这个要求应
该说是非常正确的。我认为盖老在这个问题上有自己的发展，有与众不
同的东西。

　　盖老发展的一些东西究竟是什么，过去还不大清楚。现在若拿他的
那些东西跟舞蹈学校的一些练功要求相对照，就可以看出，有些东西是

一样的。其实盖老并没学过舞蹈。所以我说盖老在练功方面是向前发展了传统的练功方法。

记得我小时候，当时还不到十岁，盖老到我家去，见了我就让我站起来，向前抬腿给他看，那时他并不要求我扳腿到脑门子上，而是抬平后往边上分，分到侧面也要保持水平，然后再高抬。舞蹈这叫开胯，也就是要把裆掰开。这样，"弓箭步"、"骑马蹲裆式"等动作就都显得挺拔有力了。过去在科班里虽也要求练"骑马蹲裆式"等，但并不明确，盖老这一点是非常明确的，而且他也想出一些方法来练。因为舞台上走脚步也是要求亮靴角开脚面，非得亮开了才好看，这是舞台的要求，不开裆，就达不到这一舞台的要求。我记得欧阳（予倩）老也是要求按舞蹈的要求训练演员排新戏。盖老这方面恰恰与舞蹈演员的训练不谋而合。所以现在给小孩教盖派的玩意儿在这方面是重点。小孩接受了这一套基本功训练对他一生都有好处，不仅是武戏，对文戏都有好处，因为在舞台上随便怎样的动作都是美的。就拿梅先生、程先生来说，唱青衣的，似乎用不着练形体，可是他们恰恰是直到老都是坚持太极拳、太极剑，尽管青衣站着唱可以不动，但若不练形体，站在那儿怎么好看？

张善麟：刚开始到爷爷家练功，不让练功，就让往那儿一站，跟练兵一样，立正，这一站就是好半天，爷爷说一戳一站都要像样。要不然就往那儿一坐，还有眼睛不能斜视等好多的规矩，爷爷的规矩可大了。

李紫贵：另外，包括舞台上不见肩、不见肘的要求，等等，都是舞台美的要求，都要练到下意识的境地。

张善麟：这一次我教徐莹，就感到她的腿腕子和手腕子软，和大孩子不一样。过去不讲究练腕子，现在要练，像徐莹这样小就好练。她不一定懂得人物什么的，但首先身上就漂亮了。她的一跨腿就不一样。这次我到台湾看到学生练功，就有站着扳腿耗这一项内容。这样腕子就软了，这是非常好的。

李紫贵：我觉得，应该非常明确地把这一项训练作为教材。善麟的条件很好，他身上既有他爷爷的东西，又有他父亲的东西。他父亲的一个很大的特点是演出戏来令人耳目一新，而又不离传统，使人感到完全

盖叫天主演的京剧电影《武松》。

是传统的，但又不一样,《雅观楼》是这样,《八大锤》《四平山》等很多戏都是这样。

刘乃崇（戏曲评论家）：这一次是第一次看善麟的演出，看了以后有很多的感慨。我首先想到的是，1961 年田汉老请盖老到北京来传艺，当时田老有诗说："如此名师迟不访，却叫盖五老杭州。"就是在那一次盖老在北京收的李少春、张云溪等为徒，当时盖老演了五出戏有《恶虎村》《洗浮山》《一箭仇》等。盖老的《洗浮山》这出戏，在南方是十分有名的。这出戏在北方主要是宗余派、谭派的路子，很多谭派的演员包括言菊朋，一直到李少春都演这个戏。以唱为主，余派带《托兆》。但没有武功演不了，前边的趟马、双刀等都有，跟盖老的这个路子不一样。盖老的这个戏是很好的，因为当时不知哪位历史学家提出于六、于七是农民起义英雄，后来这个戏就不能演了。盖老被逼得没办法，为了保住他在这个戏中的那些好玩意儿，才搞了《七雄聚义》这出戏。这一次，在"盖派艺术教学专场演出"中，由善麟的学生费洋演出了盖老的这出戏，我看了以后感触很多，1961年盖老来演《洗浮山》，周总理接见，《戏剧报》发表照片，盖老那年七十五岁，田汉老当时有诗赞之，其中有两句"请看七五婆娑叟，依旧江南活武松"。我在50年代才开始看盖老的戏，到1961年也没看多少，因为盖老就没怎么来北京演过，盖氏三代的第二代张翼鹏、张二鹏和小盖的戏我也没看过，所以我那时对盖老的艺术并不很了解。但1961年盖老来，我曾以《戏剧报》评论员身份写了一篇文章，也是遵命文学，但从那时才作了一些研究。我在这篇文章里强调了盖老的忠于艺术、忠于生活、忠于观众的精神。他是在生活中发现美，并在舞台上以艺术形式表现出来，把美呈现给观众，这就是盖老的创造方法。

过去盖老来北京演出卖票并不好，因为北京的排外思想、保守思想相当严重。就连李少春这样的演员不拜余叔岩当时在北京就站不住。其实北京很多有成就的演员都是南北合，李少春在没拜盖老之前就学了盖老的戏。

我认为海派有两路，一路是为创造人物，虽然也用机关布景，也有新奇开打，但这些东西都不离开人物；另外一路，不讲塑造人物，这一路并不是精华。北派也有两路，一路就是塑造人物，像梅先生、程先生等，这应该说是北派的主流；另外一路，就是琢磨唱、琢磨味儿，最后就是越琢磨越没人物，越琢磨越没内容，直到现在，比如学程派的有些人还是就靠卖味儿；又比如现在有些杨派，也不是以展示杨宝森当年创造人物的能力为主，也是卖味儿。这里更多的是自我欣赏，应该明确这并不是北派的主流，也可以说是京朝派里的糟粕。在这些问题上南北应该说是一致的，都有精华和糟粕。

梅先生也是到南方去吸收东西。第一次梅先生去上海是二牌，头牌是王凤卿。王凤卿也了不起，他愣让梅兰芳唱大轴，就从那起，回北京以后才有生旦互相唱大轴的现象。到1951年梅先生和王凤卿第二次去上海时，还是梅先生的二牌，但那时他已经常唱大轴了，这一次回北京后，梅兰芳一下就起来了。怎么起来的？一个重要的因素就是吸收了南方的东西，打破了传统旦角的许多规格，创造了许多古装戏和时装戏。他还一边排新戏，一边学旧戏；一边排古装戏，一边学昆曲。共学了七十多出昆曲，演出了三十多出。这是多么厚的家底啊！这也是梅先生能够一下子起来的重要因素。还有一个值得一提的人俞振庭，邀请上海的角儿来北京演出就是他，最早邀请女演员来北京演出也是他。李万春的斌庆社就是他办的，到北京来演出《两将军》，一下子就红了。他就把盖老请到了北京，那次是梅兰芳唱前头，盖老的大轴。俞振庭陪着盖老唱，他演《拿高登》，盖老的花逢春，因为盖老不演高登。他演《一箭仇》，盖老的武松。所以南北的合作与交流是有传统的，一直到后来李少春、袁世海、裘盛戎、高盛麟等。袁世海曾陪盖老唱过《八大拿》，那时他已经是有点名气的架子花了，他是以武二花的身份傍盖老的戏，他说盖老的哪个开打都不一样，可跟盖老学了不少东西。

所以大凡有成就的比如马连良、高庆奎、王又宸、时慧宝等都是从南方学东西，南派的周信芳又是宗谭，而且是学谭很到家的。可以说南北互学成大家。这也是证明了以上紫贵说的，南北的交流就必然能产生新的艺术成就，就能使京剧有新的进步，把京剧推向一个新的高度。在这个意义上来说，北京戏校和中国戏曲学院附中先后两次请善麟来教盖派戏，其意义是不一般的，是继承了一个好的传统。

蒋健兰（戏曲评论家）：我是1961年才看盖老的戏，对盖派艺术并无太多的研究，就因为这几年为紫贵先生写《忆江南》，在《戏剧电影报》上连载了近两年，其中谈了不少盖和张翼鹏父子们的艺术创作，才对盖派艺术有了一些了解。在上海这个十里洋场的地方，竞争机制引进得比较早，盖老在这样的大环境里，若是保守就站不住脚。这样的环境就促使你必须不停地奋斗和创新。另外，我总在琢磨一个问题，有人说我们的艺术不适应今天观众的审美观，特别是不适应今天青年观众的审美观，那么今天观众的审美观究竟是什么？"清油炒菜各有所爱"，有人就是喜欢霹雳、摇滚等，这应该说无可厚非，但这不是大部分，如果拿我们的艺术去适应这部分观众，让我们的戏曲也去向霹雳、摇滚靠，就丢了一大部分观众，就丢掉了我们的民族艺术。我认为盖老的对观众负责、忠于观众，这里实际上就有今天提的适应观众的审美要求的问题，同时也有一个争取观众的问题。适应只是一方面，另一方面还要吸引观众，他不喜欢，有可能是不了解，这就需要美的东西吸引他，搞艺术都要懂得导向问题的重要，用艺术的魅力影响观众、吸引观众，而不仅仅是适应。

刘乃崇：梅先生说演戏不能闭门造车，跟这意思一样。《大劈棺》和《纺棉花》这样的戏，如果今天仍然像共和国成立前那样演也照样能卖满，因为今天仍然有那样的观众。但这是艺术吗？梅先生就反对他的学生演这样的戏，王瑶卿也不赞成。余叔岩也反对，他就跟李少春说，让他演人戏。有一回李少春贴了全本《金钱豹》后头带"盗魂铃"，并写明李少春前以武为主饰金钱豹，后以唱为主饰猪八戒，但是余叔岩不许他唱，李少春只好演前头金钱豹，临时找的袁世海，"钻锅"演猪八戒。

蒋健兰：张翼鹏在上海是立过功的，他是一位不得了的武生，用紫贵的话说是南派京剧周、盖以下第一位，周信芳也这样认为，厚生也这样认为。他要求把自己的票价提到和梅兰芳、周信芳一样，他认为能够卖满堂。当时也是因为"左"得很，就是不许他这样做，理由是，你怎么能和梅兰芳、周信芳相比呢？为此他也没参加华东会演。心情当然很不好。

刘乃崇：上海有位评论家，叫张古愚，他曾说，尚和玉的李元霸架子好，以功架稳取胜，是大将的身份，但他演不出孩子来。翼鹏能演出孩子来，是孩子大将。这是他们俩的区别。我没看过张翼鹏，但从这句话我感到翼鹏的了不起。

张善麟：前几天在北京电台做节目，有位观众通过热线电话告诉我，说他从小就看大舞台的戏，大舞台的连台本戏可以说培养了一代观众。我到台湾去很多人都是大舞台连台本戏的观众。

蒋健兰：当时张翼鹏提出长包银，三进三出大舞台，大舞台的一次次妥协，这也说明张翼鹏的艺术魅力，说明他有大批的观众。这是历史，这是事实。看了徐莹的演出，觉得很好，原来我们议论过，盖派是否应由一些年轻的老师先学⋯⋯

刘乃崇：也应该。戏曲学院对于提高教学质量还是有些办法的。记得有一次我去学院，看到李金鸿在教戏，教的是《思凡》，一屋子人跟他学，李金鸿说这些人都是老师，我当时很吃惊，这些老师不会这出戏吗？李金鸿说都会，但都不够到家，他是给规整一下。

张善麟：我从八岁开始，跟我父亲学戏，开蒙就是《乾元山》《八大锤》《雅观楼》《闹天宫》。我曾跟父亲同台演出过《闹天宫》，我的哪吒；《三盗芭蕉扇》我的红孩儿；还有《真假美猴王》等。我十五岁时，父亲去世。以后，就到我爷爷家去重新练功，一进家就学《恶虎村》走边，这个走边到现在练了四十年了。又学《赵家楼》走边，《神州擂》，然后《八大锤》《乾元山》重新拉，《闹天宫》重新拉，爷爷的《闹天宫》又跟我父亲的不一样，重新学，还重新学《四平山》，爷爷的这出戏是我三叔张剑鸣的路子，我三叔是跟林树森学的。另外我爷爷的武松戏，还有《蜈蚣岭》等都学。霸王戏，霸王枪、霸王战，也都学了。1959 年国庆十周年时，我爷爷演过一次《楚霸王》，我们就是八千子弟兵，三十二人大操。从 1955 年到 1960 年五六年的时间，跟爷爷在一起受益匪浅。

我爷爷过去所在的上海，那时就是市场经济，他不创新就没饭吃。《七擒孟获》《楚霸王》等一些戏，他也是憋出来的。武松戏是我爷爷的代表作，实际上我爷爷演过一、二、三本连台本戏的武松，演过加布景的武松戏，后来和我父亲一起演的《一箭仇》《双枪将董平》《擒方腊》等戏中的武松，演了各式各样的许多武松戏，最后变成他的精华武松。"活武松"的美誉是在舞台上拼搏出来的，是在艰苦的艺术实践中升华出来的。

过去，就像厚生老师说的，盖派的戏看不到，连文章也没有。现在我就想要让盖派活在舞台上。我到上海去演出，就感到上海的戏迷真认盖派，比北京的观众熟悉盖派。昨天我在北京电台做节目，热线打进来，有一个观众说，我在北京的两次演出他都看了，他就说希望能多看到我的演出，我感觉现在形势很好，盖派队伍也在壮大。

1993 年和这次，我先后两次到北京来教学和演出，其间还去了上海，也去了台湾教学和演出，我对传播盖派艺术信心足了，方法也有所改变，采取了普遍开花的办法，只要学，我就教，学了以后即使改行也随便你，普遍开花，总有几个成才的。只教一个，改行或跑掉太伤心。我是想只要学了盖派跟不学就不一样，他学了以后就熟悉了盖派，就会宣传盖派。另外，比如这一次北京戏校总共有五六个小沉香，其实有的演沉香可能将来不一定合适，但是老师安排了，我就教，即使将来演别的也会用上盖派的许多技术，有好处。

下一步我准备再给徐莹说一出《雅观楼》。教戏和学戏的问题应从两方面来说，有的人可能习惯了一些先入为主的东西，很难改，所以你教，他也很难拿过去，小孩就好办些，从基本功学起。作为老师，我觉得非要一天到晚跟他泡在一起不可，我要示范，泡着跟他磨，比如，费洋这次学得比较容易，因为我和他一起泡了三个月，若没有这三个月，费洋就没有现在这个成绩。比如要学《四平山》，也要这样才行，光教个路子用处不大。

刘乃崇：这就更看出善麟来北京教戏的意义重大，趁他还能教得动，不然又会出现当年"如此名师迟不访，却让盖五老杭州"之憾。

李紫贵：学盖派的东西不能看着录像学，光学技术技巧，且不说人物，这些技术技巧内部的劲头儿就掌握不了。盖老对趟马就说过，不同的行当、不同的身份、不同环境下，不同性格的人物，动作都不一样，劲头儿也不一样。学别的流派也一样，有老师教，跟没老师教不一样，"泡"着教又不一样。

安志强：感谢各位参加今天的座谈会，并作了颇有见地的发言。张善麟刚才谈到"要让盖派艺术活在舞台上"，这是我们共同的心愿。我们今天开这个会也是为"让盖派艺术活在舞台上"做推广、宣传工作的。中国戏曲学院、北京戏曲学校在传播盖派艺术上做了许多工作，这对于盖派艺术理论的研究是个很好的促进。让我们为传播盖派艺术继续努力。谢谢大家！

安志强

（刊登于《中国戏剧》1996 年 8 月总第 471 期）

南方京剧中的美猴王——张翼鹏

（一）

张翼鹏生于 1911 年（清宣统二年）属猪，卒于 1955 年。在南方京剧发展史中，他是一位卓有成就的代表人物。他在上海赫赫有名，老上海没有不知道张翼鹏的。他继承乃父盖派的基础上、兼收并蓄、集众家之长，衍化创新，形成自己独特的张派艺术，对南方京剧武生艺术的发展，产生相当大的影响，与其他南方京剧名家共同丰富了南方京剧的特色，使之与北方京剧交相辉映，增添了京剧艺术在民族戏曲艺苑中的灿烂风采。

京剧著名表演艺术家盖叫天（张英杰）有三个儿子。长子翼鹏，次子二鹏，三子剑鸣（艺名小盖叫天）。翼鹏、二鹏是盖叫天的原配李慧夫人所生。李夫人是李吉来（小三麻子）、李紫贵、李瑞来的姑母，也是梨园世家。

张翼鹏从小随父学戏，在十二三岁时，为董德春的手把徒弟，董收了十几个孩子，形同一个小科班，其中有王桂卿、李幼春等。一边教戏一边演出。几年间他经受了相当的舞台实践与磨炼，打下一定的基础。

几年后，盖叫天将他领回，亲自教他练功、学戏。盖叫天教子是十分严格，不因他是自己的儿子而稍有姑息。据目睹者说，盖叫天教张翼鹏《八大锤》，不是在开阔的平地上，而是让他戴上紫金冠、插翎子、束狐尾，身穿箭衣，脚踏厚底靴，在客厅的桌上拉戏、做身段。

一方面是盖叫天的严格督教，一方面张翼鹏本人也勤奋好学，他每天勤学苦练，常常一个人扎上练功靠，到屋后一个破旧的土地庙旁的空地上练功。盖叫天曾暗暗到土地庙去观看，有子如此，做父亲的当然也很高兴。张翼鹏曾私自许下心愿，如果将来有所成就，一定重修土地庙，后来果然心愿得偿。

张翼鹏一面随父学戏，一面随父演出，充当盖的下把，边学习边实践，这时正当盖叫天的青壮年时期，他悉心传授，因此张翼鹏对盖派早期的艺术精华，学习继承最多，为他以后的发展打下了扎实的基础。后来由于家庭矛盾，他带着母亲和弟弟二鹏离开了杭州来到上海，寄居在张家的世交郑永泉家，过着寄人篱下的生活。这时他籍籍无名，戏曲界也不知道他张翼鹏。为了谋求生活，他只能参加"乡班"，去杭嘉湖一带农村演出。在"乡班"几年，倒也闯出了一点小名声，他的白眉毛徐良很受杭嘉湖观众的欢迎。后来在关外沈阳一带崭露头角，很受欢迎。在演出期间，他一边演戏，一边教兄弟二鹏的戏。后来他又带着弟弟二鹏去关外搭班演出，在关外崭露头角，很受欢迎。但关外非久留之地，他们想回上海，剧场老板不肯放，这些老板都是流氓霸头，能卖座的演员是他们的摇钱树，抓在手里是决不肯放的。他们坚持要走，老板软硬兼施，甚至拿枪威吓，但这都不能动摇他们南归的决心，最后他们丢下行头，用计偷跑了回来。

回到上海不久，正逢上盖叫天在大舞台折腿。盖叫天与大舞台订有合同，演出中途辍演要赔偿损失数千元，为了履行合同，父债子还，盖叫天就让张翼鹏顶替去大舞台演出。当时挂二牌的是杨宝森。盖叫天演出挂头牌他没有话说，张翼鹏顶替挂头牌这就是另一个问题了，协商结果是挂头牌除非用"小盖叫天"这个名字。这在一般人来说是求之不得的事，可是张翼鹏却不然，他在艺术上要走自己的路，不愿靠盖这大树，他拒绝了这个要求，坚持挂"张翼鹏"。但杨宝森不答应，最后协议，采取一个折中办法，在张翼鹏名字后面加上一个括号，内写"小盖叫天"。但没过多久，他还是去掉了这个括号。从这件事上可以看出张翼鹏是个在艺术上有作为、有雄心、有魄力，要以自己的创造闯出一个自己的天地的青年艺术家。

他不仅这么想，而且也是这么做的。盖叫天曾经对他说，你的体格比我魁梧，条件比我好，你演武松更合适，但他不愿。他说武松是你的戏，你的武松已为观众所公认活武松，我怎么演也不会盖过你。所以尽管盖派武松的戏他全会，但他不以能演武松为满足，他不走老路，另辟蹊径，创造了一批属于他自己的代表剧目。

接替盖叫天，他在大舞台登台，第一期演出全本《武松》，果然是盖派嫡传，功夫深厚，博得一致好评。接下来，他就排演了连台本戏《西游记》。盖派《西游记》只有头二本，张翼鹏的《西游记》大大发展了，共演了约四十本，在大舞台连演近八年之久，卖座始终不衰。当时上海京剧繁荣，演出京剧的剧场多达十余家，有海派的连台本戏，也有北方来的京朝名角，但无论是谁来演出，大舞台张翼鹏的《西游记》全不受影响，始终立于不败之地。当时上海观众流传一句话："看不煞的张翼鹏，唱不坍的《西游记》。"在这八年中，张翼鹏曾经三出三进大舞台。由于与场方矛盾，老板另请别人接替演出，但都不理想，不能不再请他登台。由此可见张翼鹏和他的《西游记》在观众心目中的威望和魅力。一位演员、一个剧目，竟能在舞台上演出这么长的时间，而且始终保持不衰的上座率，这是史无前例的历史纪录，这个异常的现象值得研究，值得总结。

张翼鹏的《西游记》情节丰富，有文有武，既惊险又有趣味性，非常吸引人，看了头本就要看二本。根据每本戏的剧情，他设想创造新颖的表现形式，做到每本戏有每本戏的特点。唐僧师徒西天取经，途经西域各国，台上出现各国的风光和异国情调的歌舞。在头本《西游记》中，盖叫天演出时，张翼鹏饰二郎神，改良扮相，貌似韦驮，额上画金睛，别人演，只是摆个架势，他不同，携哮天犬上台，要三尖两刃刀，连唱带舞。后来他自己主演时，饰孙悟空，与哮天犬还有一场猛烈的格斗。这哮天犬是他平时费了很多功夫训练的。他养一条狼犬，在自己的脚跟上缚了一块肉，每天逗这狗咬他的脚，同时还雇了一个专门养狗的人。等狗训练好了，他就让养狗人扮了神将，携狗随二郎神一同上台，在孙悟空与二郎神对打时，这条狼犬扑了出来，孙悟空与狗展开一场翻扑格斗。在格斗中狼犬一口咬住了孙悟空的脚。像这样的演出，观众从未见过，自然是趋之若鹜了。

《闹龙宫》《闹天宫》中盖叫天的演出，有巧要双鞭和一边脚上要圈，一边手弹琵琶的绝技。张翼鹏进一步创造了一身四绝：孙悟空从金刚和哪吒手中夺这两只圈，从风婆手中夺过一面旗，从巨灵神手中夺过锤，他巧要圈、锤、旗四件家伙。这又是观众前所未见的。

有一本《西游记》内容有活捉蜈蚣精，盖叫天主演时，张翼鹏扮蜈蚣精，身穿大红彩绣的衣裤，外罩黑色背心，背上饰以蜈蚣花纹，双脚如爪，外穿开氅，狐尾翎子。出场时，先是只见一条硕大的蜈蚣满台爬行，在［四击头］中，台上灯灭，再亮时化成人形。这蜈蚣精与孙悟空对打，在平台上，一连串小翻，接"抢背"下地，蹿入后台，孙悟空追上，用手一抓，抓出一条大蜈蚣。这扮相、表演都是非常引人入胜的。

在《真假美猴王》中，真悟空与假悟空，两根棍，两只锤，相互出手，既新颖又合乎剧情。

戏中的开打，也是观众最喜欢看的。一本戏开打约占一个多小时，全体武生上场，各人有各人的拿手表演。张翼鹏不打群档，总是在最后单档表演。在开打上，他善用出手，有许多创造。首先在把子上，他创造了不少新的刀枪把子。兵刃不同打法也有了变化。例如他的蜈蚣精，用的是一对月牙形的兵器，形同双螯，舞法是在老戏《八大锤》的双枪基础上加以变化。在对打上，他也在传统基础上进行改革创新，使之变化多端，脱离旧套快所以当时戏剧界把他创造的这种把子，称为"化学把子"（意思是合乎时代潮流，像化学一样，经过化合作用，起了变化的新式把子）。

《西游记》的灯光布景，在当时也是首屈一指的。这些布景构思新颖，制作考究，非常投合一般市民观众的口味。在《闹龙宫》中，舞台上装上巨大的玻璃框子，在灯光照耀下水纹波影，使人真的如置身在水晶宫。在《无底洞》中布景从台上直搭到剧场门口，对门就是"天晓得"（这是旧上海一家以卖梨膏糖著名的店铺）。这样整个剧场从前到后都在景中，观众走进剧场，就如同进入山洞，站在剧场门口，从远处望去，深不可测，给人一个无底洞的感觉。80年代，人们在话剧演出中看到全景的装置，感到新奇，认为这是向西方戏剧学习，进行的艺术革新。其实，远在半个世纪前的30年代，张翼鹏的《西游记》早就大胆创造了这样的设计了。

除了灯光布景，他还十分重视服装、化妆。他的孙悟空扮相与众不同，很生活，逼真感，脸上画红色桃形，四边用白粉勾边，眼皮上勾上几笔，简单易画。在头本演出中，头戴戗毛头套，比较近乎猴的原型，以后随着剧情发展，方才穿衣戴帽。他为孙悟空设计不少新颖服装，不但对孙悟空如此，剧中其他人物的服装也很重视，他特别讲究色彩的配合。如孙悟空头戴僧帽，穿短僧衣颜色有宝兰的、黄的、紫的、秋香色、大红的，每本戏都不相同，这种短僧衣也是他创造的，唐僧则身穿猩红袈裟式银灰僧服，八戒穿灰色僧衣，上绣小猪与鞋帽合成一套，沙僧则穿黑僧衣镶金边。这样一台人物，不同色彩配合和谐，观众看了十分悦目喜爱。

在表演上他也有独特的创造。张派的猴戏与北方的杨（杨小楼）派、南方的郑（郑法祥）派都不同。他是猴性、人性、神性三者俱备。在初出世时，偏重猴形，瞬眼、搔痒、打喷嚏、扇鼻子、双手卷曲如爪。五行山拜唐僧为师后，偏重人形，是"猴学人"。虽未尽脱猴形，但以点到为止，既是猴又不是猴，并将武术中的螳螂拳吸收在手眼身法步中。以后，则在机敏的孙悟空性格上更增添一定程度的稳重感，动中有静，脱尽火爆，显示齐天大圣的神威。总之，他的猴戏表演，是按孙悟空各个时期的特点，以人物性格的发展为依据进行创造的，加上他的身段灵活，举手投足非常优美，因而赢得"美猴王"的称誉。

对猪八戒的表演，他也出了不少点子，他与饰演猪八戒的李瑞来共同研究，设计了一些猪八戒的特定动作，这些动作以后流传成为演出猪八戒所特定的手段。他平时爱看电影，从美国电影劳莱、哈台、卓别林等喜剧演员的表演中吸取养料，融化移用到猪八戒身上，使孙悟空与猪八戒的表演更为丰富生动。

他的连台本戏不是一味重布景、彩头，同时也重表演、重人物的塑造。在唐僧从五行山下救出孙悟空后，有一折戏描写孙悟空拜唐僧为师，观音菩萨怕孙悟空难以驾驭，给了唐僧一个金箍圈，戏就写唐僧怎样设法收孙悟空戴上金箍。戴上后，孙悟空不知厉害，三次企图挣脱，三次不成，每次都有每次的内心活动，最后只能服输，认真听从师父的教诲，整个过程表现孙悟空目空一切的野性与唐僧为完成西天取经的大业必须遵循的佛门戒律之间的冲突，演来十分细致和耐人寻味。这戏后来成为一出单独演出的折子戏，名叫《闹金箍》。好的连台本戏往往产生精彩的折子戏，这也是一个例子。

《西游记》每本戏的演出因为内容丰富，经常是从下午六时多开锣直演到午夜后，观众花几毛钱（最高票价是八角）看一个晚上，有文有武、有唱有做，十分值得。有一次从开锣竟演到第二天早晨四点半。有一对夫妇为此还发生口角，丈夫一夜未归，妻子怀疑，吵到巡捕房（当时租界的公安机关），丈夫说在大舞台看张翼鹏的《西游记》，大家都不信，哪有看戏到第二天四点的，后来一调查果然是真，夫妻方才言归于好。从这件事可以看出，张翼鹏熟悉观众心理，不光戏要新颖、要好，还要满足上海市民观众那种花了钱要够本的习性，使你"看足输赢"，大大满足他们的审美要求。

当时武生中不少人学张翼鹏和他的《西游记》，绍兴大班的六龄童便是其中一个。他是每戏必看，认真学取，从扮相到表演，从孙悟空到猪八戒，共和国成立后绍剧《三打白骨精》就是在张翼鹏的《西游记》基础上整理加工的，自然，六龄童也有他的创造，但寻根溯源，还应提到张翼鹏。

《西游记》的演出过程中还有一段趣事。北方著名武生李万春为了与张翼鹏竞赛，特地编了一出《十八罗汉收大鹏》来上海演出，与《西游记》打对台。这剧名用大鹏影射张翼鹏。张翼鹏也不甘示弱，编了一出《孙悟空棒打万年春》用"万年春"影射李万春来回敬他。最后双方不相上下，收兵言和。连台本戏并不自张翼鹏始，但在他的革新创造下，将连台本戏推向一个新的高峰。他一方面继承与发展了连台本戏的优秀传统和京剧的传统艺术；一方面充分运用30年代的物质条件与科学技术，给连台本戏带来新的面貌，从而争取了新的观众。这与当时那些不顾艺术，一味以新奇与噱头取胜，终至走向恶性海派的道路的连台本戏，是不同的。从他演出的《西游记》中可以说明以下几点：

一、连台本戏这形式运用得当，可以持久地在一个地方长期演出。而演出折子戏、小本戏，即使是梅兰芳，在上海最长也只能演出一个月。

二、连台本戏同样可以出人出戏。张派的猴戏便是通过《西游记》的演出而逐渐形成的，独树一帜，并以此影响南方猴戏的演出。

三、培养了京剧新观众。很多京剧观众是从看连台本戏（包括《西游记》）而培养起对京剧的爱好，增加了欣赏京剧的知识。《西游记》在上海观众中的知名度，说明它在观众中所散播的广泛的影响，在这影响下，潜移默化，造就了一代京剧的观众。

（二）

张翼鹏的传统表演艺术基础深厚，长靠、短打武生、老生、武丑兼工，真可称得上是文武昆乱不挡。武戏长靠他能演《挑滑车》《四平山》；短打能演《三岔口》《恶虎村》；武小生能演《八大锤》《九龙山》《岳云锤震金蝉子》《雅观楼》；武丑能演《盗甲》《偷鸡》；文戏能演《四进士》。他陪盖叫天演出《武松》时，前面去虎形，中间去西门庆，后面去小解子。与周信芳合演《连营寨》，与马连良合演《回荆州》他都去赵云。在大舞台的八年中，除了每晚演出《西游记》，星期六、日的日场则加演传统折子戏。在这长期的演出实践中，由于他的精心钻研，勇于革新，他筛选出一批有代表性的剧，如《雅观楼》《四平山》《北湖州》《八大锤》《九龙山》《岳云锤震金蝉子》《夜奔》《别母乱箭》等。这些剧目与他父亲盖叫天的剧目是两种路子。他父亲唱红了的戏他不唱，他唱他自己的戏。在这些剧目中，他在传统的基础上都有新的创造，丰富了表演，形成与北派京剧显然不同的面貌。

《挑滑车》中高宠在"观阵"时，在［小上楼］曲牌中载歌载舞地走边，别人都是徒手，结束时再由兵卒扛大枪带马上。他不同，他是执枪走边，在走边前起唱"气得俺……"时已经取枪在手，手中多了兵器，舞姿必然有所改变。这段戏比前面的［石榴花］动作更激烈。因为这时人物热血沸腾，已决定冲杀下山与金兀术决一雌雄了，因此执大枪走边的表演难度也更大了。

他的《雅观楼》最负盛名。这戏是他向他舅家李庆棠学的，本是昆曲，经他改造，与北派演出大不相同。原来的演出李存孝执槊，摆几个架势。他在手执"浑唐槊"外，又增加一根"笔砚抓"，同时腰插令旗。兵器是一长一短，要舞抛接，做出各种身段。另外在派兵时，创造了耍令旗的舞蹈。他用这些手段来表现李存孝年少英武，小孩、大将太保的气概。《雅观楼》经他的加工创造，就大为改观。

他的《四平山》与北派尚和玉的也不同。扮相上，他戴改良紫金冠，脸上在前额与两颊上，各画三枚金钱大小的金色圆块。行路时，在肩后一字平背双锤。开打时，大舞锤花。尚派讲究功架，瓷实，以方正见长。张翼鹏的《四平山》除了这些锤花舞姿，更讲究人物，是大将、小孩，身段的灵活与坚实，刚柔相济，表现了南方京戏的特色。

他的《八大锤》也很出色。这戏是盖叫天亲授的，更多地保留了盖派早期最盛的特点。陆文龙执双枪，插双翎，箭衣，厚底，戏中打岳飞，打四锤将，虽是对打，但同时又是舞蹈，特别是盖派的演出，翎子的耍舞，是与开打动作同时进行的，成为开打的一个组成部分，不像一般演出，耍翎子时停止了其他动作。因此他的开打特别美，当然难度也更大。同时，盖派的转身、云手，也与众不同，别人转身是抬腿、勾脚，他却是抬腿跷脚，将靴底朝外露，显得特别俊俏。陆文龙这一人吊场时，双枪的枪花更是变化多端，但又十分合乎规矩，双枪平行时要求总是保持一尺二寸的距离。

他的《九龙山》演的是岳飞收杨再兴的故事，他饰杨再兴，武小生。扎大靠，戴相子、狐尾，挂宝剑，戏中起"正反霸"，要耍宝剑穗子、耍翎子、掏翎子等，身段繁重。后面和岳飞的开打，也有特色。

他的《夜奔》，林冲戴黑罗帽，穿箭衣，两绺长发从帽檐下垂遮住两颊上刺的金印。没有人这么扮，他这扮相比较合理，因为林冲投奔梁山，不能不设法躲避人的耳目，免得暴露身份。出场时，面上涂油，表示人物紧张、慌忙的心情，整个演出着力刻画林冲有国难投、有家难弃的壮烈凄怆情怀。与徐宁对打的剑枪，也有独特的招数。这戏他特别爱演，经常在日场与其他戏搭配，一人演双出。

《武松》是张家的家传，他自然也演，但他不墨守成规，在继承盖派基础上，有他自己的创造。在服装上，上梁山前是黑罗帽、黑将衣、系大带。与盖叫天的扮相一样，但在上梁山之后，如《一箭仇》的武松，他在衣服上加绣古铜色的边，从色彩上区别武松上山前后的不同面貌。前面讲过，他在《西游记》中很注意服装样式的设计与色彩的配合。在其他戏中，他也同样十分重视服装。大家知道马连良是很讲究戏的服饰的，他看了张翼鹏的戏，十分赞赏，曾对北方的演员们说："不要轻视南方演员，以为他们不讲究，你们去看看张翼鹏，考究得很呢！"他还特地要他的女婿、武生黄元庆到上海务必要去看张翼鹏的戏。

他演武松在狮子楼下，听见西门庆在楼上，持刀要上楼时，因为气愤，仇人相见、分外眼红，手中的刀不住地颤抖。在"访九"时，与何九叔对堂，听他诉说武大被害经过，他一面听，一面不知不觉双手紧抓身上的褡子，表现武松内心不可抑制的愤怒。这些都与盖叫天的表演有所不同。

他在《一箭仇》中演武松，行者打扮，戴蓬头。虽是配角，上来仅仅有一过场与史文恭打一套单刀枪，在这简短的对打中他也有创造。当武松与史文恭对打"削头"时，一刀削去了史文恭的风帽，史一惊，退下，武松亮相追下。这是一般常规的演出。张翼鹏的表演与众不同。他在一个［四击头］中，"削头"削去史文恭的风帽，接着向前甩蓬头，走鹞子翻身，在身子翻转时，就势从地上拾起风帽，然后向后甩蓬头，抛刀、接刀、涮刀弓步亮相。这一连串的动作都在一个［四击头］中完成，既清楚又紧凑，特别重要的是通过这动作，表现武松打败史文恭时，不忘拾起他的战利品，显得武松的英勇与胜利的喜悦，这样也就有了人物。他与盖叫天配戏，每演至此必有掌声，以后别人演武松，也多有仿照他的路子。

（三）

他之所以有如此成就，与他博学广收分不开的。作为盖派继承者，他接受了盖派的传授，扎下基础，这自然是主体，但他并不只抱住一派不放，他对其他流派行当，也都认真学习。他虽是武生，但对麒派十分崇拜，麒派他都看，而且常与麒麟童同台演出。耳濡目染，倒也深得麒派的三昧，将它用在自己的演出中，前面所说的武松表演，就是采用了麒派的表演方法。麒麟童是他的父执辈，但麒对他的艺术也很赞赏，相交甚厚，成为忘年交。麒麟童创排《文天祥》，张翼鹏也排演《文天祥》。麒的文天祥是文的，张的文天祥是见文见武，他发挥自己能文善武的特长。此外，他还拜名丑王洪为师，学习武丑表演。王洪是昆曲名丑华传浩的老师，华传浩在《我演昆丑》一书中记述他拜王洪的经过，类似张良

《三打白骨精》张翼鹏饰孙悟空。

路遇黄石公，颇具传奇色彩。所以张翼鹏能演丑，在《西游记》中打六贼，就运用了丑的表演。他还运用丑角艺术为猪八戒设计诙谐滑稽的表演。

在抗日战争时期，他表现了一位艺人的爱国热忱。在他演出的《西游记》花果山中，特意编了一段故事，写混世魔王趁孙悟空不在，强占花果山，欺凌众小猴。孙悟空回山，众小猴哭诉，孙悟空说："这山是我们开，树是我们栽，花果山是我们的，岂能被人掠夺，头可断，血可流，我们的山决不可丢，我们一定要把他们赶出去！"在当时日寇侵占我国领土，杀我同胞，全国上下一致要求抗日的形势下，这种结合形势的内容取得观众强烈的共鸣。

八一三淞沪战役，一颗炸弹落在大世界门口，血肉横飞，死伤累累，他与陈鹤峰等人组成担架队，积极抢救死伤人等。

敌伪时期，张善琨凭借日人势力，在新雅饭店请张翼鹏吃饭，要他签订拍摄《西游记》的合同，被他拒绝了，尽管拍电影收入很多，但也不能丧失民族气节与汉奸合作。

作为一个艺人，在国难当头，能够明辨是非，有此爱国热忱，是非常可贵的。他在艺术上继承了盖派，在生活处世上也继承了盖叫天的斗争性。

共和国成立后，他演出要求票价卖一元八。当时梅兰芳卖二元，周信芳、盖叫天卖一元八，他如果也卖一元八，岂不是与周、盖相同了吗？主管部门没有同意。他不同意说：在台下我们是父子，在艺术上可不能讲父子关系，如果我的演出水平够得上这个份儿，应该卖多少就卖多少。

他的意思是艺术上不应该论资排辈。艺术是相互竞赛的，谁好就谁上去，应该客观地评价艺术的价值。他这思想在某些人看来，认为是他骄傲。其实，他之所以有这种斗争精神，倒是从小受父亲盖叫天的影响，是他的身教言传之下形成的。举个例子。有一次他与盖叫天、周信芳三人同台合演《莲花湖》，盖叫天饰韩秀，周信芳饰胜英，张翼鹏饰黄三太。当韩秀与胜英对打时，黄三太从场内翻出，这时台上的地位是胜英在下场门台角靠近场面的一边，韩秀居台中，黄三太从下场门向台右角拉大幕处翻出，正好被韩秀挡住去路。盖叫天不因对方是他的儿子，就为他挪动舞台地位，因为戏中无移动地位的理由。张翼鹏也不示弱，从台里一个踺子小翻接高抢背，越过中间站的韩秀，从他头上过去，落在他的前面。韩秀头插双翎，厚底，站在台中有相当的高度，这个"抢背"如无十分功力是决跳不过的。他就是这样在接受盖的艺术衣钵的同时也接受了他的"同台不让父"的艺术竞争和斗争精神。

在不准许卖一元八的决定下，他宁可不在上海演出，出外跑码头，演出于南京、宁波一带，从此就没有再在上海登台。有志难伸，他从此郁郁寡欢，日积月累得了病，于1955年在上海病逝，终年四十五岁。

一个非常杰出的人才，很早就告别了人世，如果天假以年，我们相信他一定会对京剧艺术作出更多的贡献。

龚义江

1987 年 8 月 30 日

有口皆碑赞盖派

北京市戏曲学校于(1996年)6月8日在人民剧场举办盖派教学专场，演出了《武松打店》《恶虎村(走边)》《劈山救母》《狮子楼》等盖叫天先生的代表作，演出后张云溪、吴祖光、李紫贵、刘厚生、王金璐、袁世海、郭汉城，和盖叫天先生的嫡孙张善麟先后发言，畅谈盖派艺术，特摘编如下：

张云溪：今天看盖派专场演出，只见舞台上技艺优美、一派生机勃勃，好像久违重逢似的，所以观众反应异常的热烈。张善麟是我老师盖叫天的嫡孙，他父亲张翼鹏的戏路子和艺术风格与盖老大大不相同，是另创的一个艺术流派，人们称为新盖派。其声望之高，影响之广，足可以与老盖派媲美。曾连续八年客满，很了不起，大概只有小达子李桂春的《狸猫换太子》可与之相比。凡是演《雅观楼》飞舞令旗和长槊短抓的、演《四平山》飞舞双锤的均属新盖派，张善麟得天独厚，艺兼新老两个盖派，尤为难能可贵。今晚演的剧目均为老盖派，尽管功力有深浅之别，经验有多少之分，但善麟的演出和所教剧目的神采风韵酷似乃祖，比当年他三叔小盖叫天演的有激情，而且所演所教属盖老盛年艺术，又经过了他的消化和丰富，我对此是非常赞成的。

俗话说，只看学生成绩如何，便知老师心血耗费。北京戏校这些低年级学生在四个月的时间内对极为生疏的盖派艺术居然演出今天的水平太不易了。说明教学很不一般。《劈山救母》这出戏如果没有盖老当年的精心创作，今天的舞台上很可能没有这一传世之作。可喜的是小小年纪的费洋演得如此出色。

《恶虎村》的"走边"一折是盖老的精华之最。在南方的武生不管学不学盖派，恐怕没有不练这场"走边"的，而且每天要练几遍，这位学生达到今天这个水平，也要练上百遍以上。市戏校校长孙毓敏很有魄力，她从杭州请来善麟传授盖派艺术，又搞这样的专场，真是功德无量。

吴祖光：看了今晚的演出感触很深。我从小是个戏迷，看了几十年的戏，始终是外行，不懂板不懂眼。幸运的是抗战胜利后我到上海《新民晚报》编副刊，到上海看的第一出戏就是盖老的《武松打店》，他那个刀是在孙二娘趴在地上的同时扎在地板上，距离很近。所以我特别敬佩盖老。我后来接触盖老是在我打成"右派"后，中国戏校实验剧团到上海演出，要我同去。到上海后剧团要我带着钱浩梁等一批武生去拜访盖老，他一看是我带着去的，非常欢迎。那时还是冬天，盖老就让钱浩梁他们在水泥地上又打又翻，非常严格地上了这么一节课。由于跟盖老有这么多接触和缘分，今天看张善麟的教学和演出，感到非常亲切。再就是要学习盖老为艺术献身的精神。比如盖老的腿摔坏以后，医生治完，打开石膏一看接歪了，盖老竟然在床上又把腿摔断，让医生重新接上，因此才又重返舞台，听着就像神话一样，真是惊天动地。没有过人的毅力是做不到的，可谓前无古人，后少来者，永远是我们京剧界的典范。遗憾的是这样的艺术家，晚年赶上"文革"，境遇是很惨的，据说至今房子还没有落实政策，很令人痛心。看了今晚的演出，表示我对盖老的怀念。毓敏要我给善麟写点什么，我就写了四句："海内存知己，天涯若比邻，交情历三辈，绝艺亘千春。"

李紫贵：北京戏校近来办学很有生气，四个月能有这么大成绩了不起。善麟是我表侄，我了解他，他是向他父亲学的，什么《四平山》《八大锤》都与别人不同，孙校长应该请善麟教这些戏，是南北艺术来个互相交流。他也有他爷爷的艺术，今天的《劈山救母》是老盖的，也有他父亲改动的地方。我看今后京海合流，京剧还会出现新的局面。当然对戏校学生还是要练好功夫。希望将来结出更多果实。

王金璐：我还是那几句话：演员不见台毯不行，现在剧场演出开支大，卖座都不好，多唱多赔，少唱少赔，而北京戏校能接二连三地演出，是很可贵的。我对此表示感谢。尤其是看了《恶虎村》的"走边"。很不易，尽管不太成熟。引起我对盖老的怀念。当初我到上海第一次看盖老的戏是封箱戏《八蜡庙》，盖老的黄天霸，周信芳的诸彪。这出戏盖老连个飞脚都没有，他的飞脚很有名，使我有点儿失望，可他有个亮相我不由得给他喝起彩来。原来他踢大带不起范，别人都转一下腰，把大带让出来，他是抬脚就踢，那功夫实在太深了。后来我看他的戏很多，最后看他的戏也是在这个剧场，演出《恶虎村》，那时他已经七十多岁了，记得吴晓铃先生还写了一篇文章《好一个抢背》。今天看这些孩子演出，使我眼前又出现了盖老的形象，尤其是善麟，一举一动都有盖老的风范。而北京戏校请来教师传授盖派艺术，说明没有门户之见。我们就应该让各个流派一齐开花，各派的学生一起培养。可喜的是一个月前，我看了费洋的《劈山救母》，这次再看成熟多了，进步很大，这就说明见台毯的好处，实践的重要。希望戏校领导多让学生演出，多让老师演出，善麟今年五十三岁，正是好年华，也让北京的观众多看一些盖派艺术。

袁世海：北京有很多老师，戏校的校长从外地请来教师就是因为外地还隐藏着一个流派，就是盖派。我跟善麟的老人们都很熟悉。我二十岁到上海时正赶上盖老的腿摔伤，由张翼鹏挑班演出《西游记》，有绝活。再说翼鹏的武松，台下说戏的时候，盖老对他严格要求，竟说他的儿子"不行"。那时翼鹏在上海大舞台已经了不得了，这使大家都惊奇。当时我本演索超，我为了看戏，换高百岁了，因为机会难得。再就是盖老约我在黄金大戏院同台，我很奇怪，原来盖老要我陪他演"八大拿"《连环套》，我一想机会难得，就留下了。就说盖五爷的《骆马湖》对打，简单的单刀双铜，要求每一下都要打清楚，不许马虎，也要手眼身法步，一招一式地来要求，从今天的演出，使我马上联想到这近六十年的往事。所以我说我也是盖老的学生，而且受益匪浅。今天善麟同志确实保持了盖老的遗风，盖派艺术就是一举一动都是一幅完美的画面，优美的雕塑，从不是乱打一气，往那一亮就行了，而是每一锣都有明确的交代，很有章法，从不乱来，这才是盖派艺术特色。今天看戏我是非常振奋的，希望张善麟严格要求，这是很大的贡献。

郭汉城：看了这些孩子们的表演，看得出他们很刻苦、很认真，我非常赞成北京戏校办的这件事，在当前形势下是非常有胆有识有意义的事情。京剧表演艺术是非常丰富的，没有继承、发展就没有基础。北京戏校找来张善麟传授盖派艺术是个非常重要的事情。我们不仅要继承发扬盖派艺术，更要发扬盖老的那种精神，那种不怕艰苦，克服困难，活

连环画大师颜梅华笔下的京剧大师盖叫天。

到老、学到老的精神。现在很多演员感到困难很多，排不起戏来，报酬很低。所以我们要特别注意发扬盖老的精神，为了这个事业要坚持下去。我们天天开会振兴，重要的是有行动。今天北京戏校的演出就是振兴京剧的很好的行动。对盖派艺术要这么做，其他流派都要这么做。我非常感谢北京戏校开了个好头，办了件很好的事情。

张善麟：（激动地、热泪盈眶地发言）我非常感谢北京戏校、感谢在座的父辈们的发言，这使我想起了祖父的名言："生我者父母，知我者共产党。"过去是共产党拯救了盖派艺术，在祖父逝世之后，又是我们的党和政府首先使盖派艺术发扬光大。对此我感触很深。

北京戏曲学校将盖派艺术列入教学计划，并特地在北京举办了盖派艺术教学专场，演出后，还举行了专家研讨会。专家呼吁打破艺术的门

333

户之见，沟通南北表演艺术的交流，相互吸取，取长补短，很有必要。

当我在90年代登上北京人民剧场演出盖派《狮子楼》时，我想起三十六年前我同祖父同台演出时的情景。

那是1957年初春，七十高龄的祖父带领我们，让几个孙儿在上海长江剧场演出《一箭仇》，当时我才十七岁，那天同台演出的上海戏曲学校昆剧班的华文漪、岳美缇、王芝权等，年龄同我们都相当。盖老同一班娃娃们同台演出，成为传帮接代的楷模，戏曲界一时传为佳话。演出前，祖父将我们几兄弟唤到膝前，亲自为我们分配角色，他亲切严肃地讲："几年来你们跟随我苦练三九三伏，深山练武而今用于一朝了。"他让我大哥善椿饰林冲、二哥善鸿演卢俊义、四弟善康饰燕青，由我扮武松。我们都很高兴，而我尤其兴奋。因为祖父一生最爱武松，与史文恭的开打是短兵相接，配合最为严密。这个重任落在我的身上，倾注着他老人家对我的殷切关怀与厚望。

祖父那天发挥得特别好，"望庄"一场中的飞天七响，干净利落，十分漂亮。特别是最后与武松的"义拳"，他老人家的闪、展、腾、挪，动作非常敏捷、神出鬼没。结尾时，七旬高龄的老人还翻了一个"硬抢背"，起得高，翻得稳，亮得快，为行家们称为最佳的"四根柱抢背"。其帅劲连我们青年也望尘莫及。演出结束时，周信芳与俞振飞等上台祝贺，特意鼓励我们弟兄要努力向祖父学习。

演出后祖母走到我身旁，悄声对我说："今天你演得不错，就是台上快了一点，真有些不顾你爷爷了！"祖父说我台上发挥得很好，能抓住人物的特征，体现出武松的勇猛性格。然后又指出，今后在刻画武松时，不但要展示他的勇猛，而且要注意艺术的造型美。得到了祖父的赞赏，几年来寒冬酷暑、勤学苦练付出的汗水，仿佛一下全部得到了补偿。如今回顾他的艺术与为人，更增添我对他的怀念。他那"学到老，活到老"的求索精神将永远鞭策着我前进。

（原载《中国京剧》1993年第四期）

张善麟盖派身段谱

盖派身段 · 子午相

盖派身段 · 左弓观

盖派身段 · 单弓前指

盖派身段 · 空手前进

盖派身段 · 抬腿立腰

盖派身段 · 走边抬腿

盖派身段·跨虎

盖派身段·云手跨腿

盖派身段·行走巡视

盖派身段·左弓双刀

盖派身段·抒单刀

盖派身段·单弓托刀

盖派身段·蹩腿剑姿

盖派身段·藏剑

盖派身段·单腿藏刀

盖派身段·双刀双弓

盖派身段·背马鞭

盖派身段·勒马亮相

盖派身段·单枪巡视

盖派身段·盘腿卧鱼棍相

盖派身段·马鞭单枪

盖派身段·单棍打虎

张善麟艺术年表

1940—1947 年（一至七岁）

生于上海市卢湾区崇德路庆平坊八号，名善麟，父亲张翼鹏。兄弟姐妹九人，我排行老五，上有两个兄长、两个姐姐，下边有三个弟弟、一个妹妹。

1948 年（八岁）

在上海育才小学读书，并随外公李祥林练基本功。

1949 年（九岁）

随父亲张翼鹏学戏。开蒙《乾元山》，后《八大锤》。

1950 年（十岁）

边读书边学艺，随父亲在《西游记》中演小猴。

1953 年（十三岁）

父亲演出《大闹天宫》，我演"哪吒"。

1954 年（十四岁）

在无锡随父亲演出《三盗芭蕉扇》，我演"红孩儿"。

1955 年（十五岁）

在宁波随父亲张翼鹏演《真假美猴王》，我演"假猴"。回上海后，父亲劳累发病不治身故。正在育才中学读初一的我停学，跟随祖父盖叫天在杭州"燕南寄庐""深山练武"，闭门深造，从"一戳一站"开始一招一式学习盖派武生艺术的真谛。

1956 年

祖父盖叫天在杭州故居亲自传授《恶虎村》中的"走边"、《赵家楼》中的"双人走边"技艺，以及《燕青打擂》中的"拉拳和对打"手串子等。习练盖派经典剧目的精华段落，并学习盖派大戏。

1957 年

随祖父盖叫天巡回演出，配祖父名戏《一箭仇》中的"武松"，还有《飞云浦》中卖艺的"打手"。

1959 年

祖父盖叫天为庆祝国庆十周年排演《垓下之战》，我们四弟兄随祖父演出，扮演"子弟兵"。

1960 年

参加杭州京剧团。在上海天蟾舞台演出《闹龙宫》等剧目，演遍浙江大小码头。

1961 年

加入苏州京剧团。随团演遍江苏各城市，还有安徽省合肥、芜湖、蚌埠、宿县、江阴等地。演出剧目有全部《武松》《闹龙宫》《闹天宫》《雅观楼》《三盗芭蕉扇》《恶虎村》《一箭仇》《周瑜归天》，等等。

1963 年

加入河南省京剧团，在河南弘扬京剧盖派艺术。演遍河南大小城市。

1964 年

随河南省京剧团赴京参加北京现代京剧汇演，观摩学习，8 月 1 日建军节在北京军事博物馆演出现代京剧《掩护》。

1965 年

在长春电影制片厂拍摄彩色京剧电影《传枪记》；参加中南局广州现代戏汇演，《传枪记》获"优秀剧目奖"，受到陶铸接见。

下半年在上海戏剧学院参加戏曲导演专业深造。

1967—1975 年（二十七至三十五岁）

上海戏剧学院戏曲导演班解散后回河南。从此，用我一技之长排演样板戏和宣传节目。除《智取威虎山》《红灯记》《沙家浜》《奇袭白虎团》《杜鹃山》《盘石湾》等剧目外，自创剧目《泡桐青青》以及豫剧《社长女儿》等。

1976 年

粉碎"四人帮"后，导演了《园丁之歌》等。

1977 年

恢复传统戏排演后，导演了《逼上梁山》《雏凤凌空》等。

1978 年

回杭州参加浙江省政府为祖父盖叫天平反大会。

1979 年

调回浙江，加入杭州京剧团。继承祖业，演出大量盖派剧目，《闹天宫》《武松》《恶虎村》《七侠五义》等等。

1981—1992 年

杭州京剧团解散，调至浙江昆剧团任导演、教师，培养"秀字辈"学生。在浙昆十二年，导演了《伏波将军》《雷州盗》《泗州诚》《乾元山》《劈山救母》《水斗》等。还为舟山越剧团排《海明珠》、绍兴小百花排《陆文龙》等。

1993 年

应北京戏曲学校邀请赴京传授盖派艺术，在人民剧场"盖派教学专场"演出《劈山救母》，三十二年后在北京再掀盖派热。《中国京剧》杂志发表《有口皆碑赞盖派》专题文章。

9 月，受上海邀请演出盖派名剧《狮子楼》。

1994 年

纪念盖叫天诞辰 106 周年举行"盖派艺术专场"演出，领衔主演《狮子楼》《恶虎村》双出。

先后拍摄《盖派传人张善麟》《风雨武生一百年——追思盖派艺术》专题片，展现盖派风采。

随京剧团出访泰国，受到一致好评。被赞为"小小盖叫天"。

1995 年

赴台湾"复兴剧校"和剧团传艺，弘扬盖派。见到父辈的艺友——当年上海滩曾与父亲张翼鹏同台的名旦戴绮霞（关肃霜的师父）、李万春的胞弟李桐春等，回忆当年在上海和祖父配戏的往事。

1996 年

1 月，带台湾"复兴剧校"学生赴北京参加"蓝岛杯"海峡两岸五戏校京剧汇演，剧校演出盖派戏《劈山救母》获奖。

3 月，第二次进京传艺，先后在中国戏曲学院附中传授《劈山救母》，在北京戏校传授《七雄聚义》。由中国剧协、中戏、北戏联合举办"纪念盖（叫天）派专场演出"，压大轴示范演出《恶虎村》，再现盖派艺术风采，在首都又一次掀起盖派热。中国剧协召开盖派艺术座谈会，《中国戏剧》杂志刊登《让盖派艺术活在舞台上》文章。

9 月，第二次赴台湾，向"国光剧校"及剧团传授盖派名剧《七雄聚义》等，并作教学汇报演出，反响热烈。

同年获全国"新苗杯"少儿京剧大赛教师一等奖；学生北京戏校魏学雷《劈山

救母》获演员一等奖。

1997年

3月，应上海戏曲学校之邀赴上海传授盖派经典剧目。

1998年

应中央电视台之邀参加中国电影"华表奖"颁奖典礼，演出京剧《中华戏曲最风流》，获得专家好评。

11月，为纪念盖叫天先生诞辰110周年举行"盖派艺术专场"演出，演出《雅观楼》。

1999—2002年

1999年8月，赴河北电视台录制《艺人盖叫天》。

赴深圳粤剧团传艺，被深圳粤剧团特聘艺术总监、武戏掌门人。在深圳四年半，传授红线女传人、"梅花奖"获得者苏春梅《杨排风》等大戏，开拓发展了传统粤剧的武打套路，赴香港、新加坡演出得到一致好评；传授粤剧武生《夜巡》《乾元山》，获广东省戏剧会演两届金奖；为苏春梅等排《狄青招亲》等大戏，成为深圳粤剧团的招牌戏；担任《驼哥之旗》艺术总监，该剧获中国艺术节大奖。

2003—2006年

回杭州。被浙江艺术职业学院特聘为专家、名师传艺。向越剧班学生传授折子戏《劈山救母》《杀庙》等，为二〇〇〇班、二〇〇三班排毕业大戏《白蛇传》。这出《白蛇传》既是越剧的原汁原味，又发展了越剧新一代学生的武技，弥补了越剧重文弱武的现象。

2007年

5月，成立"盖叫天艺术研究会"，任会长。

赴上海越剧院为王志萍主演排《追鱼》。

2008年

举办纪念盖叫天诞辰120周年专场活动，演出《飞云浦》。

2009年

担任中国戏剧学院客座教授，教研究生班学生郝帅《武松打店》。

2011年

应上海京剧院之邀担任"南英北杰——盖派经典剧目习演"专场总导演和全部《武松》及经典折子戏主演。

参加浙江省"新松计划"青年演员戏曲大赛，获一等奖。

12 月，获"中国京剧终身成就奖"。

2012 年

参加中国京剧基金会"中国京剧保护与传承工程——老艺术家谈戏说艺"项目录制。

赴山西职业艺术学院排练大型舞剧《粉墨春秋》，担任戏曲艺术指导。此舞剧参加中国艺术节获"文华"大奖、"五个一工程"奖。

2013 年

上海戏剧学院成立"盖叫天艺术研究室"，举行揭牌仪式及祝贺演出，以七十三岁高龄演出新盖派代表作《雅观楼》。

10 月，参加"第十届中国艺术节"。为上海学生传授盖派经典剧目。

2014 年

赴天津担任青海省京剧团现代京剧《七个月零七天》艺术指导，参加文化部主办的第七届"中国京剧节"，在北京参加京剧武生行当教学研讨会。

2015 年

再次赴台湾传艺。2015 至 2018 年由台湾"国光京剧团"邀请连续四年赴台湾传艺讲课。传授《劈山救母》《恶虎村》《狮子楼》《七雄聚义》等盖派代表作。以重点传承和普遍培养相结合的方法，普及盖派艺术。

12 月，投入上海京剧院建院六十周年庆祝演出。"大师之脉"系列演出，全部《武松》压大轴出演《武松血溅鸳鸯楼》，七十五岁翻"抢背"震撼全场。

2016 年

参加上海戏曲学院主办的文化部国家艺术基金资助项目——全国京剧"盖派武生培训班"开班第一阶段活动。主讲"盖派艺术特色"，主教《武松打店》《恶虎村》。

9 月，传授湖北省京剧院《七雄聚义》。

11 月，参加天津中国京剧节。

2017 年

参加文化部 2017 年名家传戏工程，传授上海京剧院《恶虎村》。

2018 年

参加国家艺术基金资助项目"盖派京剧武生艺术培训班"上海站、青岛站汇报演出，暨纪念盖叫天诞辰 130 周年。

2019 年

参加上海京剧院"经典武戏专场"，学生郭士铭演出《乾元山》。

在杭州盖叫天故居"燕南寄庐"为上海、浙江、永嘉三地"昆曲基本功集训"全体演员讲解盖派艺术。

2020 年

6 月，赴上海京剧院传授盖派名剧《恶虎村》。应上海戏剧学院之邀参加"中本贯通"教学大纲的制订工作。

受聘担任中国京剧艺术基金会"京剧'希望之星'助推培训计划"京剧《八大锤》的传授导师。

2020 年

11 月，被特聘为广东省普通高校人文社科重点研究基地、广州舞蹈发展研究基地专家。赴广州星海音乐学院舞蹈学院——名师讲堂，开设京剧盖派身韵研习大师课。

12 月，浙江戏剧家协会《大舞台》杂志刊登《我的艺术人生》。

2021 年

担任中国京剧艺术基金会——《京剧希望之星》助推培训计划传授导师。

7 月，赴上海京剧院，为优秀武生赵宏运传授张翼鹏版《八大锤》。该剧于 2021 年 9 月 25 日在上海周信芳剧场首演圆满成功。

10 月 7 日，在杭州家中、祖父故居"燕南寄庐"，为北京舞蹈学院古典舞系录制盖派身韵。

2022 年

3 月，赴浙江义乌市婺剧团为优秀女武生季灵萃提高排练《杀四门》，该剧在北京梅兰芳剧院参加喜迎二十大、建功新时代"艺苑撷英——全国优秀青年艺术人才（戏曲武戏、丑戏）展演"。

8 月，赴上海京剧院，完成中国京剧基金会传承项目，为优秀武生赵宏运传授张翼鹏版《雅观楼》。该剧于 2022 年 12 月 11 日在纪念京昆艺术大师俞振飞诞辰 120 周年专场中于上海天蟾逸夫舞台首演，圆满成功。

10 月，赴浙江义乌市婺剧团，导演《雁翎公主》。该剧于 2023 年 3 月 4 日彩排圆满成功。

2023 年

5 月 20 日赴上海京剧院，完成"拾漏补缺"京剧流派经典剧目人才培养计划项目，为优秀武生徐朝珙传授张翼鹏版《四平山》，该剧 2023 年 8 月中旬首演于纪念盖叫天逝世 135 周年活动中，圆满成功。

名家题词

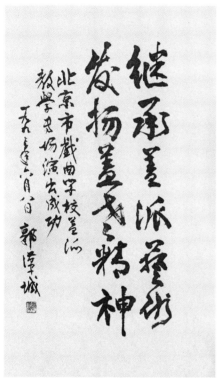

著名剧评家郭汉城题词：继承盖派艺术，发扬盖老精神。

著名剧评家李超题词：叫天响遍剧坛艺，盖派善麟造诣深。

一脈相傳集一身，新枝
擢秀更芳芬，繩其祖
武千秋業，威鳳祥麟
出蓋門

贈蓋老嫡孫張善麟同志

翁偶虹 一九九二·九·十

著名剧作家翁偶虹题词：一脉相传集一身，新技擢秀更芳芬，绳其祖武千秋业，威凤祥麟出盖门。

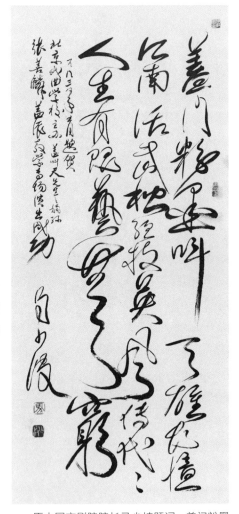

原中国京剧院院长马少坡题词：盖门粉墨叫天雄，长忆江南活武松。绝技英风传代代，人生有限艺无穷。

346

贺

张善麟同志

盖派艺术

有传人

甲戌年春月

七十九岁

袁世海

著名京剧表演艺术家袁世海题词：盖派艺术有传人。

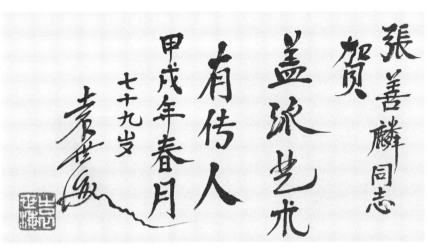

盖派绝伦艺而

今看善麟雄风

能再振叶茂绿

根深 九三年秋月为

善麟题辞 张云溪

著名京剧表演艺术家张云溪题词：盖派绝伦艺，而今看善
麟，雄风能再振，叶茂绿根深。

京剧表演艺术家王金璐题词：继承发扬，
功到遂成。

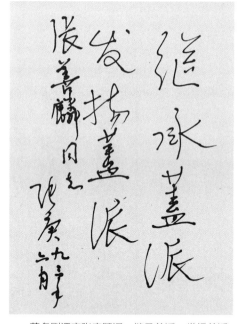

著名剧评家张庚题词：继承盖派，发扬盖派。

348

著名京剧表演艺术家吴素秋赠画《桃李满天下》。

京剧表演艺术家孙毓敏题词：福寿。

后　记

我从小学艺书读得少，才疏学浅，能写成这本书多亏了一句俗话："好记性不如烂笔头。"几十年来，在家中听到看到祖辈、父辈们点点滴滴的言谈举止，还听到有关他们人生经历、学艺趣闻、闯荡江湖的艰辛故事等，包括我自己在从艺道路上遇到的坎坷、所见所闻乃至某时某事的真实体验和感悟，我都会下意识地记录下来，正是这种几十年如一日的"烂笔头"，让我保留了很多对盖派传人以及盖派研究很有价值的第一手素材。

记得爷爷在20世纪60年代初对梅兰芳大师说过一段话，他说："梅大爷，不怕您笑话，老哥哥我到了如今这个岁数，什么名啊利啊，一切都看轻了。咱就抓紧一件事儿，把自己这辈子的艺术想法儿给传下去！做好了这件事，就算对得起祖宗、对得起师父，也对得起后人了！"

我年轻时对爷爷的这句话并无太大感触。我出身京剧世家，从小学艺，我自然会把戏唱好，把国粹京剧"盖派"艺术继承好、传承好，这是我的责任。但岁月无情催人老，随着年纪日长，爷爷的这句话会时不时回响在我耳边，逐渐成为我写这本书最大的动力。因为除了传承、发扬盖派艺术的武生技艺外，我还有必要把我们张家三代人对国粹京剧艺术的崇拜、热爱、执着、忠诚乃至为京剧艺术奋斗一生的故事写出来，因为盖派武生技艺就是来源于这种热爱和执着，失却了盖派艺术的精、气、神，盖派也就只剩下一个外壳而已。基于这种想法，我下定决心要写成这本书，只有做好这件事，我才能像爷爷当初说过的那样，对得起祖宗，对得起爷爷、父辈，也对得起后人了！

首先要感谢《中国京剧》杂志给了我机会，2015年初，《中国京剧》约我每月写一篇《我的爷爷盖叫天》。虽然我学识不高、水平有限，但好在是一个月一篇几千字的文章，慢慢磨还是磨得出来的。我把多年来保存和记录的，有关爷爷和诸多前辈的诸多资料翻出来，慢慢整理成文，就这样一篇一篇在《中国京剧》上连续发表了两年多。由于我整理出来的祖辈和父辈的故事都是有真实依据的，其中还有很多鲜为人知的幕后故事和趣闻典故，让同仁们和戏迷朋友们在大呼过瘾的同时，也了解到盖叫天的艺术理念以及创造盖派艺术的艰辛历程，更了解了我的父亲张翼鹏是如何在爷爷的艺术基础上发扬光大，成为新盖派创始人的。这其中有诸多宝贵的创作法则，为京剧武生盖派艺术的继承、发展留存下可供借鉴的珍贵史料，也是后来学艺者千金难买的宝贵财富。

这本书能够出版还要感谢很多人！感谢孙毓敏院长始终鼓励我写出这本书，还有为此书付出辛勤劳动的倪嵘雷、樊婷婷、程曙鹏、封杰、李连仲、王如昆等好朋友的帮助！

特别要感谢上海文化出版社的大力支持。这本书来之不易，克服种种困难终于得以面世，希望能为京剧武生艺术、为盖派艺术宝库再添异珍。

张善麟

2021 年 8 月

图书在版编目（CIP）数据

我的爷爷盖叫天：一脉相承，盖韵流长 / 张善麟著.
-- 上海：上海文化出版社，2023.8
ISBN 978-7-5535-2784-0

Ⅰ. ①我… Ⅱ. ①张… Ⅲ. ①张善麟—自传 Ⅳ.
① K825.78

中国国家版本馆 CIP 数据核字（2023）第 119421 号

出 版 人：姜逸青
责任编辑：赵光敏
装帧设计：介太书衣 叶珺 方明

书   名：我的爷爷盖叫天：一脉相承，盖韵流长
作   者：张善麟
主   编：倪嵘雷
出   版：上海世纪出版集团上海文化出版社
地   址：上海市闵行区号景路 159 弄 A 座 3 楼   邮编：201101
发   行：上海文艺出版社发行中心
         上海市闵行区号景路 159 弄 A 座 2 楼 206 室   邮编：201101
印   刷：上海颛辉印刷厂有限公司
开   本：710×1000 1/16
插   页：32 面
印   张：23
版   次：2023 年 8 月第一版 2023 年 8 月第一次印刷
书   号：ISBN 978-7-5535-2784-0/K.308
定   价：88.00 元

告读者 如发现本书有质量问题，请与印刷厂质量科联系
电话：021-56152633